Alfons Zaunhuber

DIE SCHÖNSTEN KANUTOUREN IN NORDITALIEN

43 Kanuwandertouren zwischen
Piemont und Friaul-Julisch Venetien

Impressum:

www.dkvgmbh.de
Bertaallee 8
D-47055 Duisburg
Tel.: +49 (203) 99759-0
Fax: +49 (203) 99759-61

1. Auflage
Fotos: Alfons Zaunhuber
Titelbild: Alfons Zaunhuber
Gestaltung: www.publicdesign.de
Druck: Silber Druck, Langenhagen
Lektorat: Antje Weber
Kartenerstellung: Malte Belau
Kartendaten: © Printmaps.net; © OpenStreetMap-Mitwirkende, www.openstreetmap.org, Lizenz ODbL 1.0

Aktuelle Infos:
Der Deutsche Kanu-Verband und die Zeitschrift KANU-SPORT bieten aktuelle Informationen über ihre jeweilige Homepage. Anregungen zu diesem Buch werden in der nächsten Auflage berücksichtigt. Verlag und Autor sind für alle Hinweise dankbar und erreichbar unter:
info@dkvgmbh.de

ISBN: 978-3-96806-022-4

Top KANU Touren

Alfons Zaunhuber

Die schönsten Kanutouren in Norditalien

43 Kanuwandertouren zwischen
Piemont und Friaul-Julisch Venetien

Deutscher Kanu-Verband

DKV Wirtschafts- und Verlags GmbH
Postfach 100315 - 47003 Duisburg

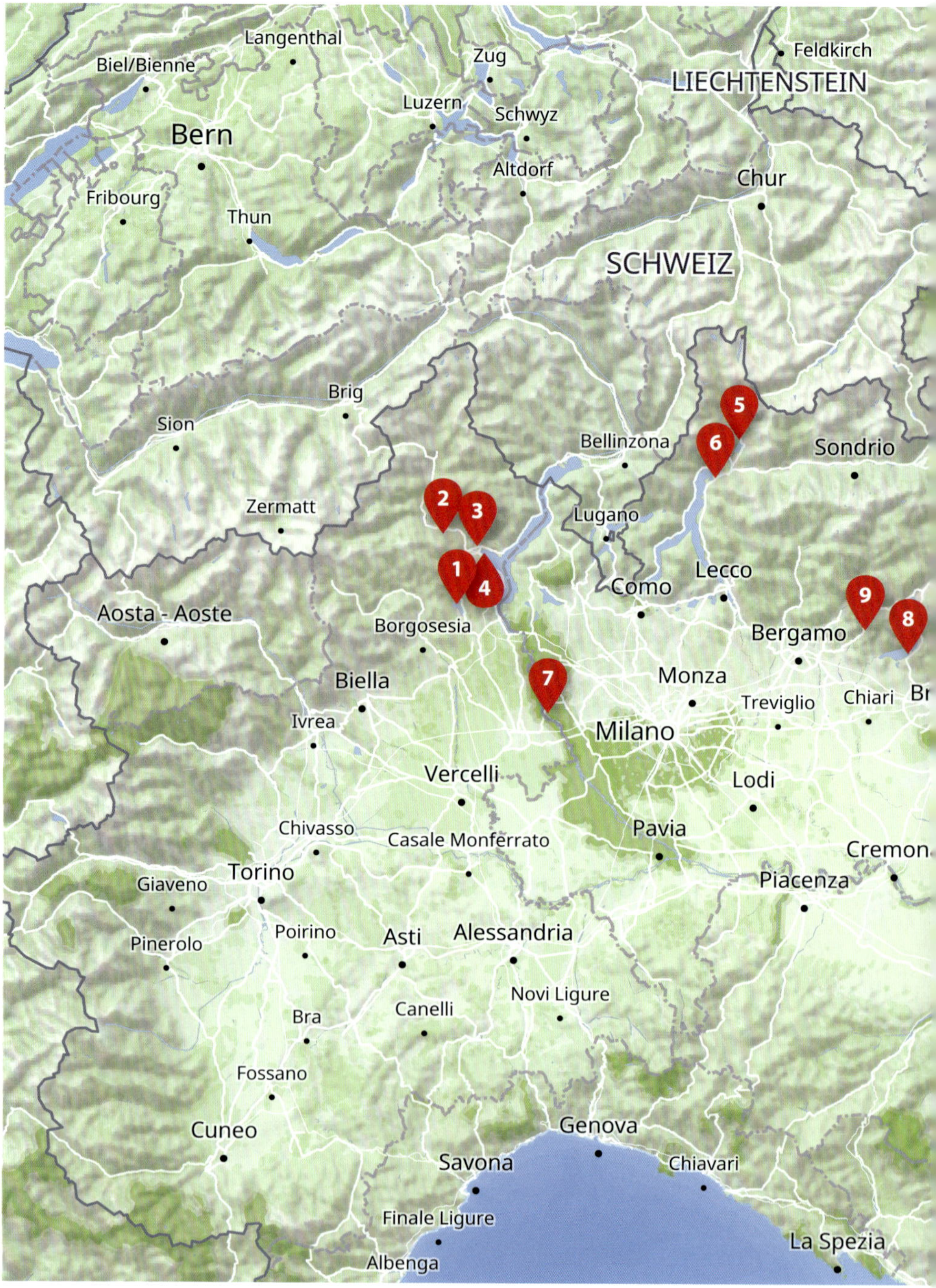
Langenthal
Biel/Bienne
Zug
Feldkirch
LIECHTENSTEIN
Luzern
Schwyz
Bern
Altdorf
Chur
Fribourg
Thun
SCHWEIZ
5
Brig
Sion
Bellinzona
6
Sondrio
2
3
Zermatt
Lugano
1
4
Lecco
Como
9
8
Aosta - Aoste
Borgosesia
Bergamo
Biella
7
Monza
Treviglio
Chiari
Ivrea
Milano
Vercelli
Lodi
Chivasso
Casale Monferrato
Pavia
Cremon
Giaveno
Torino
Piacenza
Poirino
Asti
Alessandria
Pinerolo
Novi Ligure
Canelli
Bra
Fossano
Cuneo
Genova
Savona
Chiavari
Finale Ligure
La Spezia
Albenga

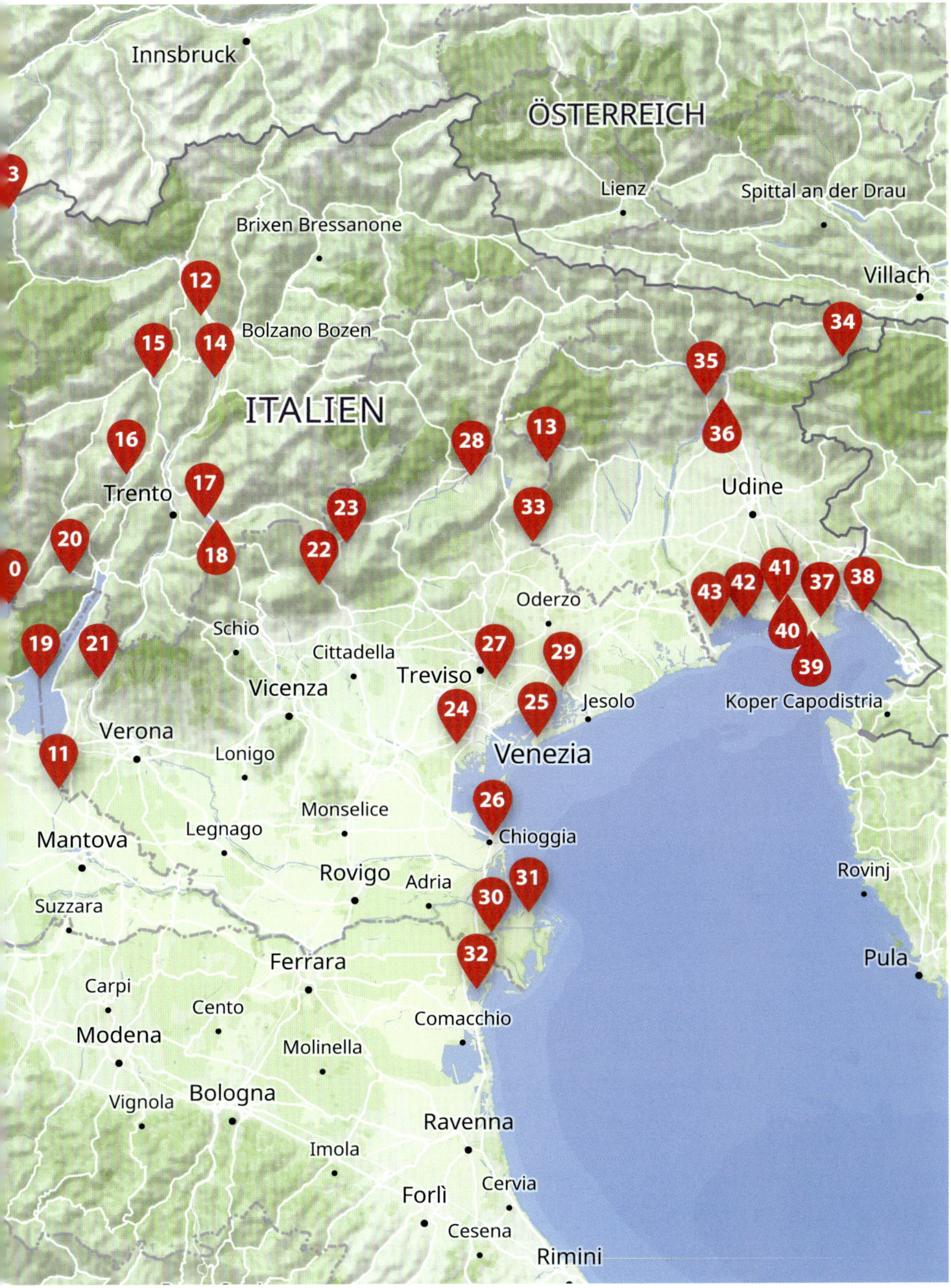
Innsbruck
ÖSTERREICH
Lienz
Spittal an der Drau
Villach
Brixen Bressanone
Bolzano Bozen
ITALIEN
Trento
Udine
Oderzo
Schio
Cittadella
Treviso
Vicenza
Jesolo
Koper Capodistria
Verona
Lonigo
Venezia
Monselice
Legnago
Mantova
Chioggia
Rovigo
Adria
Rovinj
Suzzara
Ferrara
Pula
Carpi
Cento
Comacchio
Modena
Molinella
Vignola
Bologna
Ravenna
Imola
Forlì
Cervia
Cesena
Rimini

DIE TOUREN

Piemont

Lombardei

Südtirol

Trentino

Venetien

Friaul-Julisch Venetien

VORWORT

Italien zählt zu den wasserreicheren Regionen Europas mit enormen kanusportlichen Möglichkeiten. Woher kommt das Wasser? Feuchte Luftmassen, die sich über dem Mittelmeer aufgeheizt haben, drücken gegen die hohen Berge der Südalpen und sorgen dann für ergiebige Niederschläge. Davon profitieren viele große Flüsse, die in solchen Zeiten trotz der gewaltigen Wassermassen nur selten zu verheerenden Überschwemmungen führen, weil ihr Flussbett nicht eingeengt wurde und die großartigen Kulturstädte Oberitaliens meist respektvoll abseits der Gefahrenzonen erbaut wurden. Flüsse wie Tagliamento, Ticino oder Livenza werden dadurch nur in geringem Maße für die Energiegewinnung genutzt. Paddler und Anwohner profitieren von einer naturnahen Flusslandschaft, obwohl in Zeiten von Energieknappheit und Klimawandel andernorts gerade jetzt wieder neue Pläne zur Zerstörung weiterer Flüsse aus den Schubladen geholt werden.

Die zauberhaften oberitalienischen Seen sind natürliche Rückhaltebecken, können Trockenzeiten fast problemlos überstehen und locken zum Wassersport in mediterraner Umgebung. Eine Besonderheit sind auch die großen Wasserflächen der Lagunen von Venedig und Grado. Während die Lagunenstadt Venedig ein touristischer Hotspot ist, kann man die zusammenhängenden Lagunen von Grado und Marano mit ihren einmündenden und ganzjährig befahrbaren Flüssen als einen kanusportlichen Geheimtipp bezeichnen. Auch das größte Flussdelta Italiens, das verzweigte Podelta, hat sich erfolgreich dem Massentourismus widersetzt und lockt Paddler und Radfahrer gleichermaßen an.

In Italien erfreut sich der Kanusport großer Beliebtheit. Die Regatta „Vogalonga" in Venedig ist ein gutes Beispiel. Ansonsten bedarf es keinerlei weitere Argumente, um den Menschen nördlich der Alpen das Reiseland Italien schmackhaft zu machen.

VERHALTEN IN DER NATUR

1. Vermeiden Sie das Parken in der freien Landschaft und suchen Sie öffentliche Parkplätze auf.
2. Nehmen Sie Rücksicht auf alle Freizeitnutzer, kein unnötiger Lärm.
3. Vermeiden Sie jede Beschädigung der Wasser- und Ufervegetation.
4. Wählen Sie möglichst trittsichere Ein- und Ausstiege sowie unempfindliche Rastplätze.
5. Verzichten Sie auf die Befahrung ungeeigneter oder erkennbar überlaufener Gewässer. Informieren Sie sich vor Fahrtantritt über den geeigneten Wasserstand.
6. Beachten Sie die besonderen Bestimmungen in Natur- und Landschaftsschutzgebieten.
7. Benutzen Sie öffentliche Campingplätze oder Zeltwiesen.
8. Privatgrundstücke und fremdes Eigentum sind zu respektieren, keine Beschädigungen von Büschen oder Zäunen beim Umtragen oder Einsetzen.
9. Keine Störungen der Vogelwelt, Abstand zu Tierwelt und Nestern halten.
10. Abfall wieder mitnehmen und umweltgerecht entsorgen.

ÜBERNACHTEN, LAGERFEUER, BOOTSTRANSPORT

Freies Übernachten ist in Italien nahezu überall verboten. Verstöße werden mit saftigen Geldbußen belegt. Biwakieren am Berg oder im Rahmen von Kanu-Touren ist möglich und wird nach allen Erfahrungen vom Gesetzgeber nicht verfolgt, wenn die Plätze sehr abgelegen

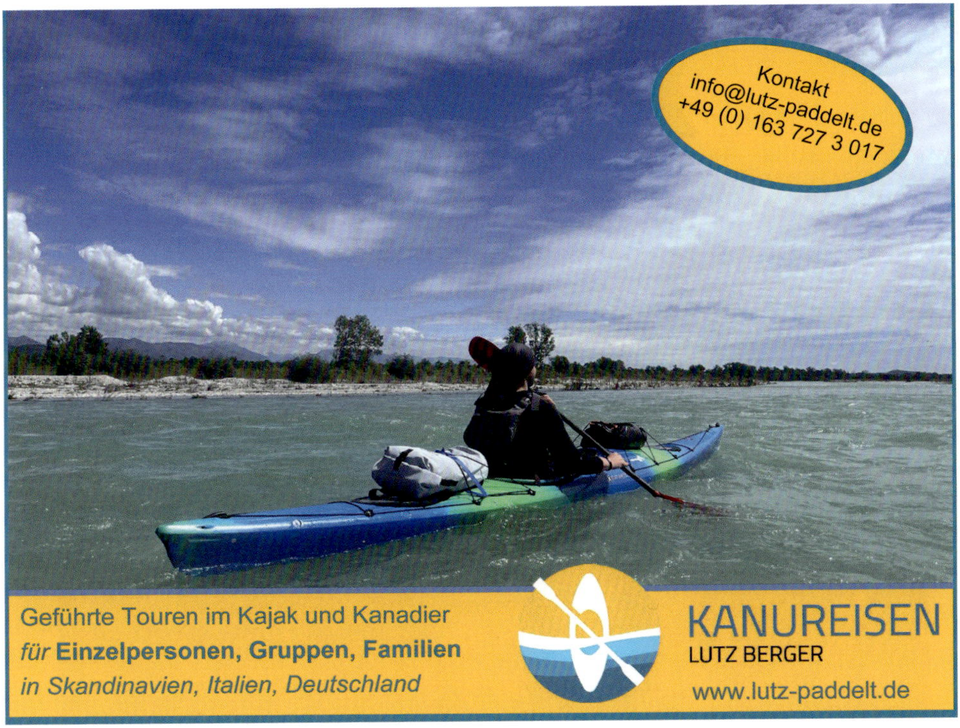

sind. Dennoch sollte man das Thema im Blick haben und sich entsprechend verhalten. Hohe Geldstrafen sind vor allem bei Übernachtungen in Wohnmobilen oder PKWs außerhalb von Campingplätzen
oder ausgewiesenen Stellplätzen keine Seltenheit. Jede Region hat andere Vorschriften, über die Höhe der Bußgelder entscheiden die jeweiligen Kommunen. Mit Erlaubnis des Eigentümers ist Camping auf Privatgrund möglich. Sollte Camping im Rahmen einer Kanutour erlaubt sein, gilt die Regel nur von Sonnenuntergang bis Sonnenaufgang für eine Nacht. Manche Gemeinden erlauben Übernachtungen nach Antrag, was allerdings kaum praktikabel scheint. In Naturschutzgebieten gibt es meist klar definierte Regeln, die oft auf den entsprechenden Seiten nachzulesen sind.
2022 gab es wegen der Trockenheit in Italien vielerorts das Verbot, zwischen Mai und Oktober ein offenes Feuer zu entzünden. Strafen von 5000,– € wurden bekannt.

Für den Transport von Booten mit dem PKW (ebenso für Fahrräder) gilt die Bestimmung, überstehende Lasten mit einer rot-weißen Tafel zu kennzeichnen, die mit vier Rückstrahlern versehen ist.

TIPPS FÜR EINE TOUR

- Überprüfen der Ausrüstung, Reparatur material, Ersatzpaddel und ggf. Blasebalg mitnehmen.
- Gepäck wasserdicht verstauen und sichern.
- Boot nicht überladen, auf optimale Gewichtsverteilung achten.
- Kinder generell nur mit Schwimmweste mitnehmen, auch Erwachsene sind gut beraten, immer eine Schwimmweste zu tragen (in Ausnahmefällen zumindest eine Schwimmweste mitzuführen, um sie bei Gefahr jederzeit anziehen zu können).
- Zweckmäßige Kleidung und Schuhe auswählen (bei starker Strömung und nied-

riger Wassertemperatur auch Kälteschutzbekleidung), im Wildwasser ist ein Helm als Kopfschutz zwingend erforderlich.

- Keine Nichtschwimmer mitnehmen.
- Tour dem Können und der Kondition der schwächsten Gruppenmitglieder anpassen.
- Rückfahrt organisieren.
- Erfahrene Begleiter suchen, nicht alleine paddeln.
- Bei Hochwasser, drohendem Hochwasser oder Gewitterneigung ist auf eine Tour zu verzichten.
- Größte Vorsicht an Wehren, Brückenpfeilern und sonstigen künstlichen Einbauten.

Ein paar kanusportliche Begriffe

Noleggio: Vermietung
Centrale Elettrica: Kraftwerk
Diga: Staudamm, Wehr, Talsperre
Ponte: Brücke
Sbarramento: Sperrung, Absperrung
Lago: See
Fiume/Fluviale: Fluss
Lago di montagna: Bergsee
Lago artificiale: Stausee
Laghetto: kleiner See
Torrente: Bach
Sponda del fiume: Flussufer
Braccio di fiume: Flussarm
Affluente: Nebenfluss
Cascata: Wasserfall
Sifone: Siphon
Onde: Wellen
Gola: Schlucht
Valle: Tal
Costa rocciosa: felsige Küste
Confluenza: Zusammenfluss, Mündung
Isola fluviale: Flussaue
Imbarco: einbooten, einsetzen
Percorso: Weg

Warnung und Haftungsausschluss

Einflüsse der Natur wie Hochwasser durch Schneeschmelze oder heftige Niederschläge sorgen für ständige Veränderungen. Dazu kommen bauliche Maßnahmen an Brücken, Uferbefestigungen und Wehren. Misstrauen Sie allen flusstechnischen Angaben (auch in diesem Führer).

Für sämtliche kanusportlichen Angaben kann keine Haftung übernommen werden. Rechtsansprüche sind ausgeschlossen.

Der Autor ist dankbar für Hinweise über Veränderungen.
Mail: *alfons.zaunhuber@t-online.de*
Diese werden in der nächsten Auflage berücksichtigt. Grundsätzlich ist größte Vorsicht geboten, wenn ein Fluss Hochwasser führt. Kennzeichen dafür sind schlammiges Wasser, überschwemmte Ufervegetation oder Treibholz. In diesem Fall sollte man prinzipiell auf die Tour verzichten. Bei Bergseen und Küstengewässern sind die Wind- und Wetterverhältnis unbedingt zu beachten, außerdem sind Ebbe und Flut ein wichtiges Thema. Vertrauen Sie sich erfahrenen Paddelkollegen an, kontaktieren sie eine qualifizierte Kanu-Schule oder einen Kanu-Club.

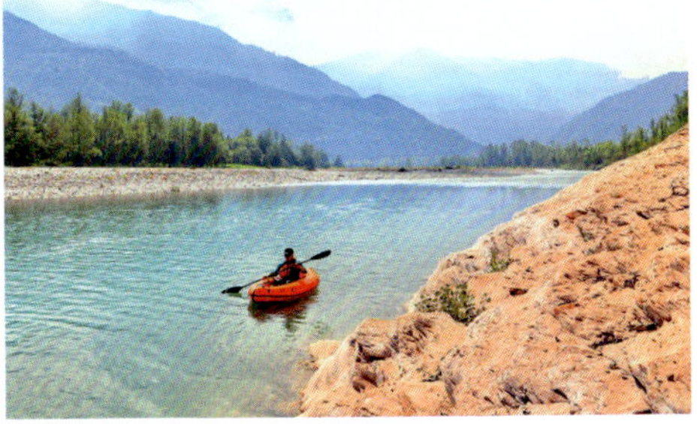

01 LAGO DI ORTA

FILMKULISSE UNTERHALB EINES HEILIGEN BERGES

Der abseits des Lago Maggiore gelegene Alpensee mit seinen pittoresken Orten, dem mittelalterlichen Klosterberg mit dem Kapuzinerkloster Sacro Monte (16.-18.Jh), seit 2003 Weltkulturerbe, und der Insel San Giulio ist ein Reiseziel der Extraklasse. In Ferienzeiten wird das kleine Idyll allerdings fast von Besuchern erdrückt. Wer zeitig im Frühjahr oder im späten Herbst kommt erlebt diese Region jedoch von ihrer schönsten Seite. Mit einer Länge von 13 Kilometern ist der Alpensee ein besonders reizvolles Kanuziel im Piemont.

Die Anfahrt aus dem Tal des Toce ist im Bereich von Gravellona und Omegna erst einmal ernüchternd: Baustellen, Umleitungen und ein unschönes Gewerbegebiet! Das Städtchen Omegna ist Sitz sehr bekannter Hersteller hochwertiger Haushaltsgeräte wie die Firmen Alessi oder Lagostina. Doch dann erreicht man den bezaubernden See, und die Vorfreude auf einen wunderbaren Paddeltag ist wieder zurück. In der Via Domodossala, gleich hinter dem Campingplatz Orta und etwas nördlich des Städtchens Orta San Giulio, erreichen wir ei-nen gebührenpflichtigen Parkplatz mit 1,90 m Höhenbegrenzung, den wir bereits vorab als Startpunkt unserer Tour erkundet haben. An einem Wochentag, Ende März, sind wir das einzige Fahrzeug auf diesem Parkplatz! In der Hochsaison ist die Situation sicher deutlich weniger entspannt, dann sollte man Frühaufsteher sein, um größeren Andrang zu vermeiden.

Direkt neben einem Restaurant mit Terrasse setzen wir an einem Steg unsere Kajaks ein und starten zunächst zu einer großen Schleife nordwärts auf den See hinaus. Hoch über uns am Ostufer liegt der Skiberg Mottarone, 1491 Meter hoch, zu dem auch eine Straße hinaufführt. Von Schnee ist aber in diesem Jahr nichts mehr zu sehen. Die Gipfel am Westufer sind bis zu 1500 Meter hoch. Nach Süden setzen sich bewaldete Moränenhügel fort. Nun ändern wir die Fahrtrichtung und steuern die weithin sichtbare, 275 Meter lange und

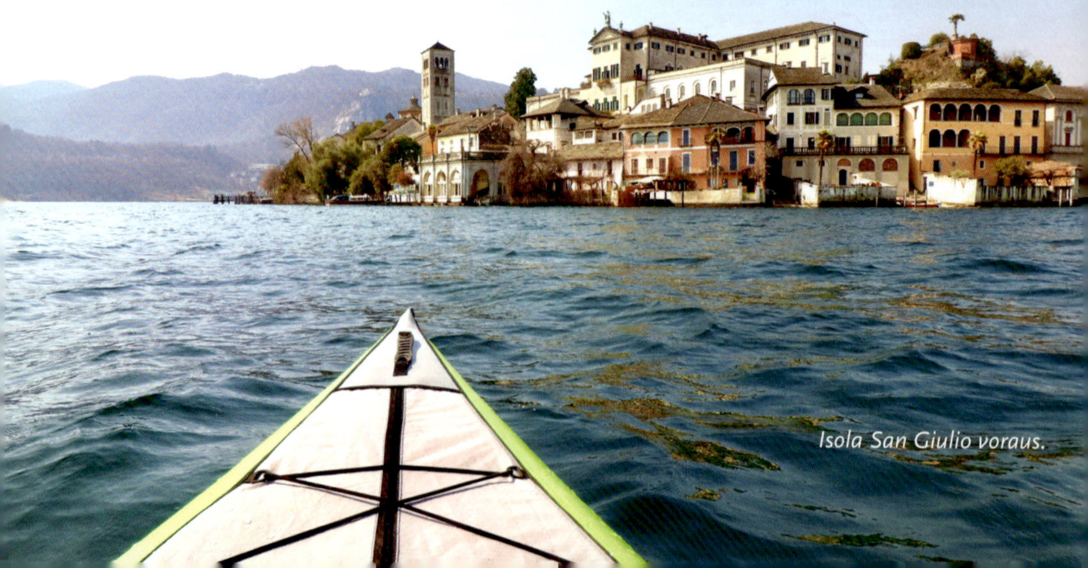

Isola San Giulio voraus.

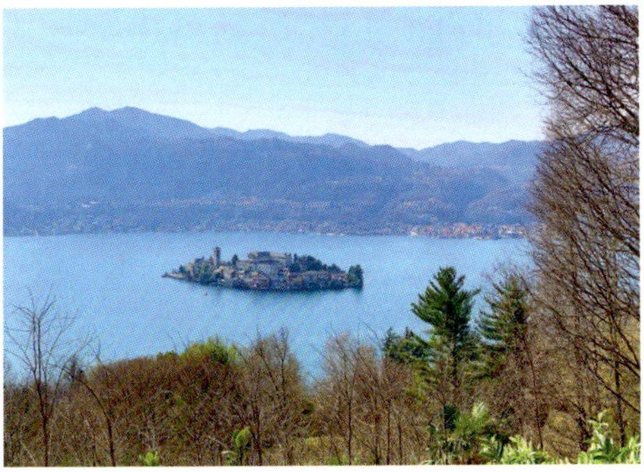

Panoramablick vom Klosterberg.

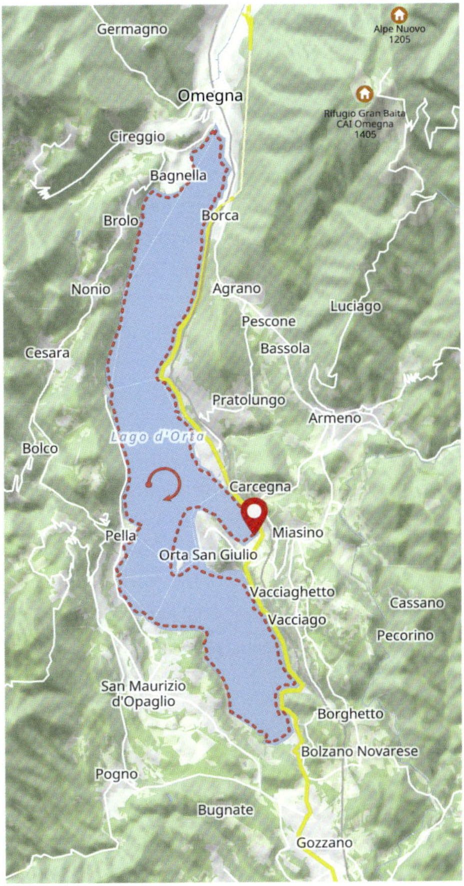

140 Meter breite Isola San Giulio an, die vollständig verbaut ist.

Neben dem Anlegeplatz der Fähren am Ostufer fin den wir einen geeigneten Ausstieg, und hier können wir unsere Kajaks während des Inselrundgangs problemlos ablegen. Der klotzige Bischofspalast beherrscht die Kulisse, und schmale Gassen führen zwischen alten Mauern hindurch. Eine vollständig ausgemalte romanische Basilika (12.Jh.) samt Krypta ist die Hauptsehenswürdigkeit der Insel. Unser nächstes Ziel, Orta San Guilio, liegt nur 500 Meter gegenüber, von hier aus verkehren die Fähren zwischen Festland und Insel. Wir landen direkt neben einem Restaurant an der Piazza Motta mit dem historischen Rathaus an. Im Sommer platzt das Bilderbuchstädtchen vermutlich aus allen Nähten. Jetzt fin - den wir problemlos einen Tisch mit Seeblick und genießen die mediterrane Küche und den freundlichen Service. Vorbei am historischen Rat-haus geht es dann zu Fuß über Stufen hinauf zum Klosterberg Sacro Monte d'Orta mit einem Kapuzinerkloster, das Franz von Assisi gewidmet ist. Sehr interessant sind die Altargemälde in der Chiesa di San Nicola und die Fresken, die in den 20 Kapellen rund um das Kloster verteilt sind. Wegen seines einzigartigen Bestandes an alten Bäumen ist der heilige Berg Sacro Monte als Naturreservat eingestuft. Der Ausblick auf den See von oben ist überwältigend. Wieder zurück auf dem Wasser genießen wir noch den stimmungsvollen und milden Frühlingstag in der milden Nachmittagssonne.

TOURINFOS

Charakter: Zahmwasser
Etappen: Inseltour etwa 5 km, Seeumrundung maximal 30 km
Beste Zeit: März bis Mai und September bis Ende Oktober

Gefahren: Sommergewitter, Sturm, Berufsschifffahrt!

Kanu/SUP-Vermietung:
www.canoelagodorta.com

Kanu-Gewässer der näheren Umgebung: Lago Maggiore, Toce, Il Canale/Lago di Mergozzo

Auskunft:
www.ortasee-info.de
www.lagodorta.piemonte.it
www.lago-maggiore.de

Übernachten:
Orta San Giulio: *www.campingorta.it*
Pettenasco: *www.campingverdelago.it*
Pella: *www.campingcastellania.wixsite.com/pella*

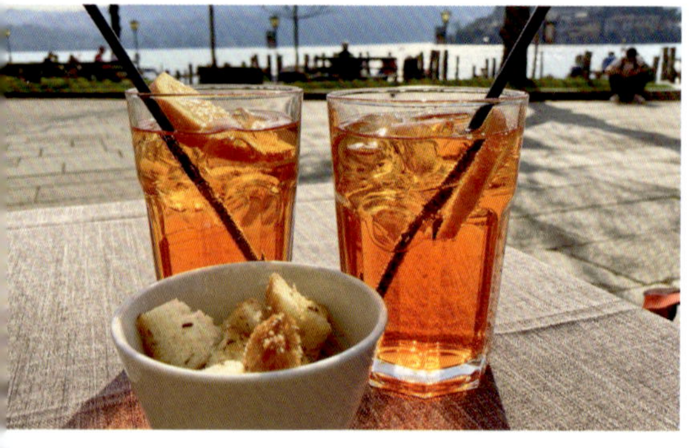

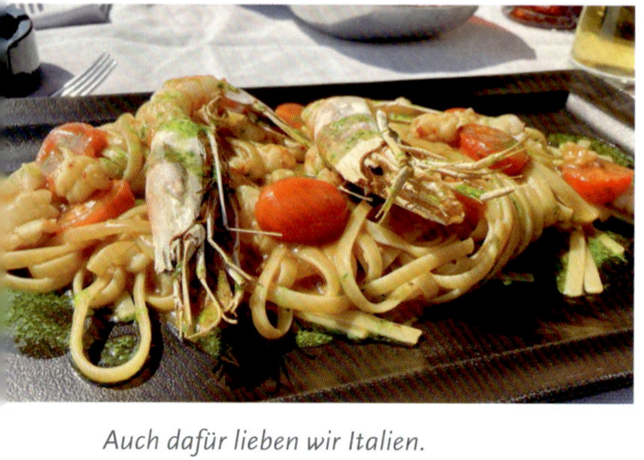

Auch dafür lieben wir Italien.

Sehenswertes: Altstadt San Giulio, Wallfahrtsstätte Sacro Monte, Isola San Giulio mit einer romanischen Basilika

Alternativen: Wanderweg Via degli Scalpellini am Westufer, Badestrände und Radwege

Literatur/Karten:
- Reiseführer „Lago Maggiore“ (Fohrer/Schmid), Michael Müller Verlag
- Reiseführer „Ortasee“ (Robert Hüther), Zwischenräume Verlag
- Reiseführer „Lago Maggiore – Zeit für das Beste“ (Nana Claudia Nanzel), Bruckmann Verlag
- Wild Swimming in Italien (Michele Tagein), Haffmans&Tolkemitt
- Lago Mortale (Giulia Conti), Analytik Verlag, Krimi Lago di Orta,
- Kompass Karte Nr. 97 „Omegna-Varallo-Lago di Orta“ 1:50.000

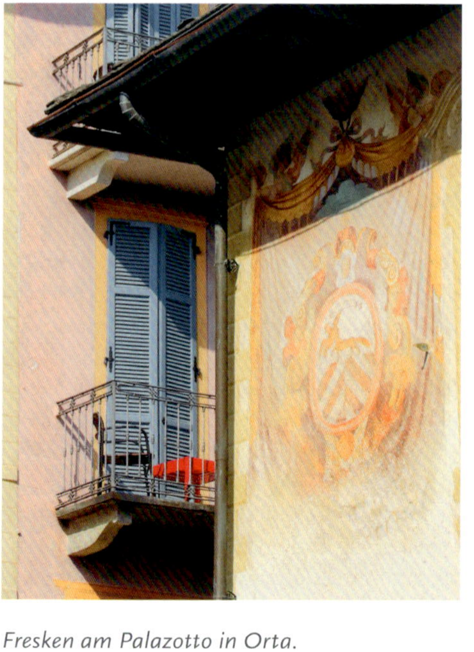

Fresken am Palazotto in Orta.

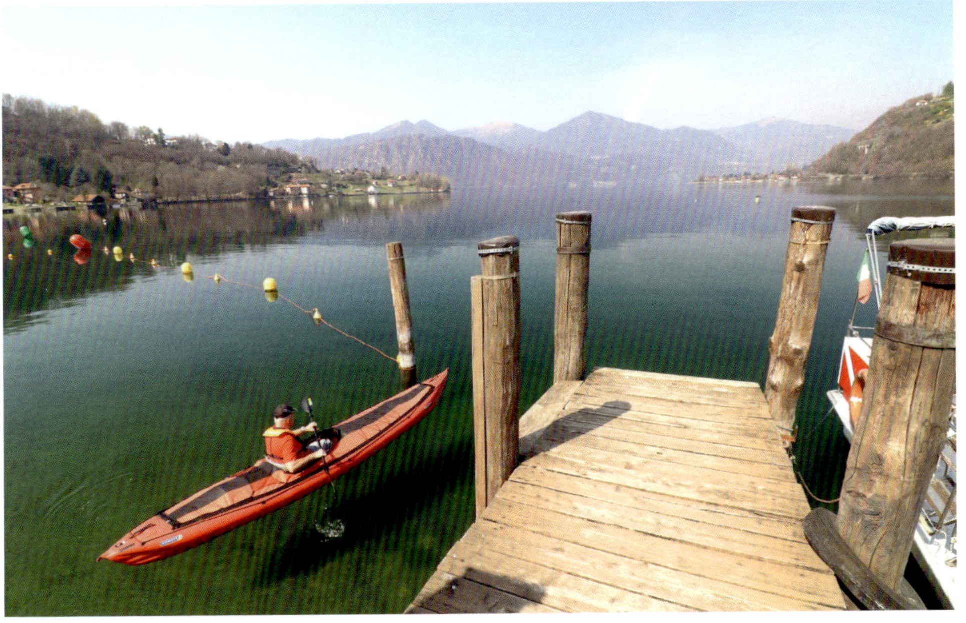

Startpunkt zur Seerunde am Ostufer nahe dem Campingplatz Orta San Giulio.

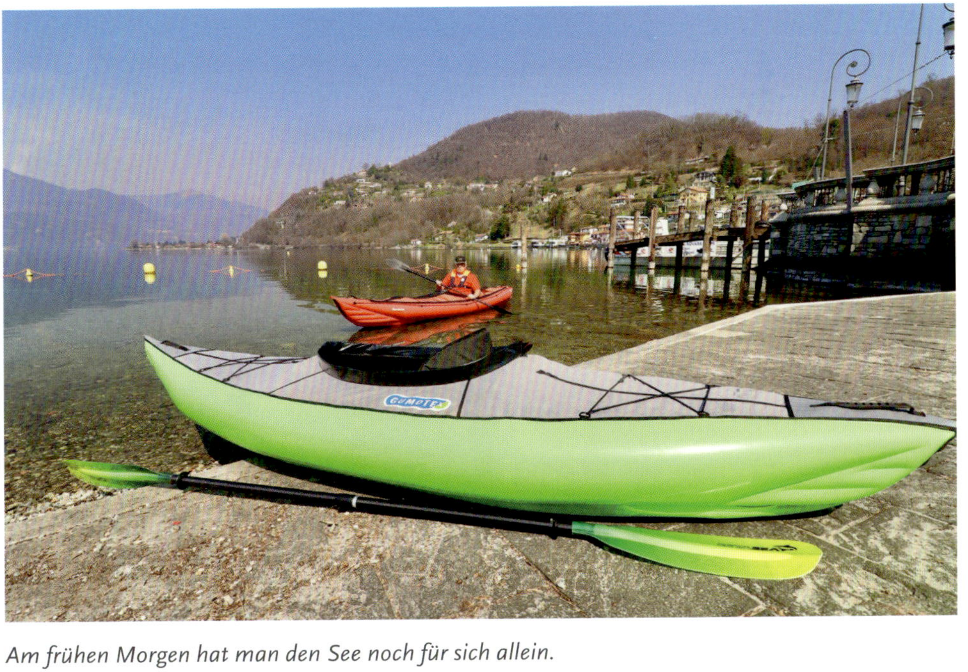

Am frühen Morgen hat man den See noch für sich allein.

02 TOCE

DER WASSERREICHSTE ZUFLUSS ZUM LAGO MAGGIORE

Der Fiume Toce ist ein 84 Kilometer langer Gletscherfluss, der im äußersten Norden des Piemont auf 2191 Meter Seehöhe entspringt. Im kraftwerksregulierten Mittellauf stürzt er stundenweise über den 143 Meter hohen Wasserfall „La Frua", einem der höchsten Wasserfälle Europas an einem großen Fluss. Der in früheren Jahren schiffbare Unterlauf ist auch für Tourenpaddler von Interesse und wasserreicher als der von Norden in den Lago Maggiore zufließende Ticino. An seiner Mündung durchströmt der Toce das kleine Landschaftsschutzgebiet „Riserva Naturale Speciale di Fondotoce".

Das Flusstal des Toce unterhalb des Simplonpasses zählt zu den interessantesten Hochtälern der Alpen. Mehrfach wechselt das Tal seinen Namen: Val Formazza, Valle Antigorio und später Val d'Ossola.

Allerdings wird der Fluss massiv von der Energiewirtschaft genutzt, wodurch die kanusportlichen Möglichkeiten im Ober- und Mittellauf erheblich beeinträchtigt werden. In diesen Bereichen sind Wanderungen in den vom Gletscher geformten Seitencanyons oder Touren im großartigen Nationalpark Val Grande eine lohnendere Alternative. Erst ab dem Städtchen Domodossola oder flussabwärts, unterhalb der Mündung des Torrente Anza, ändert sich das Bild. In Höhe der Ortschaft Megolo di Mezzo erhöht das zuvor abgeleitete Wasser des Tocekanals die Durchflussmenge des Flusses, und so kann man auch schon hier die Fahrt beginnen. Leichte Stromschnellen, Kiesbänke, Flussinseln und der Blick auf die umliegenden Berge begeistern.

Eine gesicherte Befahrung bei Niedrigwasser ist jedoch erst an der abseits gelegenen Brücke zwischen Gabbio und Cuzzago, direkt un-

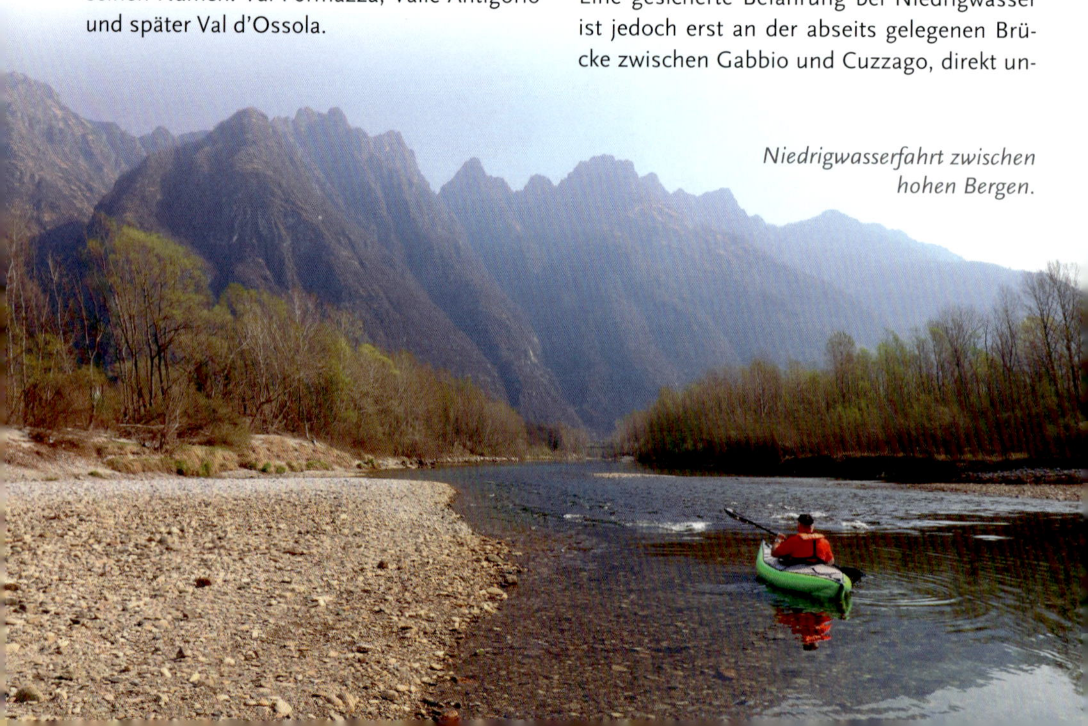

Niedrigwasserfahrt zwischen hohen Bergen.

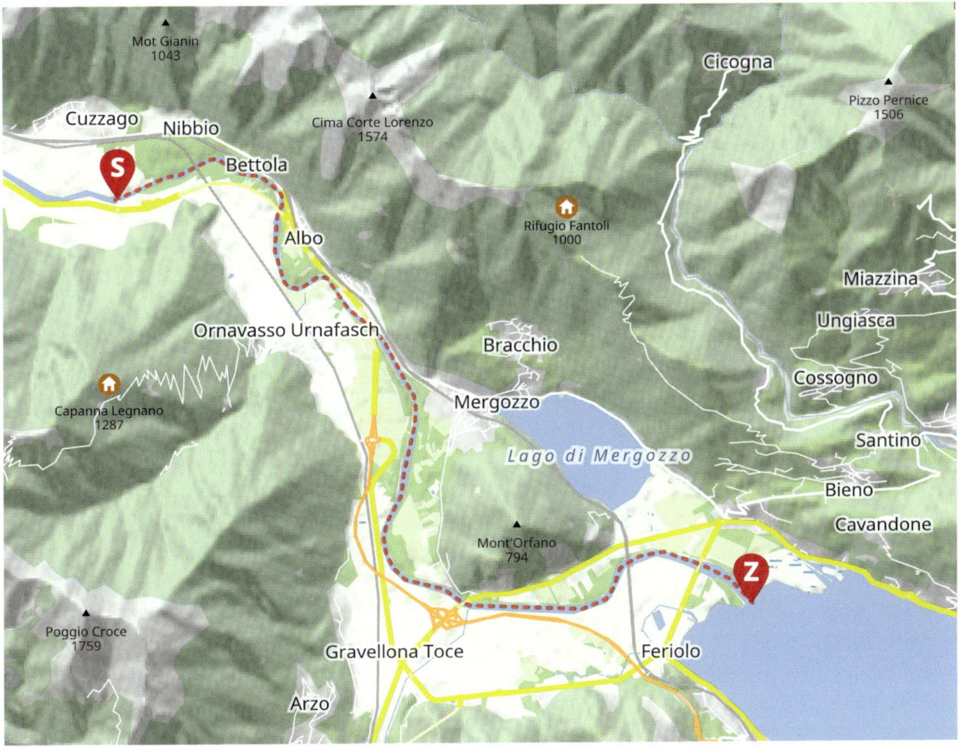

terhalb des letzten Wehres am Toce, möglich. Früher war der gesamte Unterlauf schiffbar. Von Verbano bzw von den Campingplätzen im Mündungsbereich erreicht man den Einstieg über Mergozzo und Candoglia auf kurzem Weg. Linkerhand führt ein schmales Schottersträßchen noch vor der Brücke zum Einstieg an einer großen Kiesbank. Hier kann man sein Fahrzeug problemlos abstellen. Die nun folgende 15 Kilometer lange Strecke ist ganzjährig und ohne jedes Hindernis befahr-bar und kann auch Kanu-Einsteigern empfohlen werden. Eine sanfte Strömung nimmt uns mit auf die Flussreise. Die Ufer sind zumeist bewaldet, und immer wieder locken großflächige Kiesbänke zum Anlanden oder zu einem Flusspicknick. Die Berge im Umfeld sind bis zu 2000 Meter hoch. Bald unterqueren wir die vom Simplonpass kommende E 62, die immer wieder kurzzeitig nah an den Fluss herankommt. Nach einer markanten Linkskurve liegt eine Fußgängerbrücke nahe der beiden etwas abseits des Flusses gelegenen Orte Ornavasso und Candoglia. Weiter flussab wird der kegelförmige Monte Orfano (794m) sichtbar, der den Toce in eine weit ausladende Biegung zwingt. An diesem Berg wird seit Jahrhunderten Marmor abgebaut. Dieser wurde auch für den Bau des Mailänder Doms verwendet und über den Lago Maggiore, Ticino und den Kanal Naviglio Grande in die Hauptstadt der Lombardei transportiert. Der Monte Orfano ist auch beliebtes Ziel für Wanderer, Kletterer und Biker. Rechterhand bringt die vom Lago di Orta kommende Strona meist nur einen bescheidenen Wasserzuschuss. Nachdem sich die zuvor flussnahe Autobahn nach Süden verabschiedet hat, strömt der Toce in seine letzte Flussschleife. Das Landschaftsschutzgebiet „Riserva Naturale Speciale di Fondotoce“ beginnt unterhalb der SS 33-Brücke. Der Blick weitet sich schon in Richtung See. Doch das Augenmerk richtet sich zunächst auf die attraktive Schwemmlandschaft mit schilfbestandenen Ufern und einer Weichholzaue. Totholz verbirgt sich manchmal unterhalb der Wasseroberfläche sowie in den Altarmen und kündet von den verheerenden Hochwassern, die das Tal immer wieder heimgesucht haben und dann Brücken und sogar Teile der Autobahn wegrissen haben. Das Schutzgebiet ist ein wichtiges Brutgebiet und Rastplatz für Zugvögel. Zu den besonderen Arten zählen der Ziegenmelker, die Sperbergrasmücke oder der Schlangenadler. Als Paddler sollte man Abstand zu den Schilfzonen halten und sich ruhig verhalten. Nur so kann man die schöne Natur genießen und stört nicht. Gleich um die Ecke liegen die wichtigsten beiden Campingplätze bei Feriolo. Alternativ ist auch ein Ausstieg linkerhand direkt an der Mündung möglich. Die Parkplätze in der Via Canale erreicht man nach 200 Metern Fußweg.

TOURINFOS

Charakter: Leichter WW-Wanderfluss mit einfachen Stromschnellen. Mitunter Gefahren durch Drahtseile von Schürfbaggern.

Etappen: Brücke zwischen Gabbio und Cuzzago - Feriolo/Lago Maggiore: 15 km

Weitere Etappe: Domodossola - Brücke zwischen Gabbio und Cuzzago: 24 km (WW I).

Beste Zeit: Oberlauf nur bei entsprechender Wasserführung, der Unterlauf ist ganzjährig befahrbar.

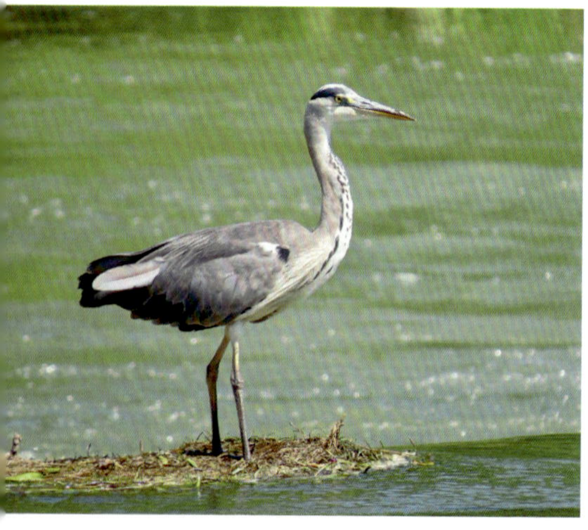

Ein Graureiher beobachtet uns argwöhnisch.

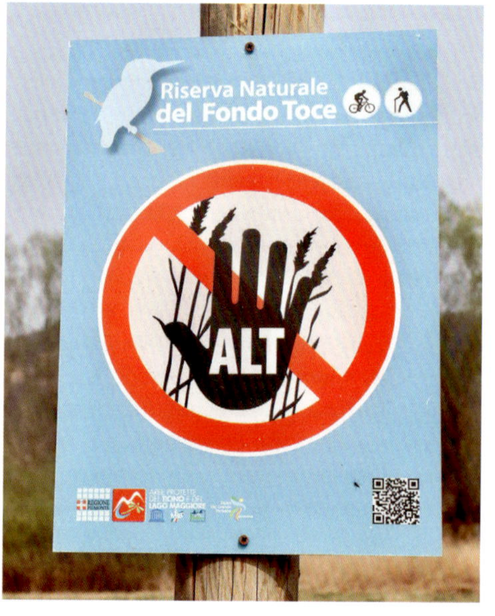

Betretungsverbot der Schilfufer.

Naturschutz: Das Mündungsgebiet ist Landschaftsschutzgebiet. Sensible Bereiche und Schilfzonen vor allem in Brutzeiten meiden.

Kanu-Gewässer der näheren Umgebung:
Lago Maggiore, Lago di Orta, Il Canale/Lago di Mergozzo

Kanu/SUP-Vermietung:
www.isolino.it/de/verleih

Auskunft: *www.lago-maggiore.de*

Übernachten:
Feriolo: *www.isolino.it/de*
Feriolo: *www.concadoro.it*
Verbano: *www.chiostrovb.it*

Sehenswertes: Ort Feriolo mit Hochwassermarken des Toce an der Kirchenfassade von San Carlo, Giardini Villa Taranto in Verbano (Park im englischen Stil mit zahlreichen exotischen Pflanzen), 143 Meter hoher Wasserfall „Cascata del Toce" im Val Formazza (Juni – September mit unregelmäßigen Zeiten, da Kraftwerksbetrieb).

Alternativen: Wanderungen im Nationalpark Val Grande oder am Monte Orfano, Naturbadestrand Spiaggia di Isolino Vecchio an der Mündung.

Literatur/Karten:
- Reiseführer „Lago Maggiore" (Fohrer/Schmid), Michael Müller Verlag
- Reiseführer „Lago Maggiore – Zeit für das Beste" (Nana Claudia Nanzel), Bruckmann Verlag
- Literatur „Europa erlesen - Lago Maggiore" (verschiedene Autoren), Wieser Verlag
- Wanderführer „Nationalpark Val Grande" (Bernhard Herold TheleskIaf), Rotpunktverlag
- Kompass Karte Nr. 90 „Lago Maggiore - Lago di Varese" 1:50.000
- Kompass Karte Nr. 97 „Omegna-Varallo-Lago di Orta" 1:50.000.

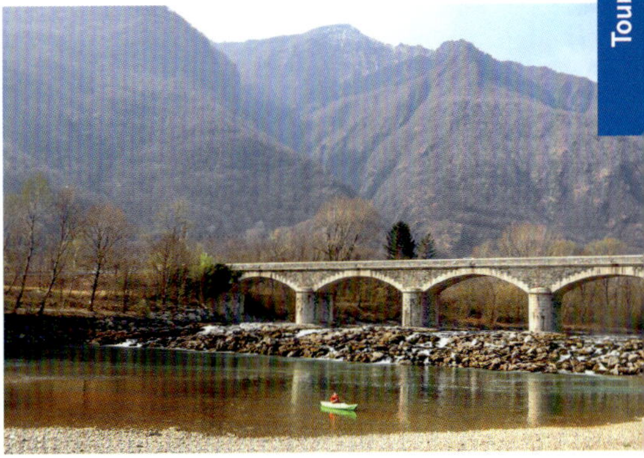

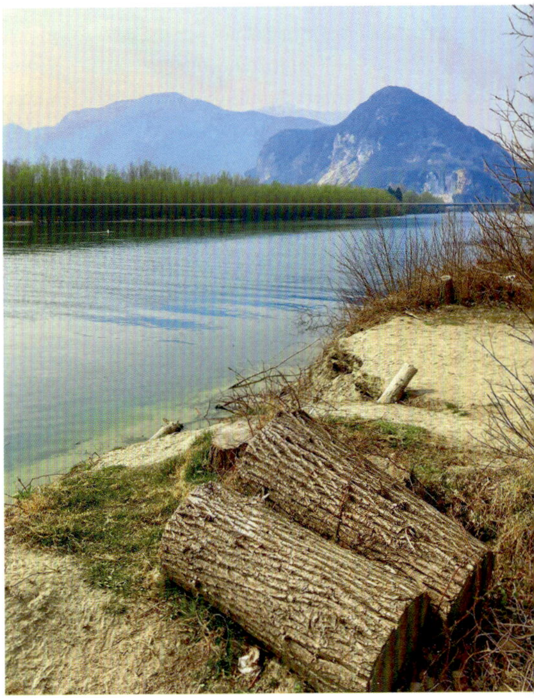

Oben: Brücke am Start. Unten: Auf den letzten Metern vor der Mündung.

03 Lago di Mergozzo

Kleiner See mit grosser Kulisse

Dieser malerische Bergsee liegt nur einen Steinwurf vom Westufer des Lago Maggiore entfernt. Als die Gletscher abflossen, war der kleine See vermutlich Teil eines Seitenarms des Fiume Toce und mit dem Lago Maggiore verbunden. Üppig grüne Ufer kennzeichnen den See, der zu den saubersten in Oberitalien zählt und auf dem häufig internationale Kanu-Wettkämpfe ausgetragen werden. Einen Steinwurf entfernt liegt der 1992 geschaffene Nationalpark Val Grande, eine nahezu unbevölkerte und wilde Berglandschaft und ein Paradies für Wanderer.

Wir starten am zentral gelegenen Campingplatz Village Conca d'Orao in Feriolo am Lago Maggiore nahe der Tocemündung. Ein wunderschöner Frühlingsmorgen mit milden Temperaturen macht Laune, und wir passieren bald nach der Mündung des Toce den Campingplatz Village Isolino. Unmittelbar dahinter schwenkt man in eine schilfbestandene Bucht ein, die sich schnell zu einem schmalen Wasserlauf verengt. „Il Canale", die Verbindung zum Lago di Mergozzo. Linkerhand befinden sich mehrere Altarme, rechts begleitet die SS34 diesen naturbelassenen Kanal, über den man bei entsprechender Wasserführung den Lago di Mergozzo paddelnd erreichen kann. Mein Paddelfreund Gert Spilker hat dieses Gewässer im Rahmen von Bucharbeiten entdeckt und als Rundtour um den Monte Orfano beschrieben. Dazu ist allerdings ein Landtransport zum Toce erforderlich.

Wir hingegen paddeln die Strecke hin- und zurück und befahren den Toce später im Rahmen einer weiteren Tour. Ein vielstimmiges Vogelkonzert ertönt vom linken Ufer, den verhaltenen Verkehrslärm der SS34 am rechten Ufer ignorieren wir einfach. Vereinzelt unterqueren

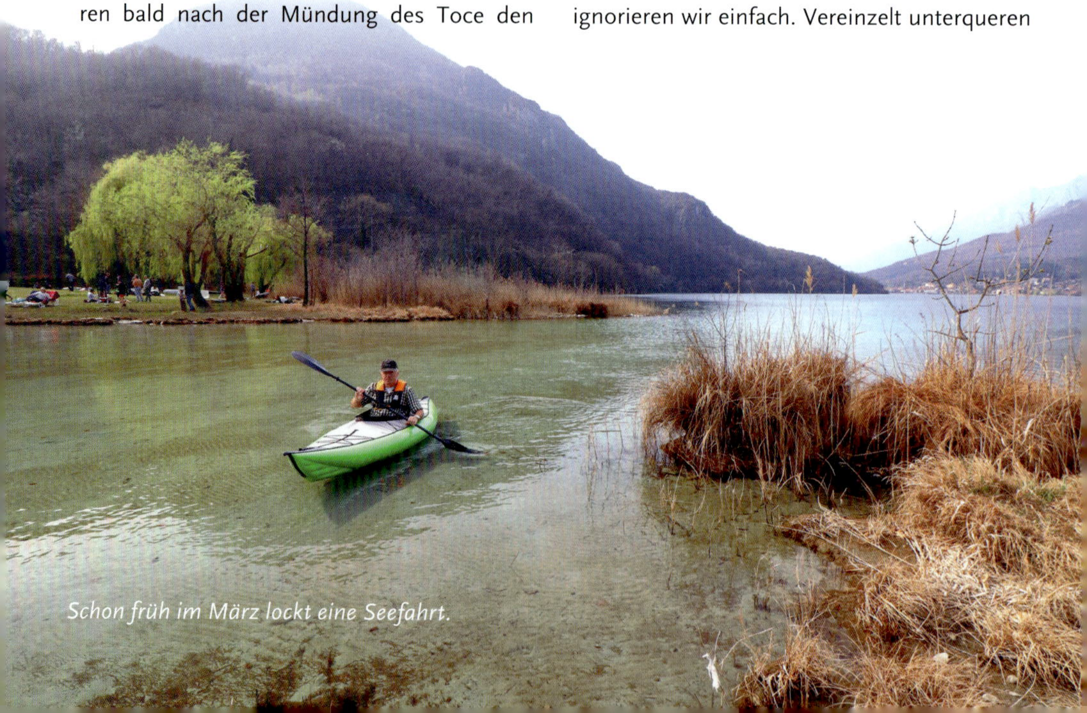

Schon früh im März lockt eine Seefahrt.

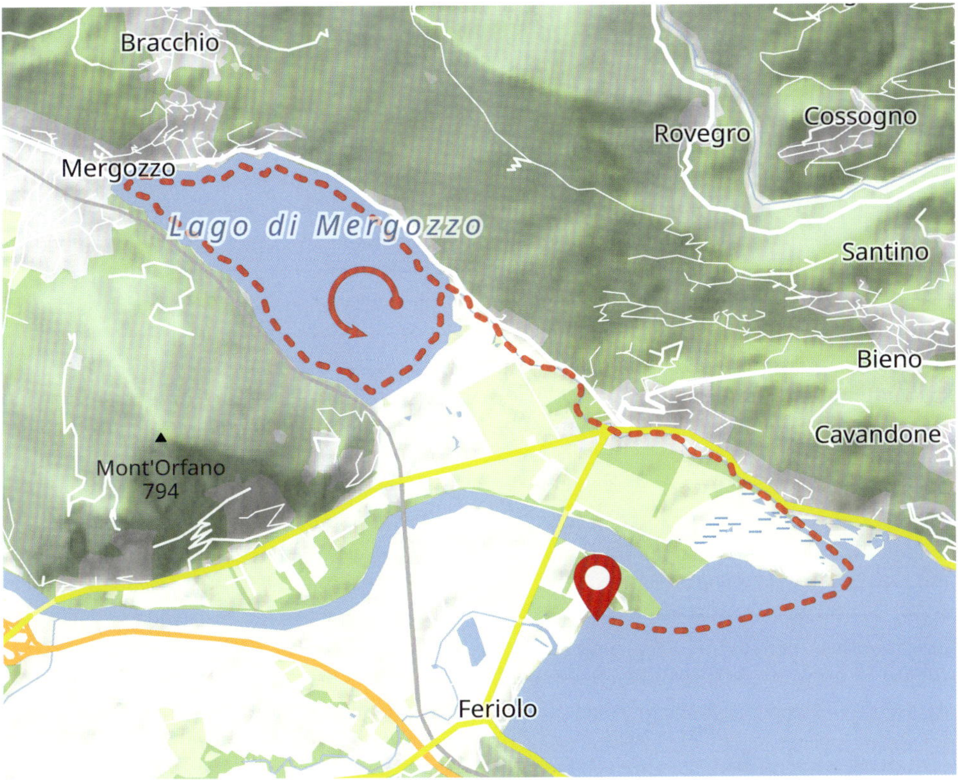

wir eine Fußgänger- oder eine Straßenbrücke. Am Ende des Kanals liegen Campingplätze an beiden Seiten. Obwohl diese erst eine Woche später ihre Tore öffnen, herrscht bereits hektische Betriebsamkeit. Nach einer weiteren Brücke erreichen wir den wunderschön gelegenen Lago di Mergozzo. Stockenten begrüßen uns mit lautem Quaken, Schwäne beäugen uns misstrauisch. Wenige Meter nach links paddelnd versteckt sich hinter einem Golfplatz der von einheimischen Badegästen und Sonnenanbetern frequentierte Strand Spiaggia Graduita. Unmittelbar dahinter ragt der Monte Orfano auf. Entlang des steilen Südwestufers gelangen wir flugs zum Hauptort Mergozzo. Eine dahinter verlaufende Bahnlinie können wir nur erahnen. In Mergozzo findet sich schnell ein Anlandeplatz, um durch den überschaubaren Ort mit seinen schmalen Gassen zu schlendern. Vor allem außerhalb der Saison herrscht eine entspannte Atmosphäre. Der Tourismus scheint hier generell nicht im Fokus zu stehen, was man auch an den wenigen Hotels erkennen kann. Einzelne Bars und Cafés locken zur Einkehr.

Der Rückweg auf dem Wasser verläuft auf gleichem Weg. Bei Fondotoce, nahe einem Kreisverkehr, gibt es das Dokumentationszentrum Casa della Resistenza in Erinnerung an ein Massaker im Zweiten Weltkrieg. 1944 wurden hier 42 Partisanen von der deutschen SS hingerichtet. Ein dunkles Kapitel unserer Geschichte.

TOURINFOS

Charakter: abwechslungsreichen Kombitour
Etappe: Hin und zurück 12,2 km
Kanal 3 km, Seeumrundung 6,2 km).
Beste Zeit: April bis Oktober

Kanu-Gewässer der näheren Umgebung:
Lago Maggiore, Lago di Orta, Toce

Kanu/SUP-Vermietung:
www.isolino.it/de/verleih
Auskunft: www.lago-maggiore.de

Übernachten:
Feriolo: *www.isolino.it/de*
www.concadoro.it
Fondotoce: www.campingcontinental.com
und *www.campinglaquiete.it*

Sehenswertes: Altstadt und Seepromenade von Mergozzo, Ort Feriolo mit Hochwassermarken des Toce an der Kirchenfassade von San Carlo, Giardini di Villa Taranto in Verbano (Park im englischen Stil mit zahlreichen exotischen Pflanzen), Casa delle Re-sistenza in Fondotoce.

Alternativen: Wanderungen auf den aussichtsreichen Gipfel des Monte Orfano und in der wilden Berglandschaft Nationalpark Val Grande, Klettern am Monte Orfano, Naturbadestrand Spiaggia Isolino Vecchio.

Literatur/Karten:
- Reiseführer „Lago Maggiore" (Fohrer/ Schmid), Michael Müller Verlag
- Reiseführer „Lago Maggiore – Zeit für das Beste" (Nana Claudia Nanzel), Bruckmann Verlag
- Wanderführer „Nationalpark Val Grande" (B.H. Thelesklaf), Rotpunkt Verlag
- Kompass Karte Nr. 90 „Lago Maggiore - Lago di Varese" 1:50.000
- Kompass Karte Nr. 97 „Omegna-Varallo-Lago di Orta" 1:50.000.

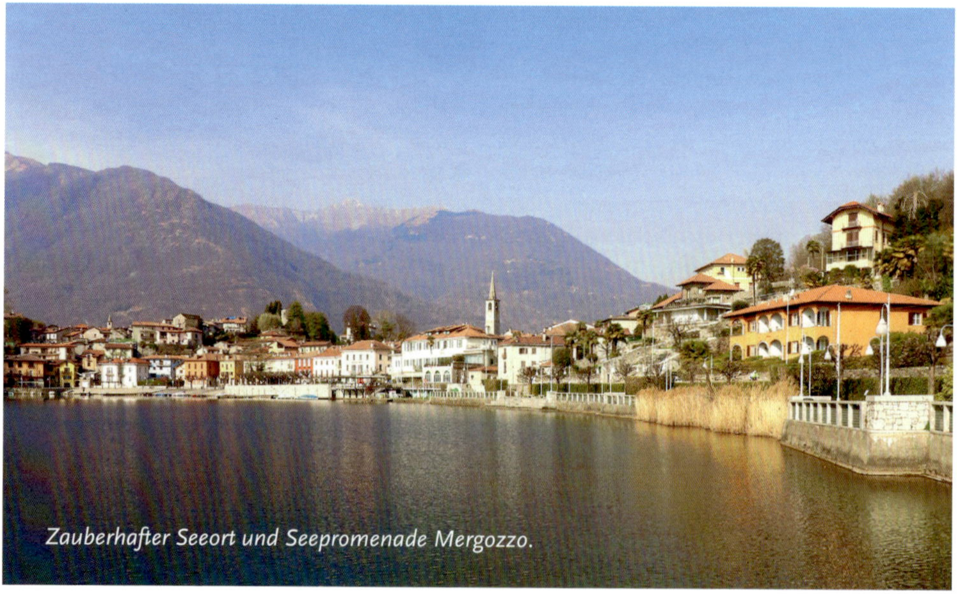

Zauberhafter Seeort und Seepromenade Mergozzo.

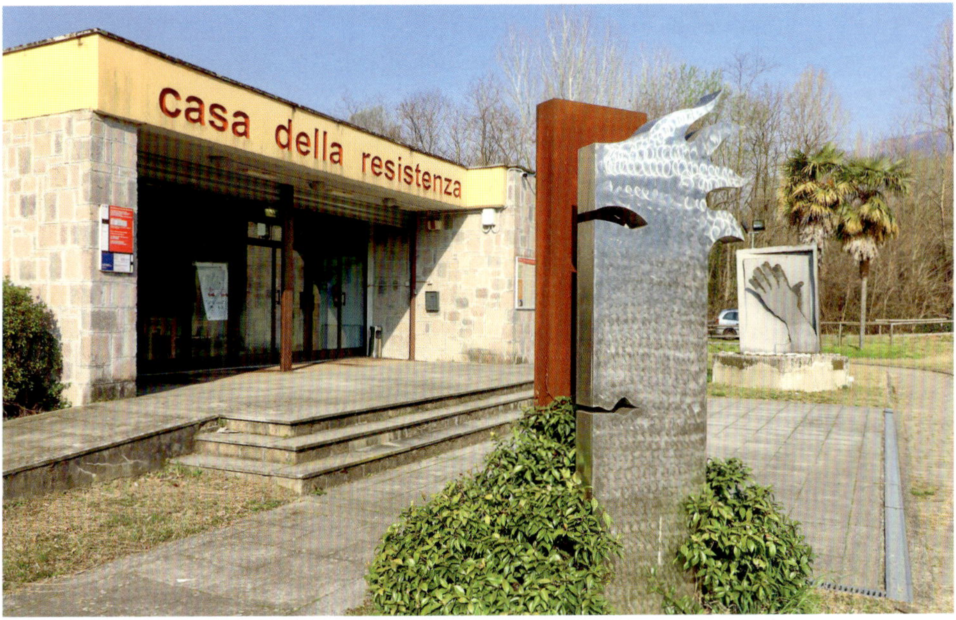

Dokumentationszentrum Casa della Resistenza.

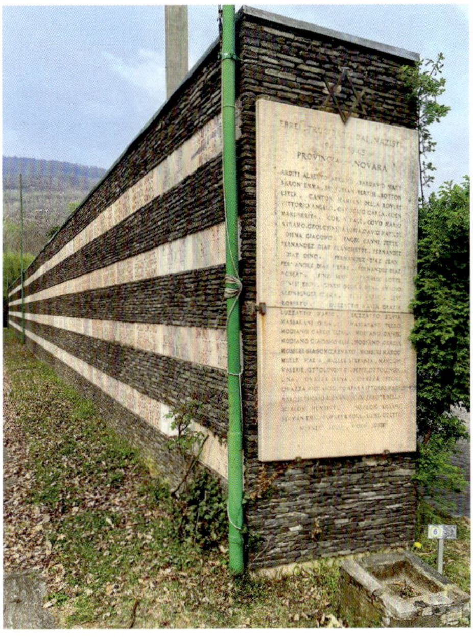

Mahnmal am Casa della Resistenza.

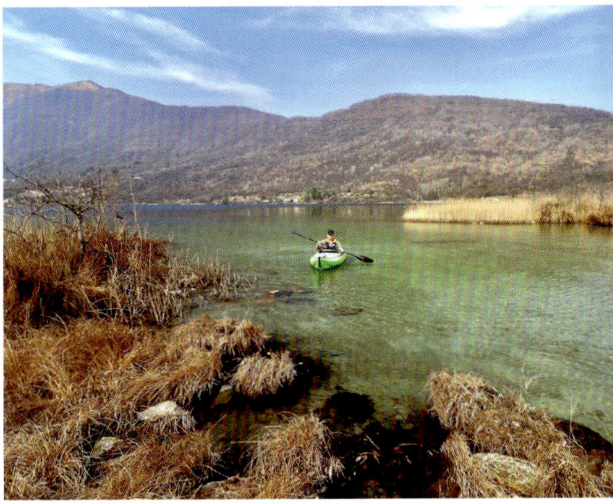

Am südöstlichen Seeufer.

04 LAGO MAGGIORE
RUNDTOUR ZU DEN BERÜHMTEN INSELN

Das nördliche Drittel des Lago Maggiore liegt im Schweizer Kanton Tessin, der weitaus größere Anteil jedoch in Italien. Im italienischen Abschnitt gehört das westliche Ufer zur Region Piemont, das Ostufer zur Lombardei. Flächenmäßig ist der Lago Maggiore nach dem Gardasee der zweitgrößte See Italiens. Die Uferlänge von knapp 185 Kilometer lockt zu einer Mehrtagestour mit schnellen Seekajaks. Weniger Ambitionierte schlagen ihr Basislager in Feriolo auf, wo es einige ideal gelegene Campingplätze gibt. Von hier aus kann man gleich mehrere Tagestouren auf den nahen Kanu-Gewässern unternehmen. Von besonderer Schönheit sind die Borromäischen Inseln, die leider in der Sommersaison sehr im Fokus des Massentourismus stehen. Diese Inselrunde ist daher vor allem zeitig im Frühjahr oder im späten Herbst empfehlenswert.

Die Borromäischen Inseln liegen auf halbem Weg zwischen den Orten Baveno und Stresa am Westufer des Lago Maggiore und sind ein heißbegehrtes Reiseziel. Von unserem Campingplatz in Feriolo brechen wir frühzeitig am Morgen mit den Kajaks in Richtung Südosten auf, queren unsere große Bucht und passieren nach einer Stunde Fahrzeit den idyllischen Ort Baveno. Nach einigen weiteren Kilometern auf dem weiten See erreichen wir die Isola di Pescatori. Wir deponieren unsere Boote nördlich des kleinen Hafens für den ersten Landgang. Die Fischerinsel wird, ebenso wie die südlich gelegene Isola Bella, die meiste Zeit im Jahr von Touristenmassen geradezu überschwemmt. Da wir an einem Wochentag und noch vor den Osterferien unterwegs sind, hält sich der Andrang bei unserem Besuch in Grenzen. Etwa 50 Einwohner zählt die Insel, die wenigsten verdienen ihr Geld mit dem Fischfang. Machen wir uns nichts vor, die Fische, die in den zahlreichen Restaurants serviert werden, kommen vermutlich (vor allem in der

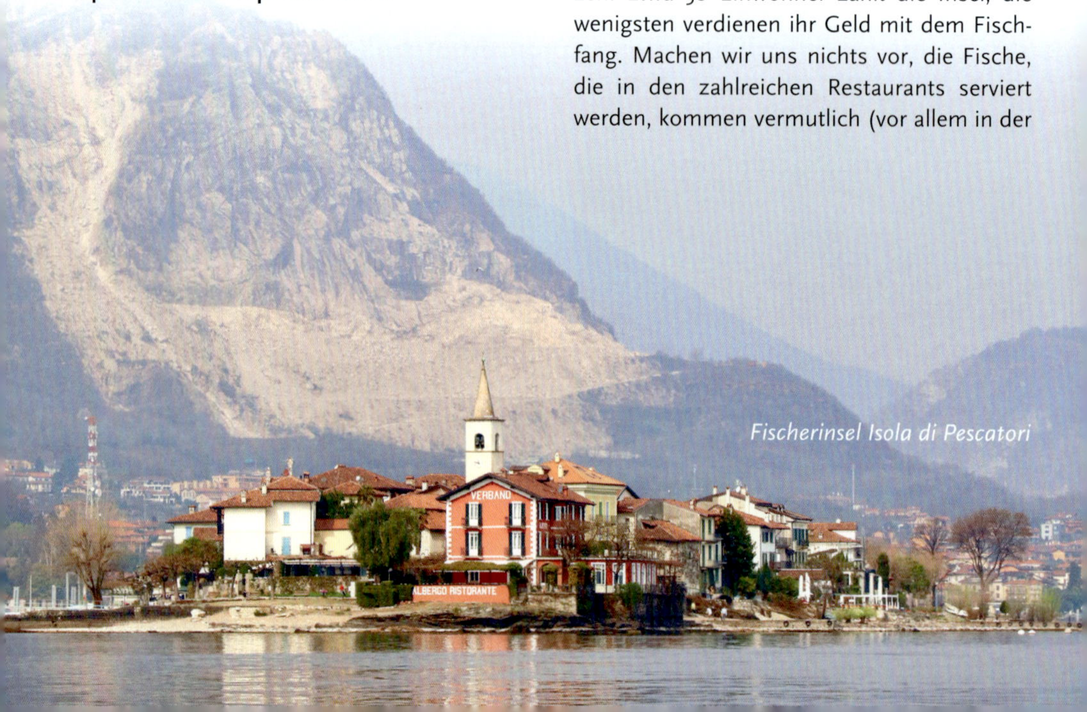

Fischerinsel Isola di Pescatori

Hochsaison) nicht alle fangfrisch aus dem See. Dennoch besitzt die Insel einen besonderen Charme und lohnt allein schon wegen der phantastischen Lage einen Besuch. Wir genießen in der Trattoria Imbarcadero, nahe dem südlichsten Punkt der kleinen Insel, ein hervorragendes Fischgericht.

Unser zweites Ziel, die Isola Bella, liegt nur wenige Paddelschläge entfernt und ist die meistbesuchte Insel. Im 17. Jahrhundert wurden der barocke Palast und die prachtvolle Gartenanlage auf einer damals kahlen Felseninsel erbaut. Zu den Bewohnern der Isola Bella zählt eine der mächtigsten Industriefamilien des Landes. Es ist gar nicht so leicht, hier einen Landeplatz zu finden. Gleich an der Nordspitze am westlichen Ufer ist das möglich. Der Spaziergang über die Insel führt an zahlreichen Verkaufsständen vorbei, die gefüllt sind mit Massenware aus Fernost.

Von besonderem Interesse ist die prunkvolle Palastanlage, die den überwältigenden Reichtum der Besitzer widerspiegelt. Im Untergeschoss liegen mit Basaltlava, Marmor oder Tuff ausgekleidete künstliche Grotten. Andernorts finden sich flämische Wandteppiche, kunstvolles Geschirr und wertvolle Gemälde. Die Prunksucht der Borromäischen Herrscher war wohl nahezu grenzenlos. Zusammen mit den fast immergrünen Gartenanlagen ergibt es dennoch ein überwältigendes Gesamtkunstwerk. Nach dem Inselbesuch geht es auf gleichem Weg zurück. Wer die Tour noch bis zur abseits gelegenen Insel Madre verlängern möchte, sollte die Wetterentwicklung im Blick haben. Vor allem in den Sommermonaten sind Hitzegewitter keine Seltenheit. Die Isola Madre liegt zwei Kilometer in nordöstlicher Richtung und ist die am wenigsten besuchte Borromäische Insel. Auch hier gibt es einen sehenswerten Palast, einen botanischen Park und dazu ein interessantes Marionettentheater.

TOURINFOS

Charakter: Zahmwasser
Etappen: Feriolo-Isola Pescatore - Isola Bella – Feriolo: 12 km
Beste Zeit: Ende März – Anfang November

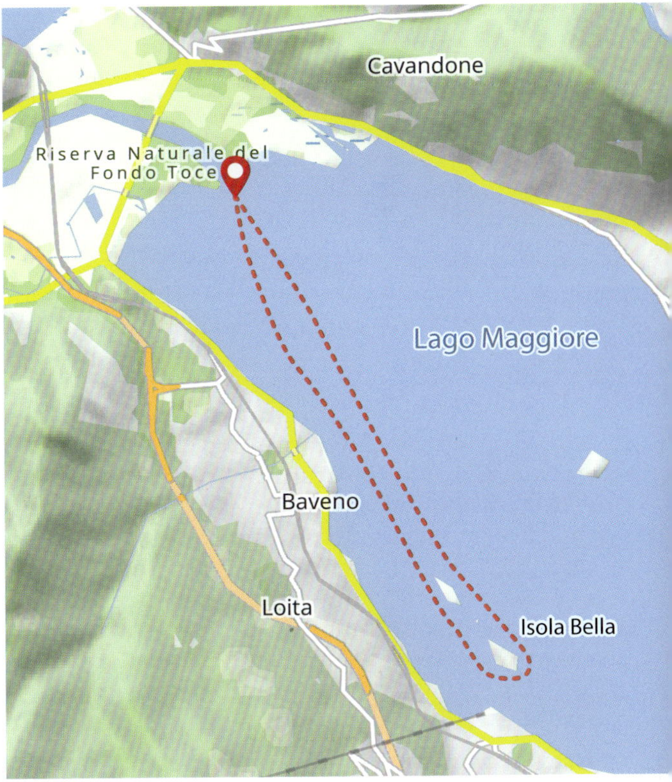

Gefahren: Sommergewitter, Sturm, Berufsschifffahrt!

Kanu/SUP-Vermietung:
www.isolino.it/de/verleih

Kanu-Gewässer der näheren Umgebung: Lago di Orta, Toce, Il Canale/Lago di Mergozzo

Auskunft: *www.lago-maggiore.de*

Übernachten:
Feriolo: *www.isolino.it/de*
Feriolo: *www.concadoro.it*

Sehenswertes: zahlreiche botanische Gärten in Verbania und auf den Inseln, dazu prächtige Paläste

Alternativen: Ausflug zum Gipfel Mottarone über eine mautpflichtige Passstraße (Panoramablick, Giardano Botanic Alpinia)

Literatur/Karten:

- Reiseführer „Lago Maggiore" (Fohrer/Schmid), Michael Müller Verlag
- Reiseführer „Lago Maggiore – Zeit für das Beste", (Nana Claudia Nanzel) Bruckmann Verlag
- Literatur: „Europa erlesen-Lago Maggiore" (Jean Paul, Heinrich Heine und viele andere), Wieser Verlag
- Kompass Karte Nr. 90 „Lago Maggiore - Lago di Varese" 1:50.000
- Kompass Karte Nr. 97 „Omegna-Varallo-Lago di Orta" 1:50.000

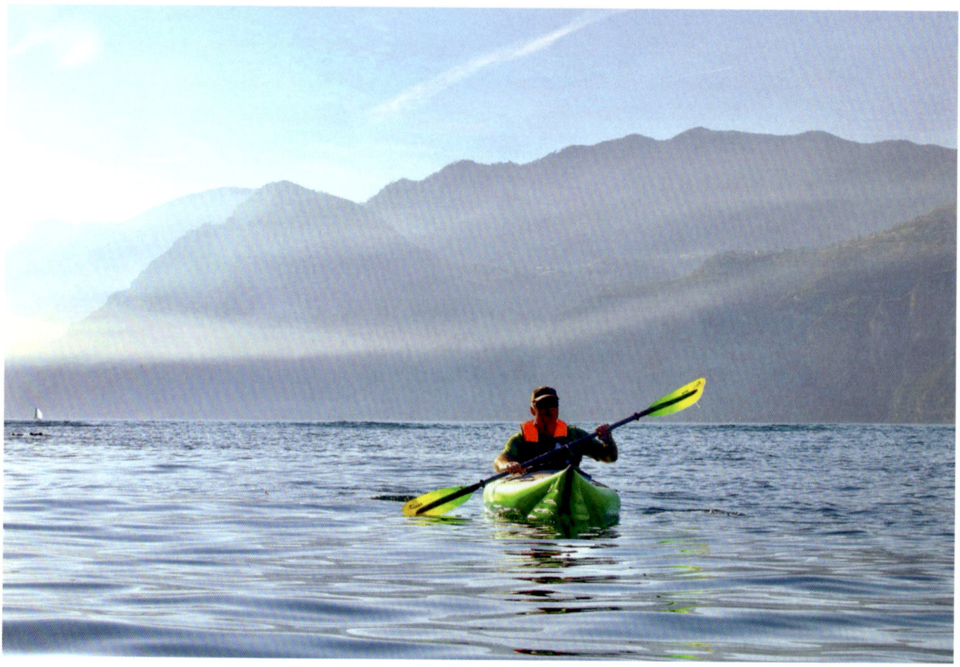

Morgenrunde auf dem weiten See.

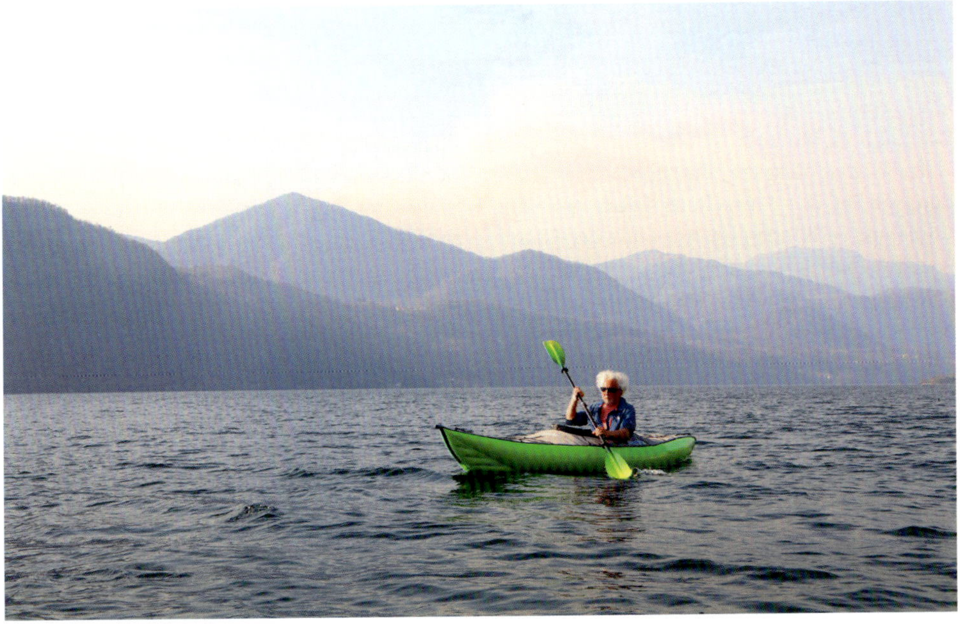

Wasser ohne Ende zwischen hohen Bergen.

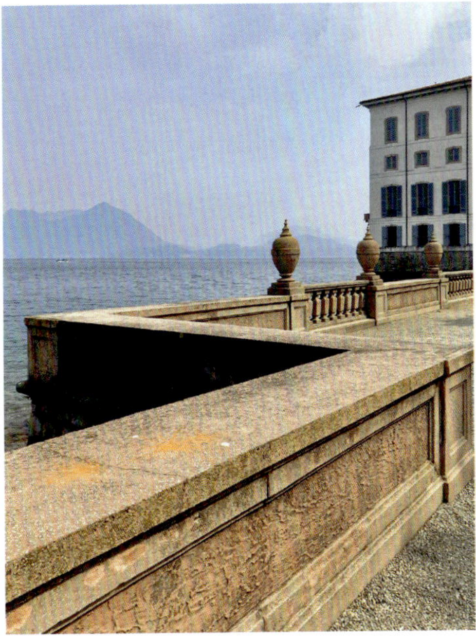

Palast auf der Isola Bella.

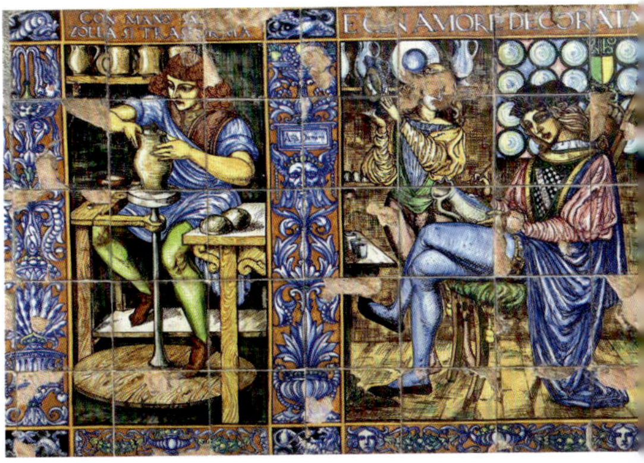

Die borromäischen Herrscher machten die Isola Bella zu einen vielbeachteten Gesamtkunstwerk.

05 FIUME MERA
UND LAGO DI MEZZOLA

Der Lago di Mezzola ist ein besonders reizvoller kleiner Bergsee, der durch das Mündungsgebiet des Flüsschens Mera mit dem Comersee verbunden ist. Am Ende der Eiszeit war dieser Abschnitt Teil des Lago di Como. Zwischen den beiden Seen und der Flussmündung der Adda liegt heute das geschützte Feuchtgebiet Riserva Naturale Pian di Spagna e Lago di Mezzola, eines der letzten Sumpfgebiete Italiens. Insbesondere für Zugvögel ist es eine wichtige Anlaufstation. Mera und Lago di Mezzola locken mit einer Kombitour von besonderem Reiz. Wegen der besonderen Windsituation sollte die Tour bereits am frühen Nachmittag beendet sein, um den starken Gegenwind auf dem Rückweg zu vermeiden.

Von unserem Basislager am nordwestlichen Ufer des Comer Sees, einem Campingplatz nahe Sórico, paddeln wir auf dem zunächst breiten und strömungslosen Flüsschen Mera flussaufwärts in Richtung Norden. Nach der Straßenbrücke wird es erst einmal ganz schmal, dann folgt wieder eine seeartige Verbreiterung. Das schilfbestandene östliche Ufer gehört zum Naturschutzgebiet Pian di Spagna. Auf einem 1500 Hektar großen Gebiet, durchzogen von einigen Lehrpfaden, kann man Teichrohrsänger oder das seltene Blaukehlchen beobachten. Aber es gibt hier auch Rehe und Hirsche sowie zahlreiche Vogelarten wie Reiher und Kormorane.

Nach einer weiteren schmalen Passage und dem Weiler Dascio am linken Ufer erreichen wir den Lago di Mezzola. Vor allem die spektakulären Berggipfel mit Höhen bis weit über 3000 Meter lassen uns staunen. Wir befinden uns dagegen auf 199 Meter Seehöhe! Links passieren wir einige Steilfelsen und bald erreichen wir einen einsamen Platz, an dem ein sehenswerter Wasserfall für einen weiteren

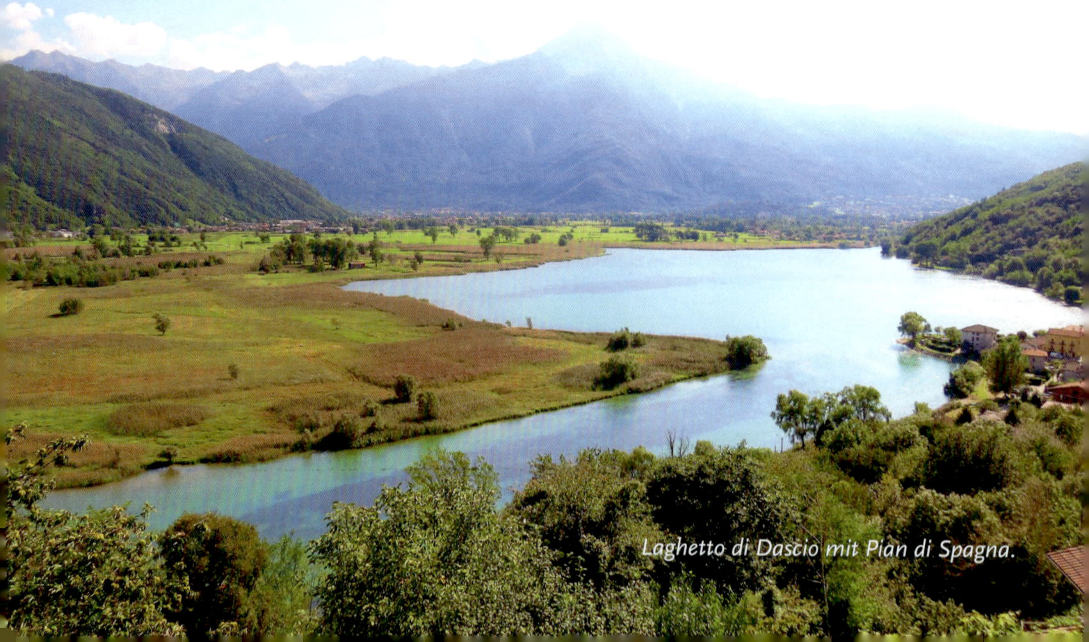

Laghetto di Dascio mit Pian di Spagna.

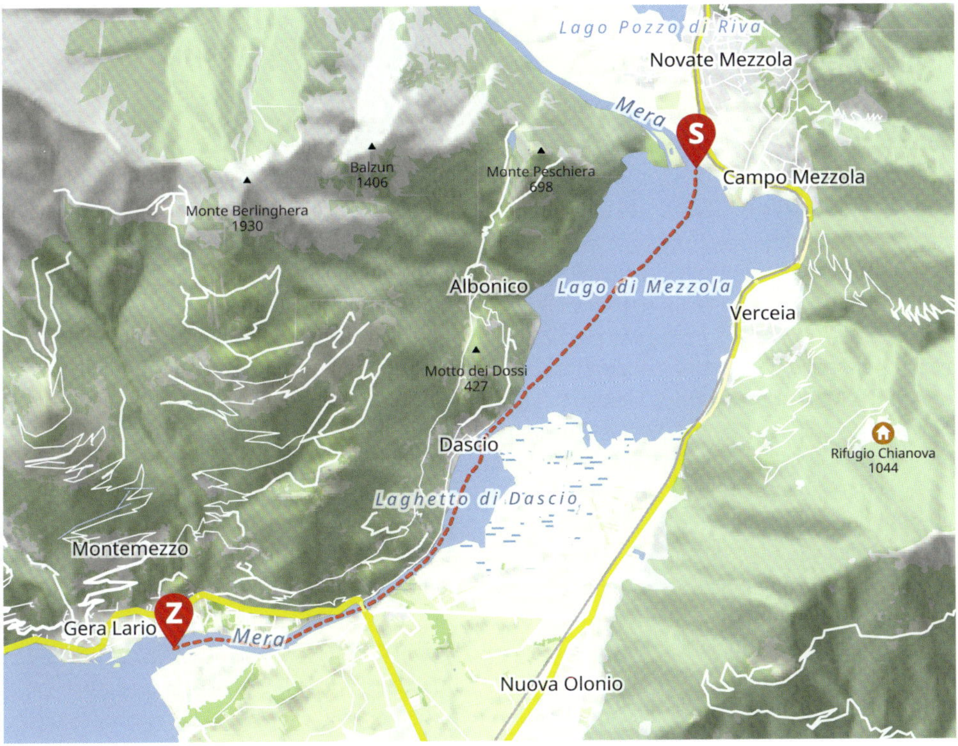

Höhepunkt sorgt. Auch eine kurze Schwimmpause an diesem besonderen Ort, der nur per Boot erreichbar ist, sorgt für Abwechslung. Weiter geht es im hinteren Teil des Sees an himmelhohen Felswänden entlang bis zu einem weiteren Landeplatz in der Bucht Golfo di San Fedelino am nördlichen Seeende unmittelbar vor der Einmündung der Mera. Von hier aus ist das Kirchenkleinod San Fedelino (10. Jh.) in wenigen Minuten zu Fuß zu erreichen. Fedelinio war ein römischer Soldat, der wegen seines Beitritts zum christlichen Glauben geköpft wurde. Das romanische Kirchlein mit besonders schönen alten Fresken ist leider nur an Wochenenden stundenweise zu besichtigen. Auf dem Rückweg am Nachmittag bläst uns der Südwind Breva sehr kräftig entgegen und erfordert einen kräftigen Paddelschlag.

TOURINFOS

Charakter: Zahmwasser
Etappe: Sórico-San Fedelino an der Einmündung der Mera: 15 km (hin- und zurück)
Beste Zeit: April bis Oktober

Gefahren: Thermische Winde

Kanu-Vermietung:
Sorico: *www.aulacdecomo.it/de/location/activities/* und *www.campinglariva.com/activities/?lang=de*

Kanu-Gewässer der näheren Umgebung:
Lago di Como, Lago di Lugano, Mera-Oberlauf, Adda

Auskunft:
www.piandispagna.it/hh/index.php

Übernachten:
Sorico: *www.campinglariva.com/activities/?lang=de*
und *www.aulacdecomo.it/de/*

Sehenswertes: Freskenkirchlein Fedelino, Wallfahrtskirche Santuario di San Miro (Fresken 16.Jh., Panorama)

Alternativen: Wanderungen von Novata Mezzola ins Val Codera, Bergwanderung zum Monte Berlinghera 1930 m, Panorama-Höhenweg hoch über dem Westufer von Dascio über Albonico zur einsamen Badebucht Golfo di San Fedelino

Literatur/Karten:
- Reiseführer „Oberitalienische Seen" (Eberhard Fohrer), Michael Müller Verlag
- Wanderführer „Comer See" (Eugen E.Hüsler), Bergverlag Rother
- Kompass Wanderkarte Nr 92 „Valchiavenna, Val Bregaglia", Nr. 91 „Lago di Como, Lago di Lugano", jeweils1:50.000

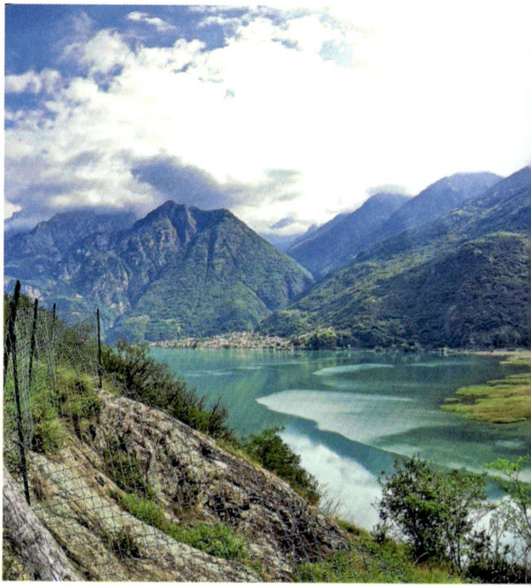

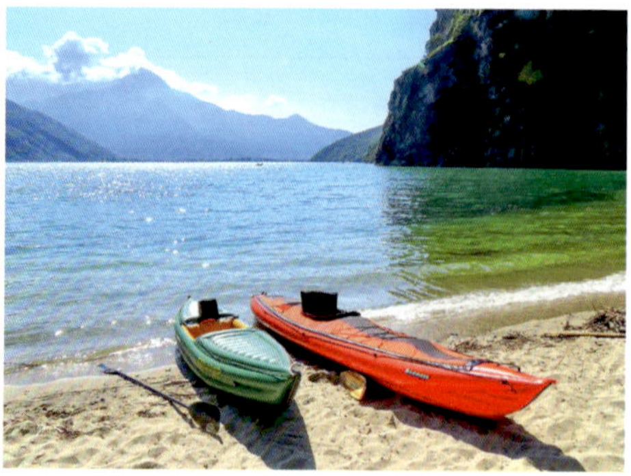

Badeplatz nahe San Fedelino.

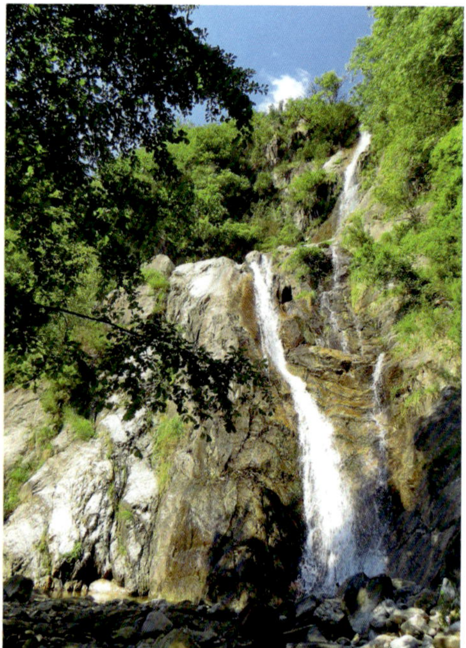

Wasserfall am Westufer.

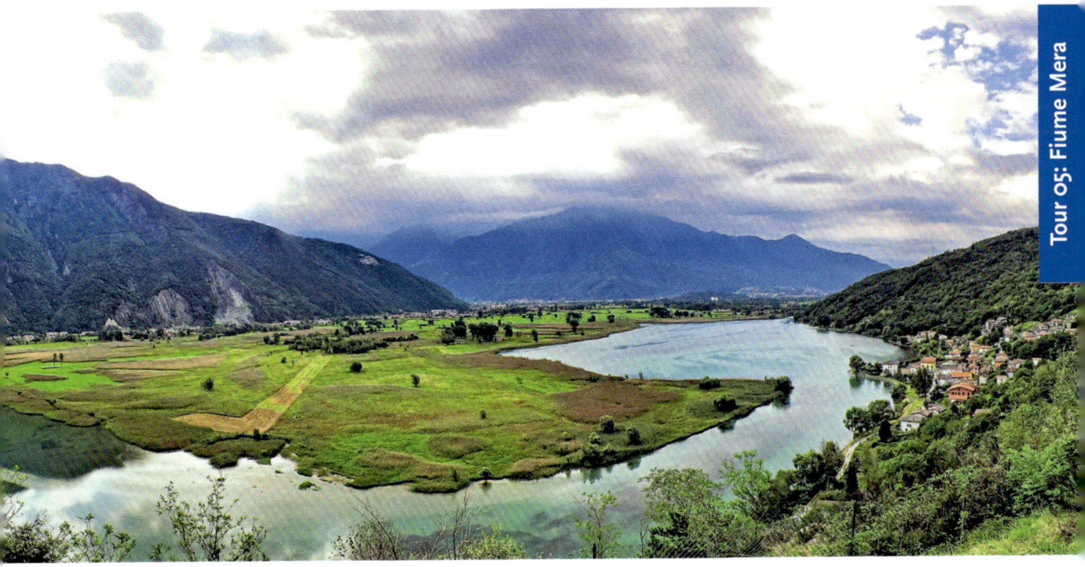

Panoramablick hoch über Dascio auf den Streckenverlauf dieser abwechslungsreichen Tour.

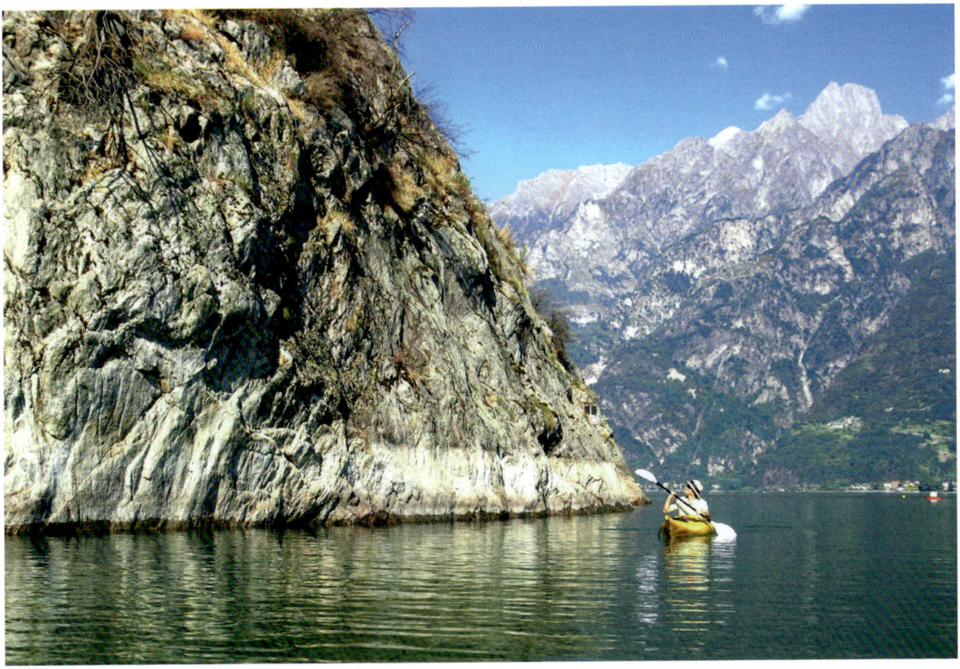

Steilfelsen und Alpine Gipfel am Lago di Mezzola.

06 LAGO DI COMO

DOMIZIL DES GELDADELS UND KANU-ZIEL DER SUPERLATIVE

Der weitverzweigte „Lacus Lario", wie er früher genannt wurde, war bereits in der Antike ein Domizil des Geldadels. Auch heute leben Prominente wie George Clooney, Brad Pitt, Madonna oder Julia Roberts zumindest zeitweise in einer der vielen Prachtvillen. Daneben begegnet man am Comersee aber auch dem ländlichen Italien, ohne Einflüsse des Massentourismus. Palmen und tropische Pflanzen blühen hier vor der Kulisse einer großartigen Berg-welt. Einfache Fischerdörfer, mondäne Städtchen und Ferienzentren wechseln sich ab. Kanuten und Bergsportler finden vor allem in der Vor- und Nachsaison ein abwechslungsreiches Betätigungsfeld.

Der traumhaft gelegene See mit einer Uferlänge von stolzen 170 Kilometern lockt Paddler zu einer mehrtägigen Seeumrundung. Wichtig ist es, sich vorher mit der Lage der Campingplätze zu beschäftigen, da an den beiden Südarmen kein Camping möglich ist. Auch die Winde sind zu berücksichtigen: Im Nordteil des Sees bläst der Südwind Breva am Nachmittag mitunter sehr kräftig. Für eine besonders reizvolle Tagestour empfiehlt sich als Ausgangspunkt einer der Campingplätze in Sórico. Hier werden auch Paddelboote vermietet. Von Sórico aus geht es auf der gegenüberliegenden Seite der Mera bald am Naturschutzgebiet Pian di Spagna vorbei, einer Verlandungszone mit reicher Tier- und Pflanzenwelt. Extrem spektakulär sind die dahinter steil aufragenden Berggipfel des Bergell, die bis auf 3000 Meter aufragen. Bald kommt man an der Mündung des Gletscherflusses Adda vorbei, der das Valtellina durchquert. Dieser Fluss wurde allerdings leider nach einem Hochwasser 1987 auf weiten Strecken kanalisiert. Für Paddler sind daher auf der Adda nur noch einige kürzere Etappen, z.B. bei Sondrio und unterhalb des Comer Sees, von Interesse. Linkerhand

Nordufer zwischen Sorico und Colico.

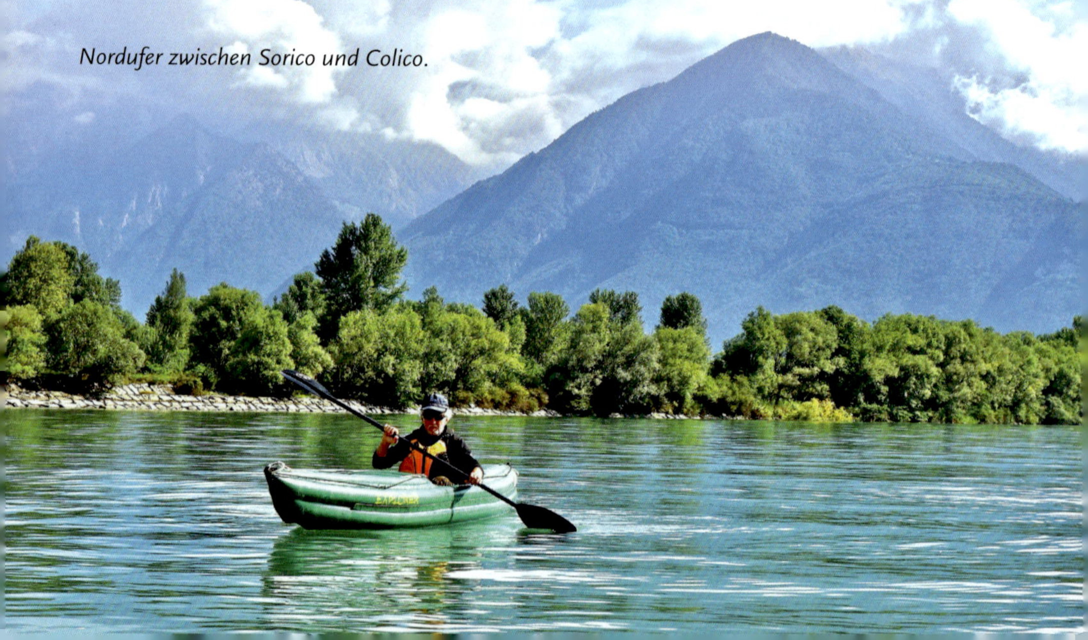

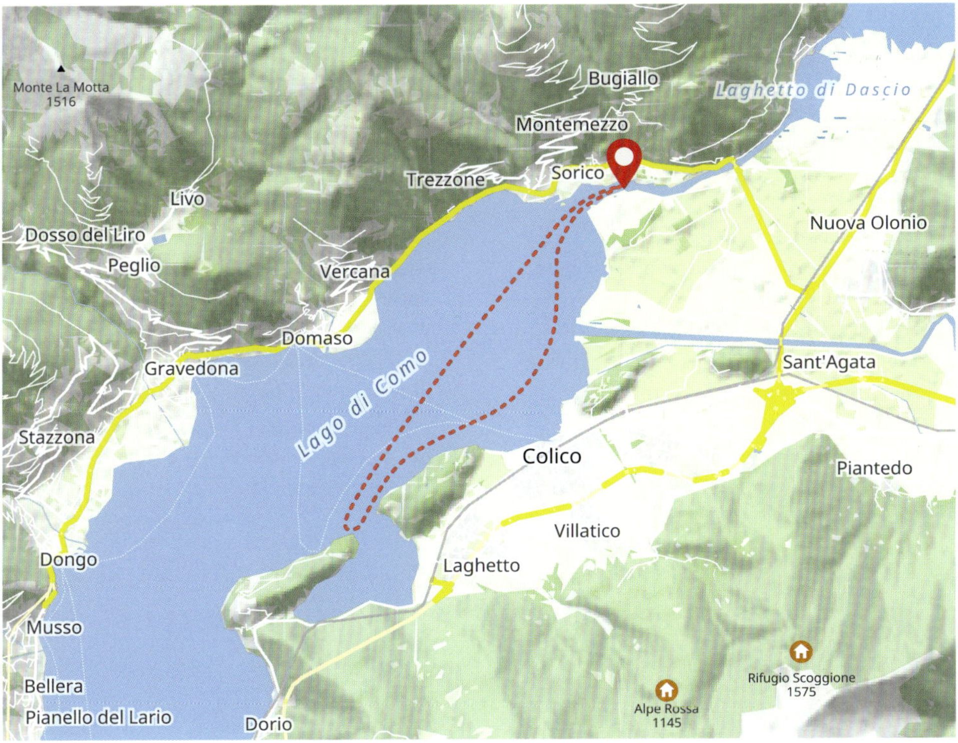

passieren wir das Städtchen Colico, einem Ort, der wenig Charme versprüht, aber dennoch einen breiten Badestrand mit Bars und Pizzerien aufweist. Die Ufer werden steiler und bewaldeter. Nach der fast geschlossenen Bucht „Laghetto di Piona“ mit mehreren ruhig gelegenen Campingplätzen erreicht man die vielbesuchte „Abbazia di Piona“, ein seit 1938 von Zisterziensern geführtes Kloster aus dem 13. Jh. auf einer bewaldeten Halbinsel. Vor allem der Kapitelsaal, ein schöner Kreuzgang und sehenswerte alte Fresken in der schlichten Kirche lohnen einen Besuch. Der Rückweg führt uns hinüber zum Nordwestufer nach Domaso und, da der Wind nun mit zunehmender Intensität bläst, in Ufernähe zum Ausgangspunkt nach Sórico zurück.

TOURINFOS

Charakter: Zahmwasser
Etappe: Sórico bis Kloster Abbazia di Piona und zurück: 13 km
Beste Zeit: April bis Oktober

Gefahren: Thermische Winde, Hitzegewitter

Kanu-Vermietung: Sorico: *www.campinglariva.com/activities/?lang=de* und *www.aulacdecomo.it/de*

Kanu-Gewässer der näheren Umgebung: Mera und Lago di Mezzola, Adda, Lago di Lugano

Auskunft: *www.italien-inside.info/orte/lombardei-sorico.html*
www.dercomersee.com/sorico.htm
www.piandispagna.it (Riserva Naturale Pian di Spagna e Lago di Mezzola)

Übernachten:
Sorico: *www.aulacdecomo.it/de*
www.campinglariva.com/activities/?lang=de

Sehenswertes: Festung Forte Montecchio-Nord bei Colico, Zisterzienserkloster Abbazia di Piona, Wallfahrtskirche Santuario di San Miro (Fresken 16.Jh., Panorama)

Alternativen: Bergwanderung zum Monte Berlinghera (1930m) oder zum Monte Legnone (2609m), Kitesufen oder Segeln am See

Literatur/Karten:
- Reiseführer „Oberitalienische Seen" oder „Comer See" (Eberhard Fohrer), Michael Müller Verlag
- „111 Orte am Comer See, die man gesehen haben muss" (Beate Giacovelli), Emons Verlag
- Wanderführer „Comer See" (Eugen E.Hüsler), Bergverlag Rother
- Kompass Wanderkarte Nr 92 „Valchiavenna, Val Bregaglia",
- Nr. 91 Lago di Como, Lago di Lugano, jeweils1:50.000

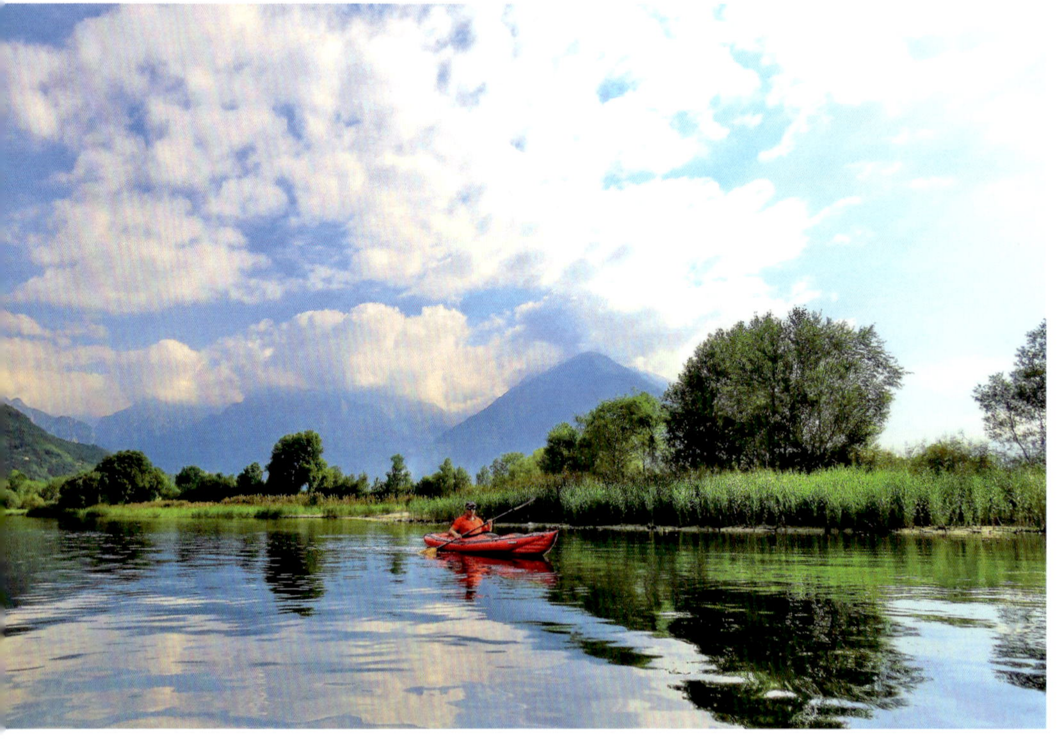

Unterwegs am unverbauten Nordufer das an das Feuchtgebiet Pian di Spagna grenzt.

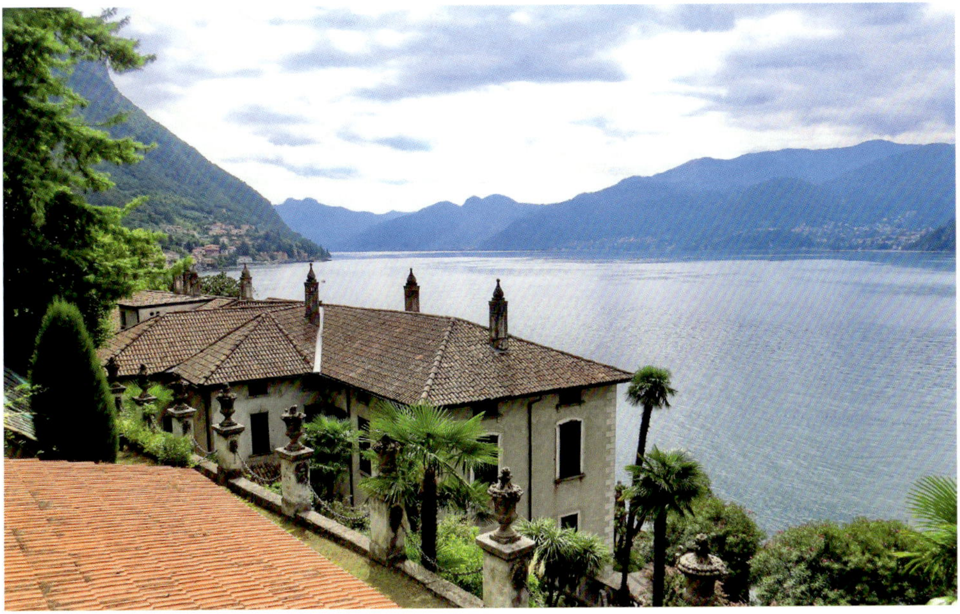

Prachtvolle Villen säumen den See.

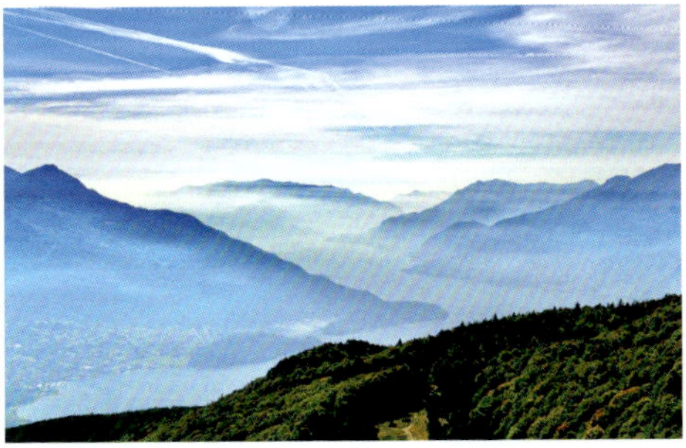

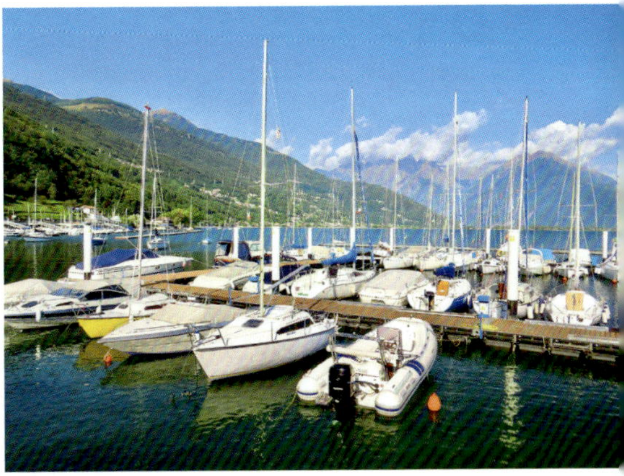

Hafen am Westufer.

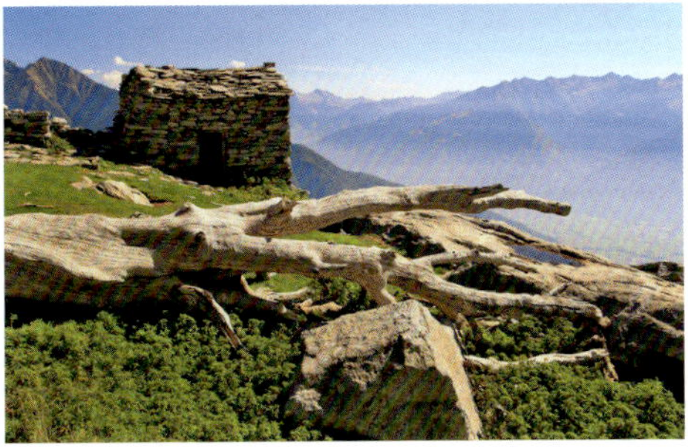

Ausichtsreiche Wanderung zum Monte Berlinghera.

07 TICINO

FLUSSWANDERUNG DURCH DEN BEDEUTENDSTEN FLUSSPARK ITALIENS

Der Ticino entspringt in den Schweizer Bergen und fließt durch den Kanton Tessin in den Lago Maggiore. Unterwegs sammelt er das Wasser weiterer Gletscherflüsse auf und weckte schon früh Begehrlichkeiten der Energiewirtschaft. Nach gut 70 Kilometern verlässt er den zweitgrößten See Italiens und strömt südwärts dem Po entgegen. Mehrere Kraftwerke auf den ersten Kilometern machen eine Befahrung zunächst kaum lohnend. Später, zwischen Somma Lombardo und Turbigo, ist das Flussbett zwar sehr attraktiv, allerdings wird immer wieder Wasser in Kanäle abgeleitet, und so hatten wir bei unserer vorletzten Fahrt im Mai, die an der Ponte Oleggio begann, plötzlich ein trockenes Flussbett vor uns. Die größte Wasserabnahme findet durch den Canale Naviglio Grande statt, einen historischen Wasserweg, der seit dem 12. Jahrhundert existiert und etappenweise von Mailänder Paddlern genutzt wird. Auf Ticino und Naviglio Grande wurde seinerzeit der Marmor für den Mailänder Dom in die lombardische Hauptstadt transportiert.

TURBIGO-VIGÉVANO

Bei unserer letzten Fahrt, Anfang Oktober, war eine Fahrt auf dem Ticino erst ab der Brücke bei Turbigo möglich. Am Campingplatz Playa di Valverde, wenige Meter flussabwärts der Straßenbrücke, treffe ich wie verabredet meinen Freiburger Paddelfreund Gert samt Sohn Paul. Gert Spilker kennt den Fluss ebenfalls schon lange und hat bereits Kanu-Führer über die Regionen Tessin und Piemont geschrieben. Zunächst wartet eine zeitraubende Autofahrt auf uns, um ein Fahrzeug am Zielpunkt unserer Zweitagesfahrt am Sportboothafen

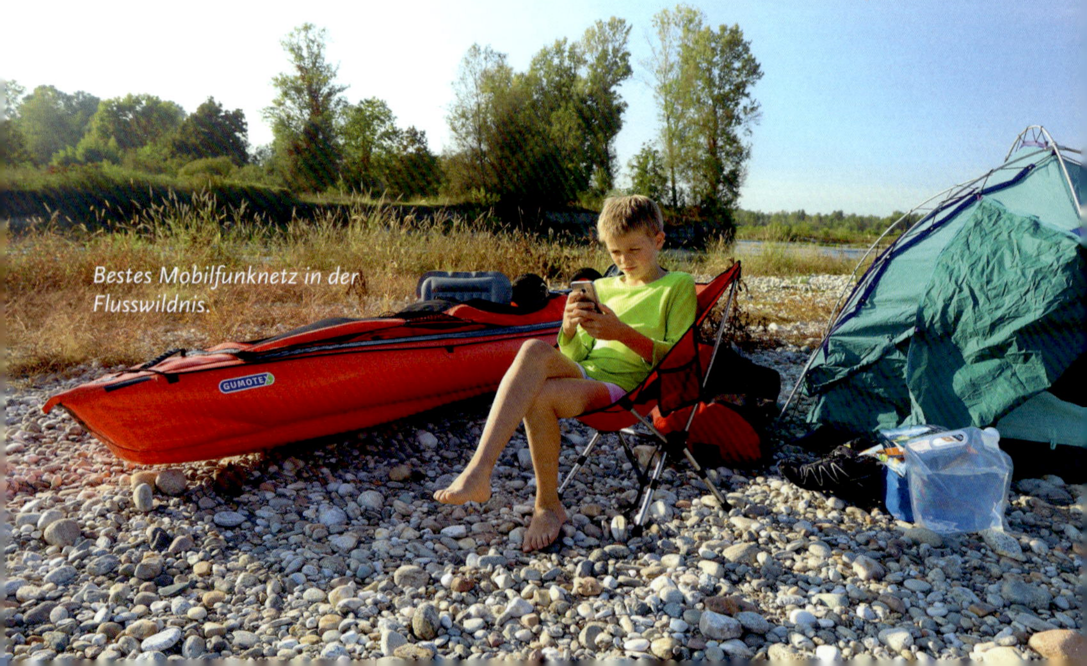

Bestes Mobilfunknetz in der Flusswildnis.

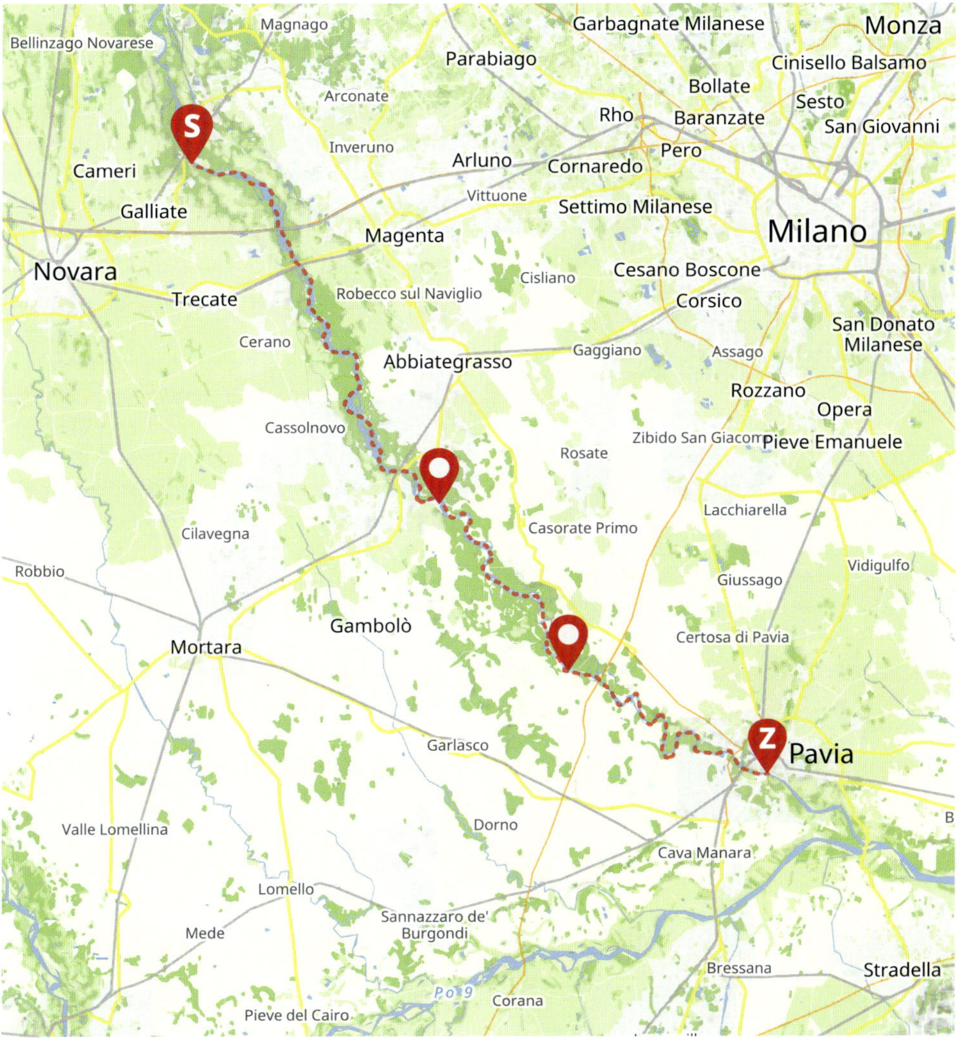

etwas unterhalb von Vigévano abzustellen. Dann sitzen wir endlich im Boot. Eine kleine Schwallstrecke direkt unterhalb der Brücke ist ein Auftakt nach Maß, der Gerts Sohn Paul sogleich in Begeisterung versetzt. Ein Steinwurfwehr nach drei Kilometern im linken Flussarm bildet sanfte Wellen, der rechte Arm ist völlig harmlos. Nach weiteren Kilometern in einem breiten Flussbett passieren wir zwei Restaurants, die links fast unsichtbar nur wenige Meter abseits am Fluss liegen. Immer wieder sucht sich der Ticino seinen Weg zwischen großflächigen Kiesbänken und Flussinseln. Nach sieben Kilometern Fahrt erreichen wir die Autobahnbrücke der A4 Mailand–Turin. Gleich darauf folgt eine Eisenbahnbrücke. An der Brücke der SS11 Ponte di Buffalora halten wir uns ganz rechts, da es linkerhand an einem

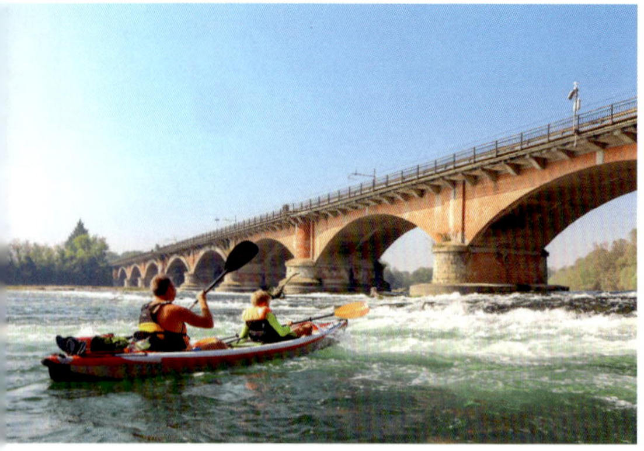

Brücke bei Vigévano.

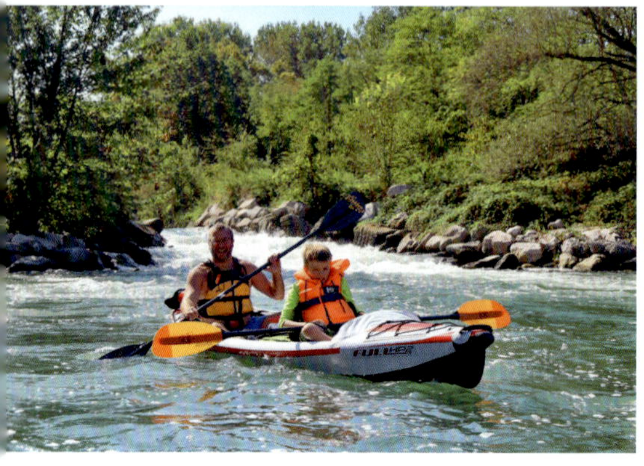

Papa ist der beste Steuermann.

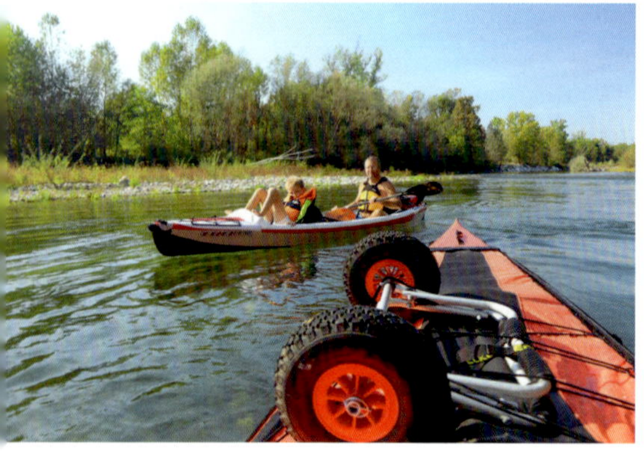

Am Ticino kann man sich auch einmal gemütlich treiben lassen.

unbefahrbaren Wehr gewaltig rauscht. Dann landen wir an einem Steindamm zur Besichtigung an. In unserem Fall erweist sich eine verblockte und schmale Durchfahrt im rechten Teil des Damms als eine gut zu meisternde sportliche Herausforderung. Ansonsten wird diese Passage auf kurzem Weg links umtragen. Der daraufhin folgende wunderschöne Nebenarm ist selbst bei niedrigem Wasserstand problemlos befahrbar und mündet nach einem Kilometer wieder in den Hauptarm ein. Auf den nächsten sechzehn Kilometern bis Vigévano können wir uns entspannen und die herrliche Flusslandschaft in vollen Zügen genießen. Immer wieder gleiten unsere Boote an verlassenen Strandhütten oder Holzverschlägen vorbei, die Anglern oder Goldwäschern als Übernachtungsplatz dienen.

Dem kurzen Herbsttag geschuldet, beginnen wir rechtzeitig mit der Suche nach einem perfekten Nachtlager. Erst nach mehreren Anläufen findet ein Platz gemeinsame Zustimmung. Während Gert und ich die Zelte aufbauen, verschickt Paul WhatsApp-Nachrichten an Mama und seine Kumpels, denen er stolz von unseren Stromschnellenabenteuern berichtet. Wir genießen die letzte Spätnachmittagssonne, bereiten unsere Mahlzeit zu, sammeln Feuerholz und erkunden die nähere Umgebung. Vereinzelt beobachten wir Flugzeuge im Landeanflug auf den Großflughafen Mailand-Malpensa. Später hüllt uns herbstlicher Dunst ein, ein normales Wetterphänomen um diese Jahreszeit im Umfeld der Poebene. Sterne gucken fällt heute leider aus! Dafür belästigen uns aber auch keine Stechmücken wie in den Sommermonaten. Bei einer früheren Fahrt im Mai, so erinnere ich mich, war die Nacht bestimmt vom schluchzenden Gesang der Nachtigallen. So etwas vergisst man nie mehr.

Langsam kriechen wir am Morgen aus den Schlafsäcken. Paul wirkt noch etwas schlaftrunken. Ein kleines Frühstück bringt uns rasch in Form. Rechtzeitig vertreibt die Sonne den Morgendunst, und so lenken wir unsere Kajaks bald wieder flussabwärts. Wir umschiffen riesige Baumleichen, die mitten in der Strömung liegen. Erstaunt registrieren wir, wie hoch die Strömungsgeschwindigkeit teilweise ist. Kanu-Anfänger sollten bei Schwemmholz-Ansammlungen unbedingt respektvoll Abstand halten. An die Steinbogenbrücke der SP494, nahe Vigévano, fahren wir mit Vorsicht heran. Es rauscht gewaltig. Doch nach der Besichtigung am linken Ufer entscheiden wir uns für die Durchfahrt. Kein großes Problem bei diesem niedrigen Wasserstand, wenn man eine saubere Linie fahren kann. Bei hoher Wasserführung ist eine Umtragung oder Treideln am rechten Ufer die sicherste Lösung. Wir reiten noch ein wenig die Wellen ab, weil Paul nicht genug davon bekommt. Wenige Meter danach unterqueren wir die neue Straßenbrücke.

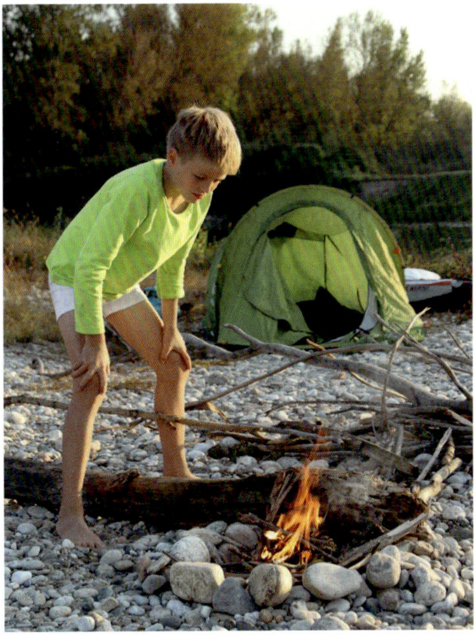

Endlich Lagerfeuer.

Die uralte lombardische Stadt Vigévano nahe dem rechten Flussufer verdient einen späteren Besuch. Im Jahre 218 vor Christus soll Hannibal hier die berühmte Schlacht am Ticino ausgefochten haben. Vigévano ist ein Zentrum der Schuhmacherei, und vor allem die langgezogene Piazza Ducale, einer der schönsten Plätze Italiens, ist ein echter Höhepunkt. Südlich von Vigévano liegt mit der Lomellina das größte zusammenhängende Reisanbaugebiet Europas.

VIGÉVANO-PAVIA

Gleich nach der Brücke treffen wir auf Goldwäscher. Möglicherweise entgeht uns da ein lukrativer Zusatzverdienst? Nach zwei weiteren wunderschönen Flusskurven haben wir leider schon unser Ziel erreicht, da Paul am Folgetag bereits wieder zum Schulunterricht erwartet wird. Rechterhand schwenken wir in den kleinen Hafen ein, an dem wir unser zweites Auto geparkt haben. Generell empfiehlt sich aber eine Weiterfahrt bis nach Pavia.

Auf dieser wunderschönen Strecke warten in der Regel keinerlei Hindernisse mehr. Bis zur Pontonbrücke bei Bereguardo ist das Flussbett breit und der Fluss sucht sich seinen Weg zwischen großflächigen Kiesbänken. Keine Straße berührt auch hier den Fluss und kein Wehr stört das Fortkommen. Die Pontonbrücke der SP185 ist ganz rechts problemlos zu unterqueren. Zu beiden Seiten der Brücke gibt es Parkplätze und Bars. Rechterhand liegt ein großes Erlebnisbad mit den häufig üblichen Wasserrutschen. Zum ersten Mal erlebt man hier etwas Rummel am Fluss (vor allem an Wochenenden und in der Hauptsaison). Auf der letzten Etappe präsentiert sich der Ticino nahezu strömungslos. Zahlreiche Paddler und Ruderer vom Kanu-Club Pavia befahren diese Strecke in beide Richtungen. Einige Flussschleifen mit weiteren Kiesbänken, Badesträn-

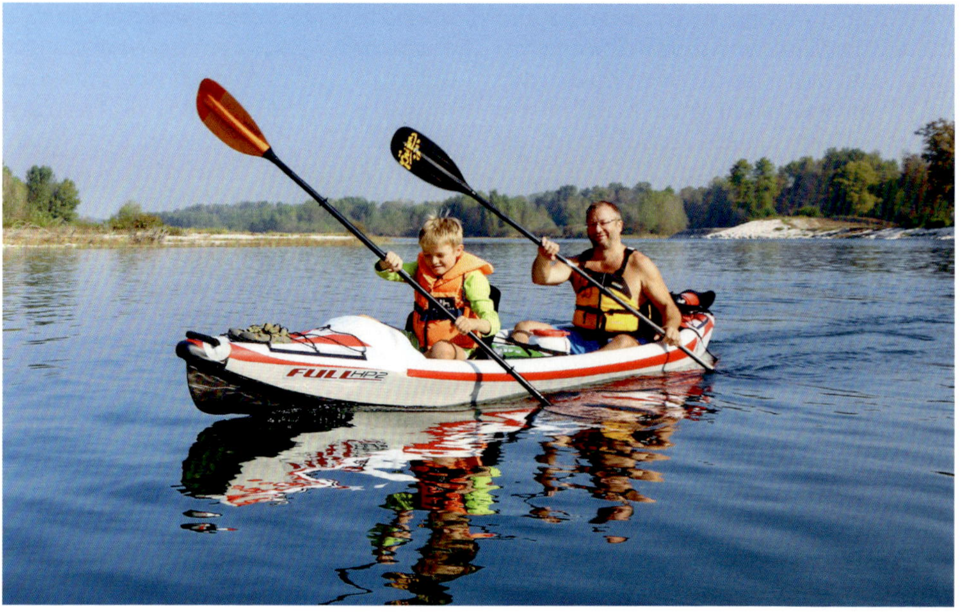

Ein sonniger Oktobertag auf dem Flussgott Ticino.

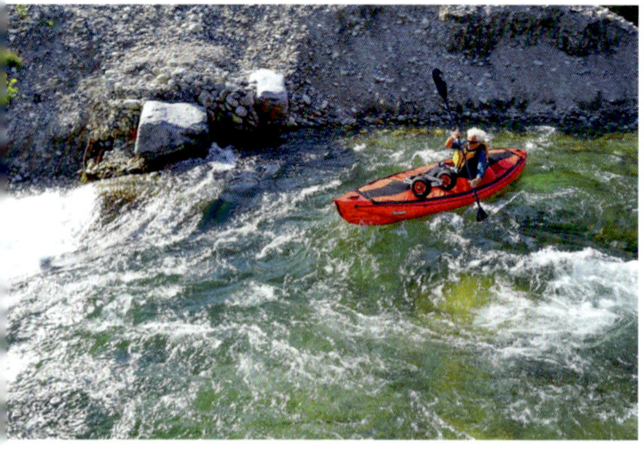

Sportliche Passage in einem Nebenarm.

den und einzelnen Waldbeständen sind hier noch zu erwähnen. An die Schönheiten des oberen Flussabschnittes kommt diese Strecke aber nicht mehr heran. Der Campingplatz Ticino in einem nördlichen Vorort von Pavia, in der Via Mascherpa, war bei unserer vorhergehenden Fahrt das Ziel. Hier hatten wir seinerzeit ein Fahrzeug für die Rückfahrt deponiert. Paddler, die nur mit einem Fahrzeug unterwegs sind, könnten sich möglicherweise von hier aus mit dem Taxi zum Einstieg fahren lassen, obwohl das sicherlich nicht ganz preiswert ist.

Eine weiterer Ausstieg befindet sich etwas unterhalb der gedeckten Backsteinbrücke „Ponte Coperto" am linken Flussufer. Eine Besichtigung der traditionsreichen Altstadt von Pavia und der nahegelegenen Certosa di Pavia, einem Kartäuserkloster von 1396 mit der Grabkirche der Mailänder Visconti-Herrscherfamilie, ist jedem kulturell interessierten Besucher anzuraten.

TOURINFOS

Charakter: Leichter Wildfluss WW I-II, bei Hochwasser ist eine Befahrung nicht angebracht.

Gefahren: Neben den Wehren sind Baumleichen die größte Gefahr, da diese nicht nur sichtbar in Außenkurven eine Behinderung darstellen, sondern oft nahezu unsichtbar knapp unterhalb der Wasseroberfläche in der Strömung liegen. Kälteschutzbekleidung, Schwimmweste, Ersatzbekleidung und -paddel sind hier besonders wichtig. Da der Fluss überwiegend abseits von Verkehrswegen fließt, ist bei einem Unfall ein Fahrtabbruch nicht überall möglich und fremde Hilfe weit entfernt.

Beste Zeit: April/Mai und September/Oktober. Wegen der sommerlichen Hitze und unangenehmer Stechmücken ist eine Fahrt im Juli und August kaum zu empfehlen.

Etappen:
Turbigo-Vigévano (Sportboothafen Amici della Lanca Ayala): 30 km
Vigévano-Ponte Bereguardo: 15,8 km
Ponte Bereguardo-Pavia: 18,7 km

Auskunft:
www.parcoticino.it
www.in-lombardia.it/de

Infos und Links/Flusskarte/Pegel:
www.canua.info
www.flusswandern.at/ticino

Kanu-Vermietung/Rafting: *www.aqqua.eu*

Kanu-Gewässer der näheren Umgebung:
Naviglio Grande, Po

Übernachten:
Turbigo: *www.playadivalverde.com*
Pavia: *www.campingticino.it*
Neben diesen beiden Plätzen am Start- und Zielpunkt ist freies Campen gut möglich. Seinen gesamten Müll mitzunehmen, sollte für jeden umweltbewussten Paddler selbstverständlich sein.
Bitte die Hinweise zum Thema Übernachten und Lagerfeuer im Infoblock beachten!

Sehenswertes: Ticino Naturparkzentrum (naturkundliche Führungen), Vigévano (Altstadt, Dom), Pavia (Castello Visconteo, Kloster Certosa di Pavia, Kirche San Michele, Ponte Coperto)

Alternativen: 42 Kilometer langer Radweg von Pavia über Beregurdo und San Siro nach Vigévano auf Nebenstrecken, Wanderwege und geführte Exkursionen im Naturpark, Badestrände am Fluss

Literatur/Karten:
- DKV-Auslandsführer Band 2 „Südwesteuropa"; DKV-Verlag
- Reisehandbuch „Oberitalien" (Nana Claudia Nanzel); DuMont Verlag
- Carta excursionista „Valle del Ticino 1 und 2," 1:50.000, Geo4map
- Straßenkarte „Lombardei – Oberitalienische Seen", 1:150.000, Freytag&Berndt Verlag

08 LAGO D' ISEO

JUWEL UNTER DEN BERGSEEN DER LOMBARDEI MIT EINER PARADIESISCHEN INSEL

Der Lago d'Iseo ist der viertgrößte unter den oberitalienischen Seen und steht nicht so sehr im Fokus der Touristen aus nördlichen Gefilden. Ein klares Plusargument. Nachdem die Italiener ihren Urlaub überwiegend in der Hauptferienzeit verbringen, ist es in der Vor- und Nachsaison hier ruhiger als anderswo. Nur im Jahr 2016 rückte der See durch das Projekt „Floating Piers" des bulgarischen Künstlers Christo verstärkt in den Blickpunkt. 16 Tage lang konnte man auf einer drei Kilometer langen schwimmenden Brücke vom Ort Sulzano am Ostufer auf die Insel „Monte Isola" wandern und dabei die Wellen spüren.

Bei meinen häufigen Aufenthalten an diesem reizvollen Gewässer war die weithin sichtbare Insel Monte Isola immer das Hauptziel unserer Kanutour. Egal, ob man von einem der Campingplätze im Städtchen Iseo im Süden oder in Pilzone am Ostufer die Fahrt startet, der unübersehbare Inselberg ist immer im Blick und von magischer Anziehungskraft. Auch wir spüren Wellen und Wind im Rahmen unserer Paddeltour vom Hauptort Iseo zur Monte Isola, einer steil aufragenden Insel mit dem Kloster „Madonna della Ceriola" auf über 600 Metern Höhe. Auf dem Hinweg vom Süden kommt man auch noch an der kleinen Isola di San Paolo vorbei, die sich im Privatbesitz der Firma Beretta befindet, einem der namhaftesten Hersteller von Schusswaffen in Italiens. Sicherheitshalber sollte man dem Ufer daher nicht zu nahe kommen. Hohe Berge mit steilen Ufern und sympathische Ortschaften machen den Lago di Iseo besonders reizvoll und mit einer Fläche von rund 65 Quadratkilometern ist er auch von der Größe

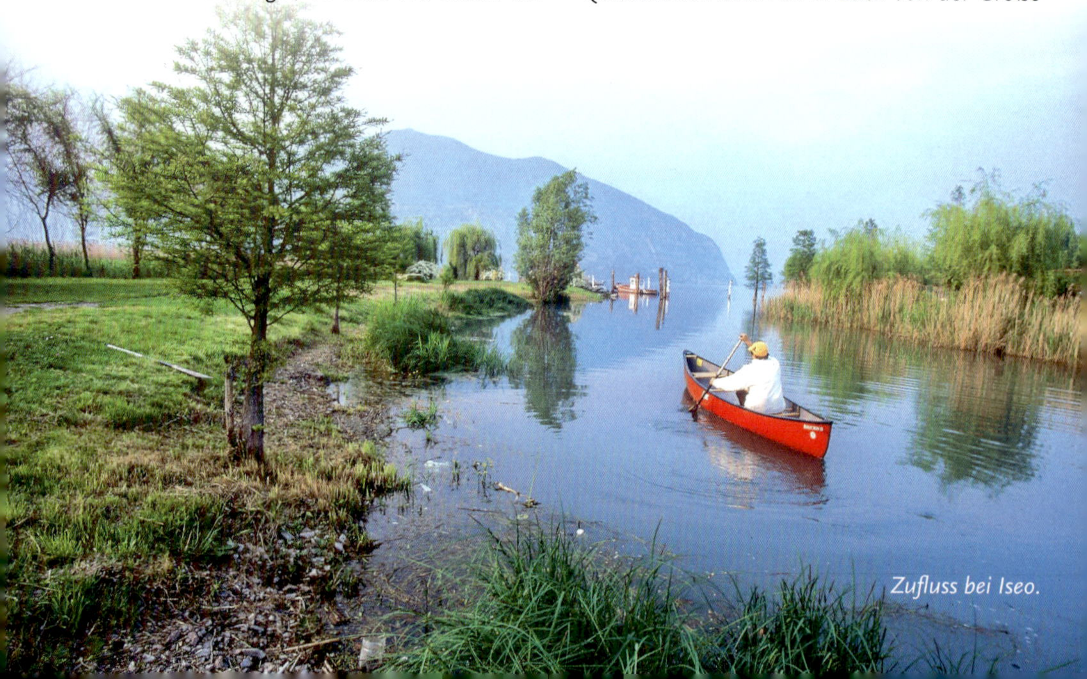

Zufluss bei Iseo.

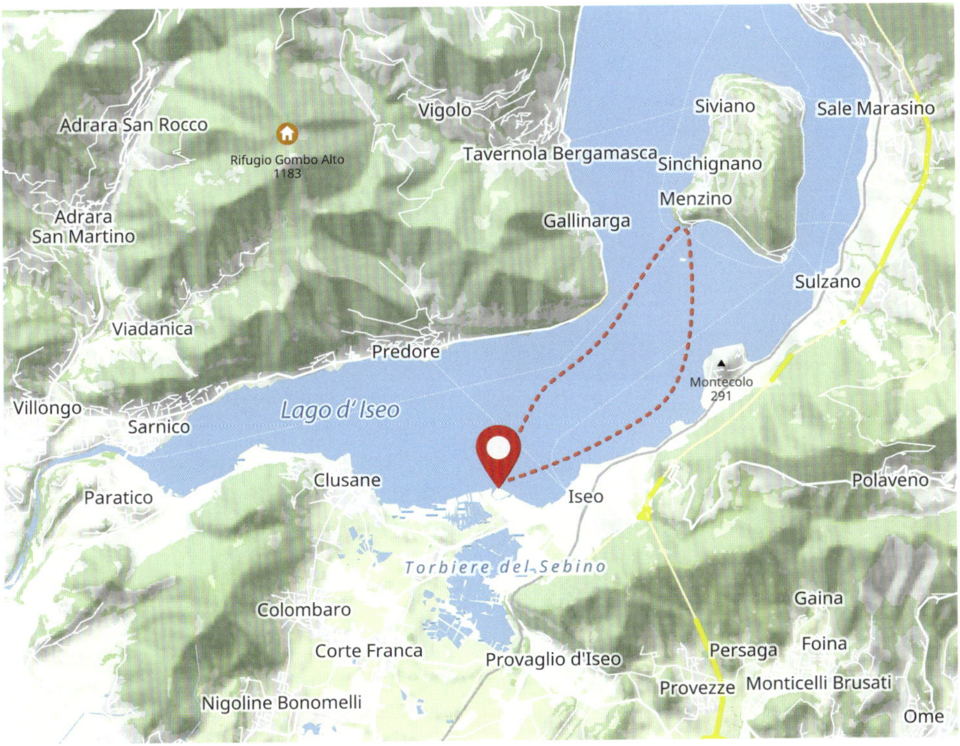

her für den Kanusport von besonderem Interesse. Leider gibt es den Inselcampingplatz auf Monte Isola nicht mehr. Wer von der schönen Insel (die größte in einem europäischen Binnengewässer) sternförmig Tagestouren unternehmen möchte, findet aber dennoch bezahlbare wassernahe Quartiere. Der Fischfang und die Herstellung von Netzen (für die Fischerei oder Fußballtore) spielen neben dem Tourismus wirtschaftlich eine wichtige Rolle. Rund neun Kilometer ist man unterwegs, um die Insel mit dem Boot zu umrunden. Eine schöne Alternative ist auch eine Rundwanderung um die autofreie Insel, ggf. mit einem Besuch des Klosters Santuario della Ceriola auf über 600 Metern Seehöhe. Ein unglaublicher Rundblick ist die Belohnung für den steilen Anstieg. Ganz im Norden des Sees, nahe der Einmündung des Oglio, liegt das Städtchen Pisogne, ein altes Handelszentrum und lange im Besitz des Bischofs von Brescia. In dessen Regentschaft soll es hier Hexenverbrennungen und andere Grausamkeiten gegeben haben. Sowohl in Pisogne als auch im benachbarten Lovere befinden sich Campingplätze, die man zwangsläufig auf einer mehrtägigen Seeumrundung ansteuern wird. Im nördlichen Seeteil sind einige Steilfelsen und ein Wasserfall besonders augenfällig. Betörende Abendstimmungen, wie man sie in dieser Form anderswo kaum erlebt, bleiben mir von diesem See nachhaltig in Erinnerung.

Nördlich des Lago d'Iseo finden sich großartige Felszeichnungen im Valcamonica, das vom Fiume Oglio durchflossen wird, und lohnen eine Ausflug. Diese sind UNESCO-

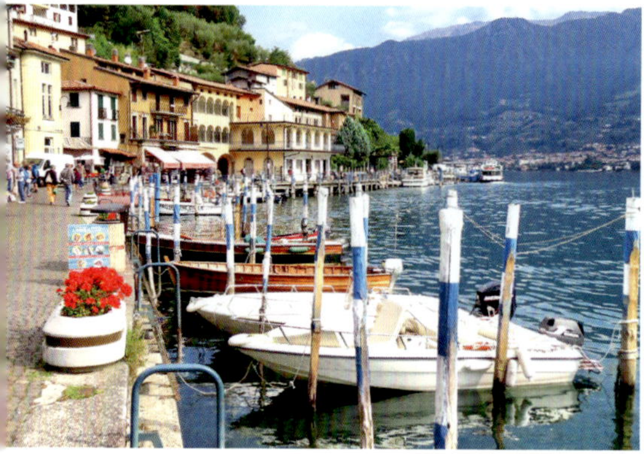

Peschiera Maraglio.

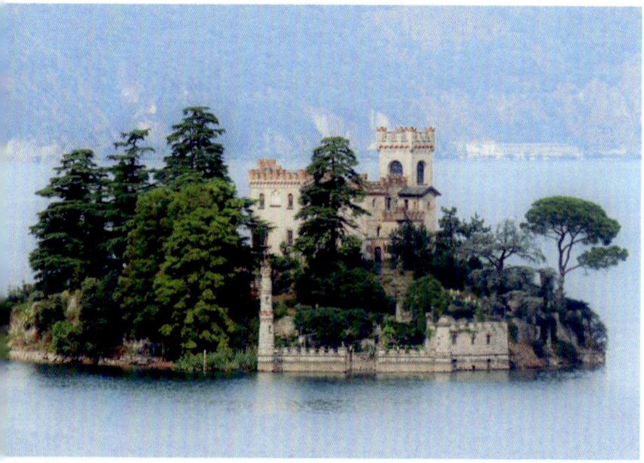

Isola di San Paolo.

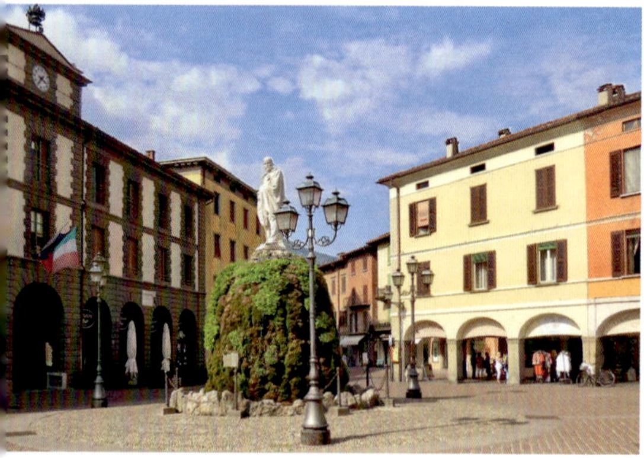

Piazza Garibaldi in Iseo.

Weltkulturerbe und gehören zu den wichtigsten archäologischen Fundstätten Norditaliens. Südwestlich des Sees hingegen könnte man die Moränenlandschaft Franciacorta mit dem Rad erkunden. Hier werden exzellente Weine gekeltert, die jeden Gaumen erfreuen. Argumente, diese interessante Region zu besuchen, gibt es somit zur Genüge.

TOURINFOS

Charakter: Zahmwasser
Etappen:
Inseltour je nach Ausgangspunkt 10-18 km
Seeumrundung: 55 km
Beste Zeit: April bis Oktober

Gefahren: Hitzegewitter, Windböen, streckenweise Steilufer

Naturschutz/Regeln: Schilfzonen in der Brutzeit meiden!

Kanu-Vermietung:
LagoVivo Econoleggio, Tel. +39 329 726
Rent Kayak SUP in Pilzone, Tel +39 329 726 1382

Kanu-Gewässer der näheren Umgebung:
Lago di Endine, Oglio, Lago di Garda

Auskunft: *www.visitlakeiseo.info*

Übernachten:
Clusane: *www.costaverdenatura.com*
Iseo: *www.sassabanek.com/en/home_eng/*
Pilzone: *www.campingcave.it*
Pisogne: *www.campingedenpisogne.com*

Sehenswertes: Altstadt von Iseo (Wochenmarkt am Freitag), Monte Isola, Feuchtbiotop Riserva delle Torbiere del Sabino, Felszeichnungen im Valcamonica

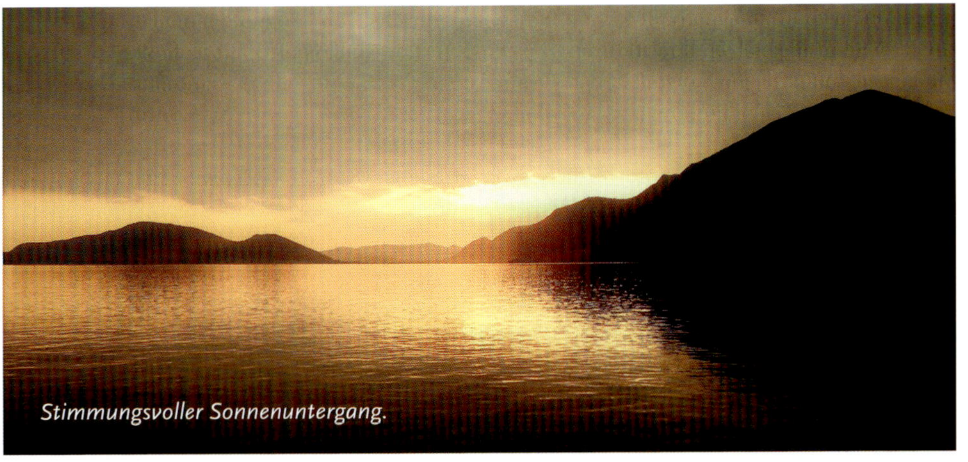

Stimmungsvoller Sonnenuntergang.

Alternativen: Inselwanderung mit Gipfel, Wanderung/MTB-Tour zur Wallfahrtskirche Santuario di Santa Maria del Gioigo, Radtouren durch das Weinanbaugebiet Franciacorta

Literatur/Karten:

- Reiseführer „Oberitalienische Seen" (Eberhard Fohrer), Michael Müller Verlag
- Wanderführer „Die 23 schönsten Wanderungen am Iseosee" (Robert Hüther), Verlag Zwischenräume
- Kompass Wanderkarte 106 „Lago d'Iseo, Franciacorta" 1:50.000

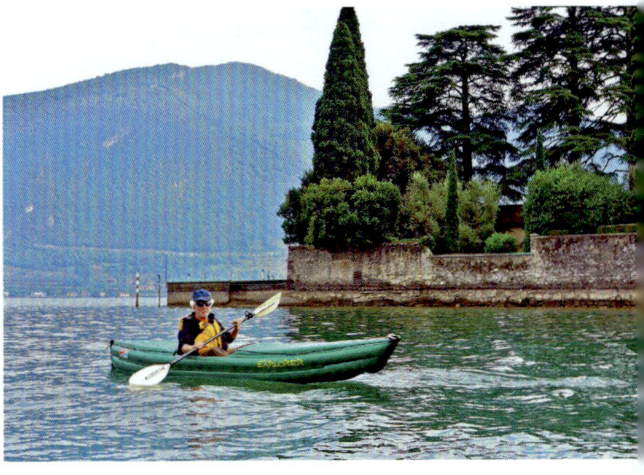

Isola di San Paolo im Hintergrund.

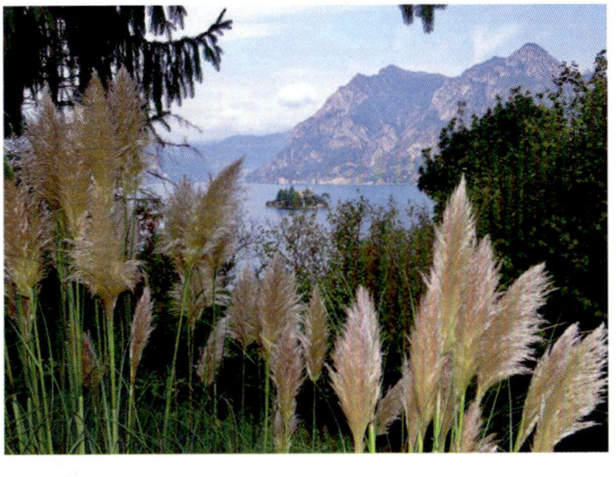

Seeblick

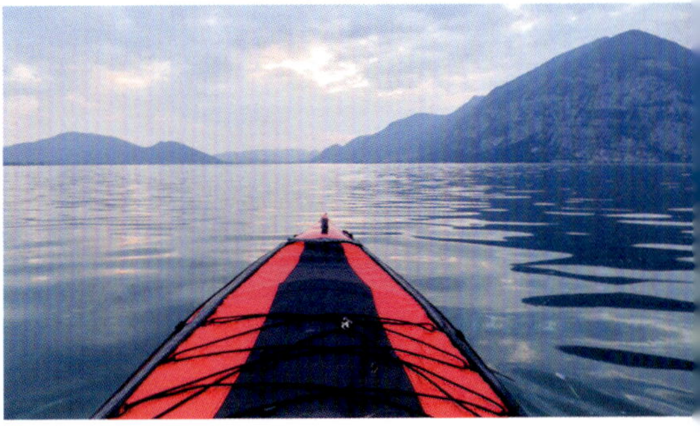

Rückkehr nach einer langen Tagestour.

09 LAGO DI ENDINE

BERGSEEJUWEL IN DER PROVINZ BERGAMO

Dieser hübsche und in Deutschland wenige bekannte Bergsee liegt nordwestlich des Lago d' Iseo im Val Cavallina auf 340 Metern Höhe. Wie die meisten oberitalienischen Seen entstand er in der letzten Eiszeit. Mangels touristischer Infrastruktur ist der See wenig bekannt. Im Winter soll er Berichten zufolge häufig zufrieren und die Bevölkerung aus der Umgebung kommt dann zum Eislaufen hierher. Angeblich schickte man ein Pferd über den See um festzustellen, ob das Eis trägt. Deutlich unkomplizierter ist eine Kanutour auf diesem naturnahen See.

Meine Paddelrunde beginnt früh am Morgen, da üblicherweise ab Mittag hier ein kräftiger Südwind weht. Dadurch ist der See bei einheimischen Surfern sehr beliebt. Vom großflächigen gebührenpflichtigen Parkplatz am Parco Biali in Monasterola del Castello sind es nur wenige Meter bis zum Einstieg. Zunächst paddle ich auf dem schmalen und etwas gebogenen See am östlichen Ufer entlang. Auf dieser Seite verläuft eine wenig frequentierten Straße. Der Blick nach Norden wird beherrscht von einem markanten Bergmassiv. Auf der Fahrt zum oberen Seeende passiere ich einzelne Häuser, dichte Schilfzonen sowie den kleinen Ort San Felice al Lago, der nur aus wenigen verstreuten Häusern besteht. Die Ufer sind kaum verbaut und naturbelassen. Dafür kann man zahlreiche Wasservögel beobachten. Am Nordende angekommen, zwingen verschilfte Altwasser zum Abstand halten und ich wechsle hinüber zum Westufer.

Hier verläuft die SS 42, eine etwas stärker befahrene Straße, die aber meinen angenehmen Eindruck über diesen Natursee keineswegs mindert. Auch der folgende Ort Ranzanico Lago ist eine positive Überraschung: Zwischen den wenigen Häusern gibt es viel Grün, einzelne Spaziergänger bevölkern die Strandpro-

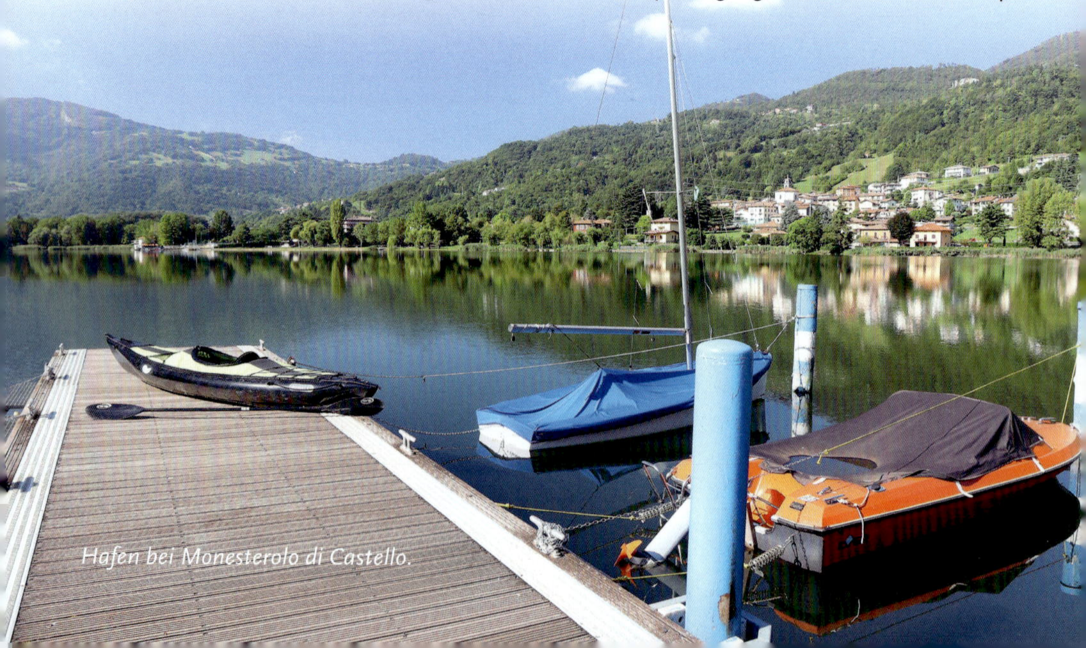

Hafen bei Monesterolo di Castello.

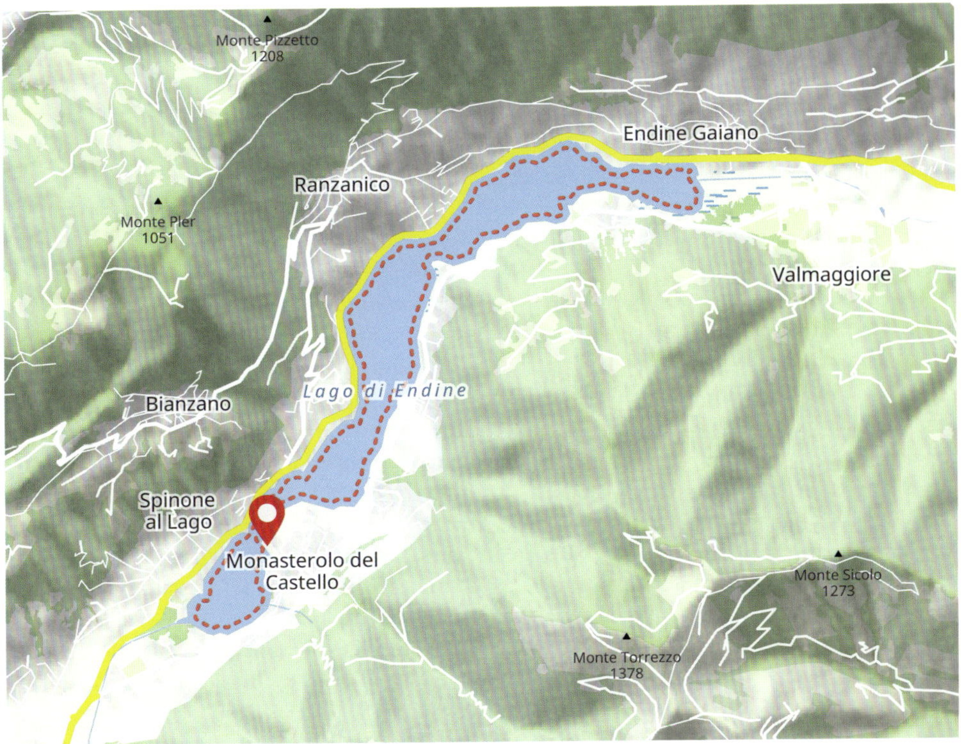

menade. Platz scheint es hier überall reichlich zu geben. Der einzige Campingplatz am See ist sicherlich auch in Ferienzeiten attraktiv, obwohl die Straße zwischen dem großen Platz und dem Strand verläuft. Hier gönne ich mir eine kurze Badepause.

Dann geht die Reise südwärts weiter. Auch in Höhe des folgenden Ortes, Dosso, sind die Ufer kaum verbaut, Schilf und Wald bestimmen das Bild. Ähnlich sieht es auch im letzten Ort am Westufer in Spinone al Lago aus. Mehrere Bars in Ufernähe können mich um diese Zeit noch nicht zu einer Einkehr bewegen.

Der See wird nun immer schmaler. Ich habe den Seeausfluss Cherio River erreicht, dem ich noch weitere 250 Meter bis zu einer Steinbarriere folge. Spaziergänger sind in diesem parkartigen und bewaldeten Bereich zu beiden Seiten des Gewässers unterwegs und genießen ebenso wie ich die herrliche Natur. Dieser kurze und strömungslose Abschnitt ist der absolute Höhepunkt meiner Tour. Nur widerwillig wende ich mich nach Norden, um die Rückfahrt anzutreten. Im Schilf entdecke ich noch einen Graureiher, der mich sehr nahe an sich herankommen lässt - eine besondere Begegnung. Am kaum frequentierten Ortsstrand von Monasterolo del Castello erlaube ich mir eine weitere Badepause.

Fazit: Dieser idyllische See, der sich fast hinter dem Lago di Iseo zu verstecken scheint, ist eine wahre Perle in Oberitalien.

TOURINFOS

Charakter: Zahmwasser
Etappe: Seeumrundung mit Abstecher auf dem Abfluss Cherio River: 14 km
Beste Zeit: Ende März bis Anfang November

Gefahren: Ab Mittag weht hier häufig ein kräftiger Südwind.

Naturschutz: Keine Motorboote! Der See steht unter Naturschutz, vor allem in der Brutzeit sollte man im Bereich der Schilfgebiete gebührend Abstand halten.

Bootsvermietung:
Bar Alberello in Spinone al Lago

Kanu-Gewässer der näheren Umgebung:
Lago di Iseo, Oglio

Auskunft:
www.visitbergamo.net/de/object-details/7115-lago-d-endine
www.visitbergamo.net/de

Übernachten:
Ranzanico Lago: *www.latartufaia.com*
Monasterolo: *www.palazzoeleonora.com*

Sehenswertes: Riserva Naturale La Valle del Freddo, Felsritzzeichnungen im Valcamonica, Bergamo (Italiens Kulturhauptstadt 2023) mit zahlreichen Sehenswürdigkeiten

Alternativen: Radtouren, Wandern, Wassersport, Angeln

Literatur/Karten:
- Reiseführer „Oberitalienische Seen" (Eberhard Fohrer), Michael Müller Verlag
- Kompass Wanderkarte Nr. 106 „Lago d'Iseo – Franciacorta", 1:50.000

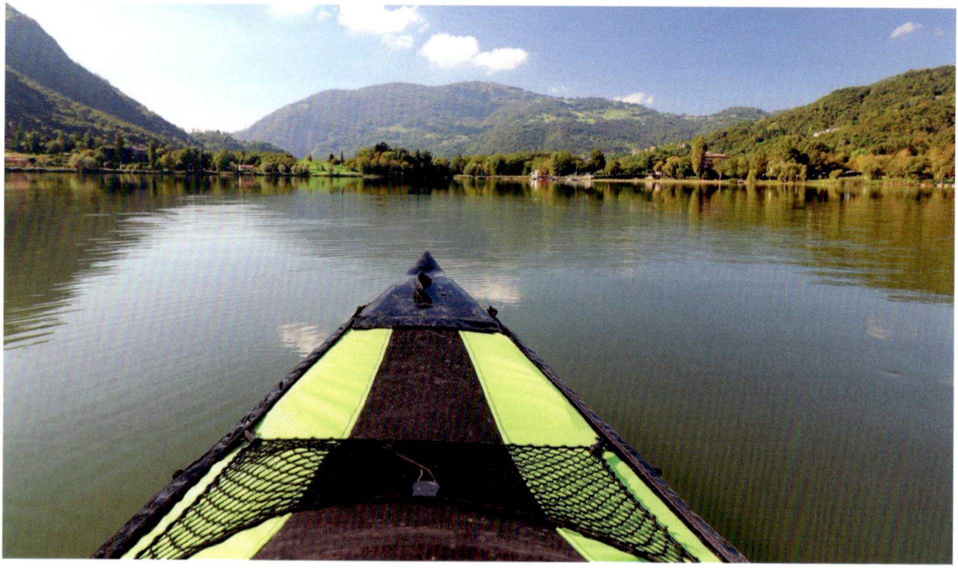

Vormittags ist es auf diesem See noch windstill und ideal für eine Paddelrunde.

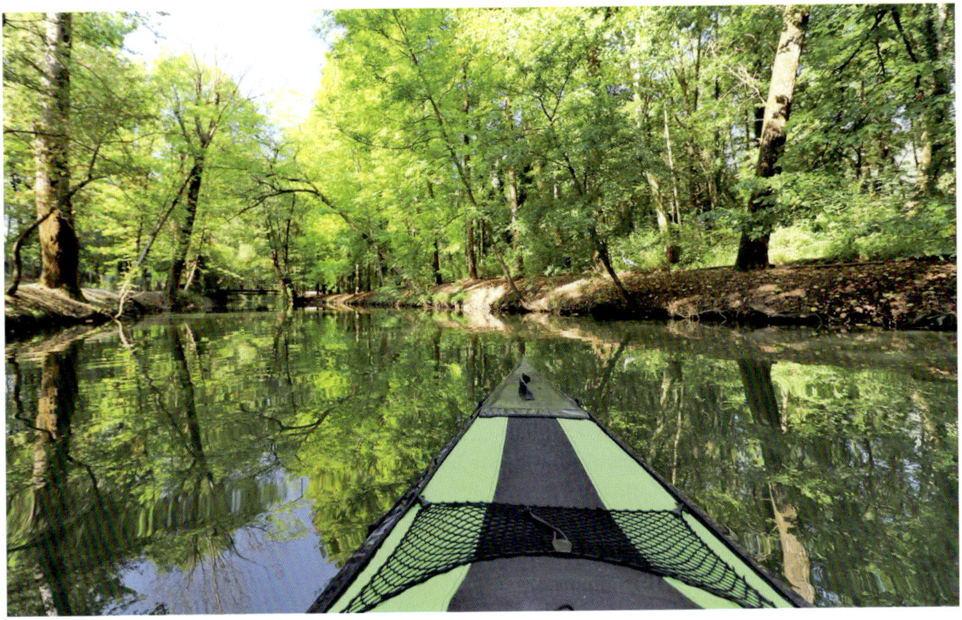

Magische Parklandschaft am Seeabfluss Cherio River.

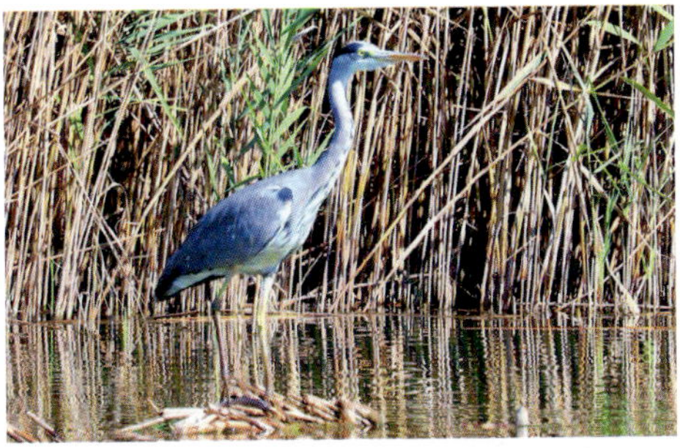

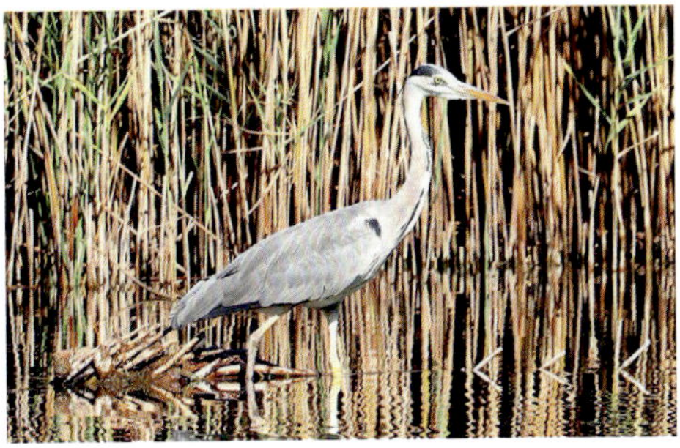

Reiher im Schilf.

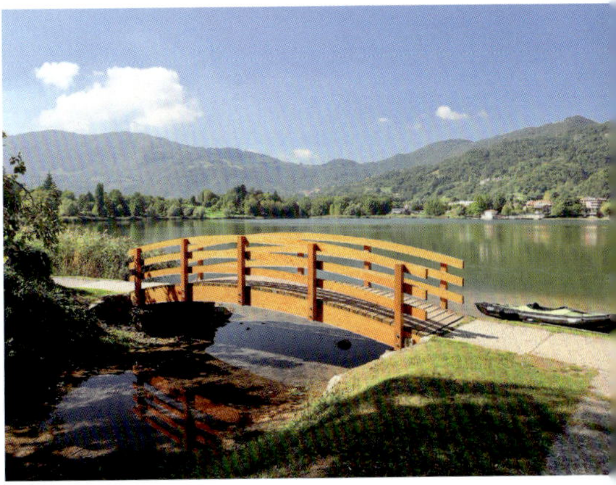

Rast am Ostufer.

10 LAGO D' IDRO

DER HÖCHSTGELEGENE SEE DER LOMBARDEI

Dieser lombardische See ist keine Autostunde vom Gardasee entfernt, aber deutlich weniger stark frequentiert. Seine Lage auf 386 m Seehöhe inmitten üppiger Bergwälder machen diesen zehn Kilometer langen See interessant. Er ist eine beschauliche Alternative zum Gardasee (vor allem in der Hochsaison).

Paddlern wird vor allem das schroffe und zum Teil felsige Westufer gefallen, aber auch Schilfzonen und geräumige Badestrände sowie mehrere charmante Orte mit einem unaufdringlichen touristischen Angebot lohnen den Besuch. Selbst in Ferienzeiten, wenn anderswo alle Quartiere aus den Nähten platzen, geht es hier immer noch stressfrei zu. Besonders interessant ist der weit auseinandergezogene Ort Ponte Cafarro am Nordufer. Am kleinen Hafen findet man Parkplätze, Badeplätze sowie Einkehrmöglichkeiten. Im Spätherbst herrscht hier eine himmlische Ruhe. Die warme Sonne des Südens und die herbstlich verfärbten Bergwälder begeistern. Der Campingplatz Pian d'Oneda lockt zum Bleiben. Am Nordufer gibt es ein NSG, ein Feuchtgebiet im Mündungsbereich mehrerer Wasserläufe, in dem sich zahlreiche Vogelarten wohlfühlen. Ein kurzer Abschnitt ist für Wassersportler gesperrt und mit Bojen markiert. Gleich daneben befindet sich der Zulauf des Flüsschens Chiese. Wir paddeln wenige Meter flussaufwärts bis zu einem Wehr und surfen hier in kleinen Wellen. Später geht es entlang des meist sehr einsamen und steilen Ostufers weiter, an dem es streckenweise keine Straßen gibt. Am Südende geht der Lago d'Idro in den Abfluss des Chiese über, an dem bald ein Wehr folgt. Entlang dem ebenfalls kaum verbauten Westufer verläuft die etwas stärker befahrene SS 237, die aber kaum das Paddelerlebnis stört. Neben dieser zwanzig Kilometer langen Seeumrundung mit dem Kajak bietet das Umfeld

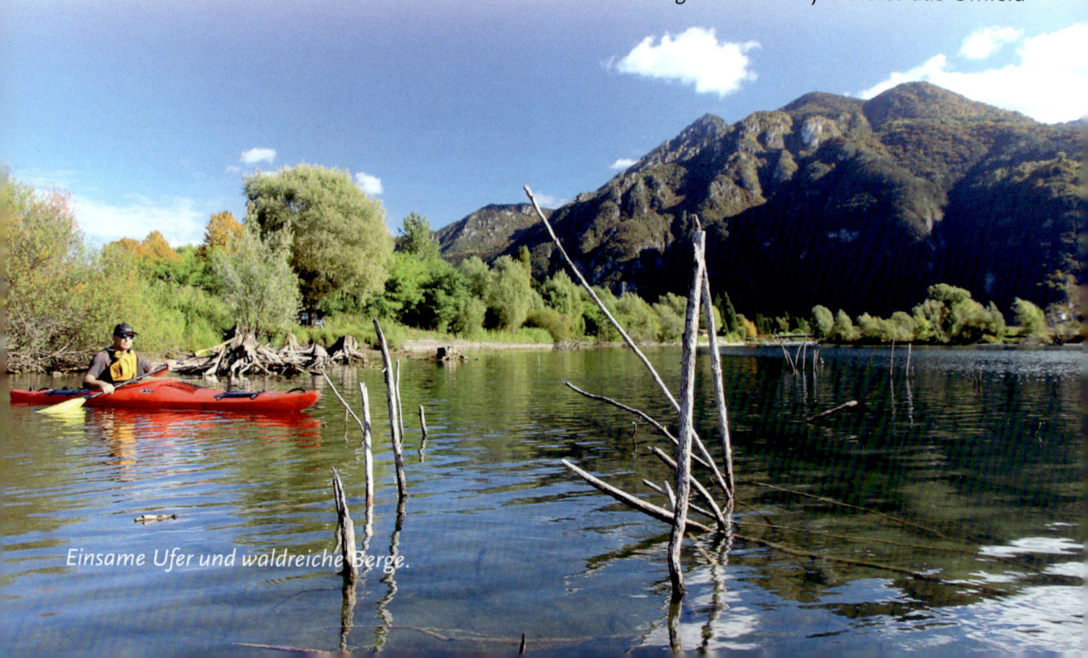

Einsame Ufer und waldreiche Berge.

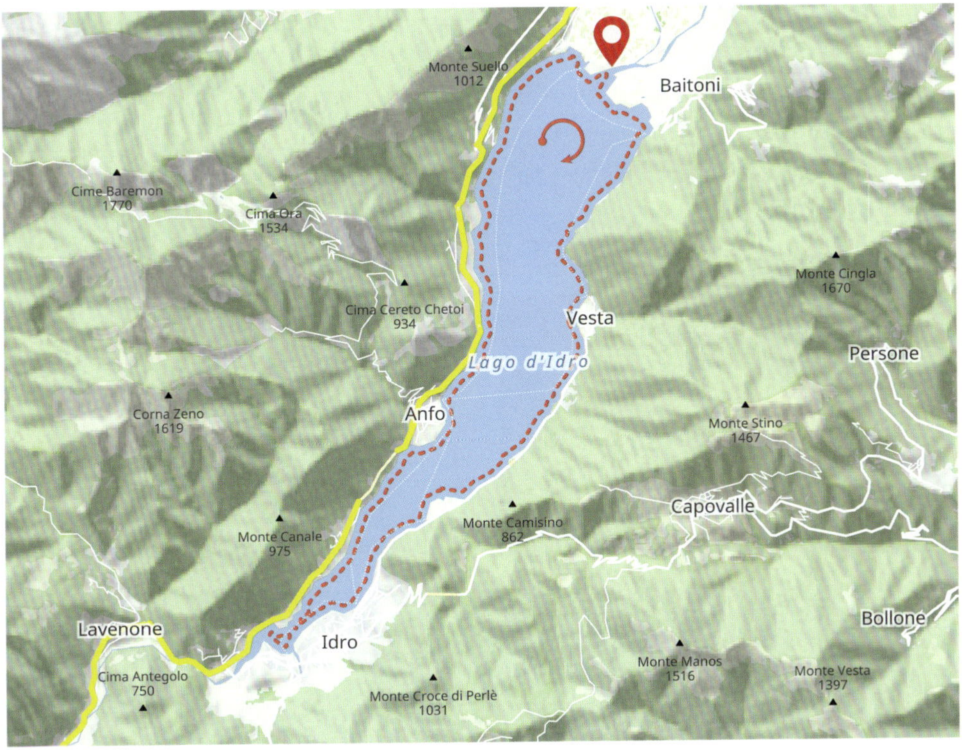

Möglichkeiten zu einsamen Bergwanderungen oder MTB-Touren und besonders spektakulärere Klettersteige. Kulturell interessierte Besucher finden in der nahe gelegenen Stadt Brescia Sehenswürdigkeiten im Überfluss.

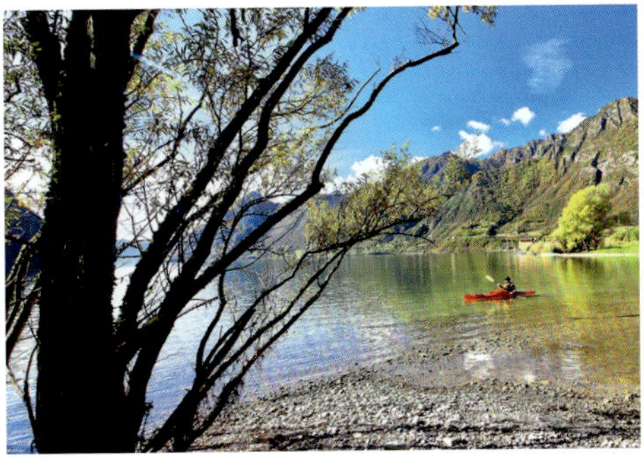

Goldener Oktober.

TOURINFOS

Charakter: Zahmwasser
Etappe: Seeumrundung: 20 km
Beste Zeit: Mai bis Oktober

Gefahren: Sommergewitter, thermische Winde

Naturschutz/Regeln: Markierte Sperrzone Biotopo Lago d'Idro am Nordostufer

Kanu-Gewässer der näheren Umgebung: Gardasee, Lago di Ledro, Chiese

Auskunft: *www.lagodidro.it/it/de*

Übernachten:
Ponte Caffaro/Bagolino: *www.piandoneda.it/de*
Baitoni: *www.campingmiralago.it/de*
Idro: *www.campingvenus.it/de*

Sehenswertes: Biotopo Lago d'Idro, Altstadt von Brescia (60 km entfernt)

Alternativen: Rundweg um das Biotop, Tandem Gleitschirmflüge, Klettersteig Ferrata Fregio, Ginestre und Sasse, Canyoning Rio Nero und Palvico, MTB-Touren

Literatur/Karten:
- Reiseführer „Oberitalienische Seen" (Eberhard Fohrer), Michael Müller Verlag
- „Wild Swimming in Italien" (Michele Tameni), Haffmans&Tolkemitt
- Kompass Wanderkarten Set 697 „Gardasee und Umgebung" 1:35.000

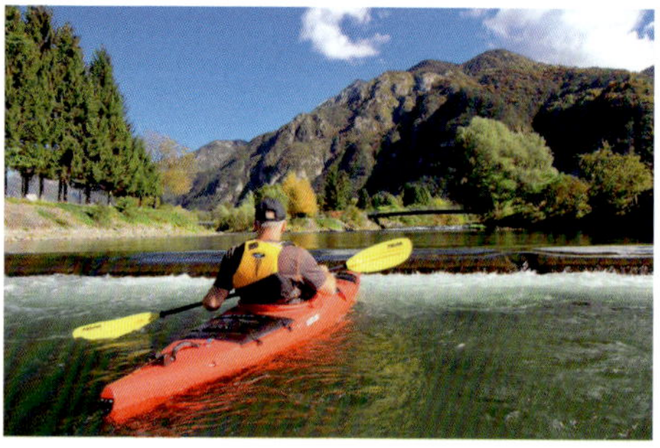

Schwall am Zufluss des Chiese.

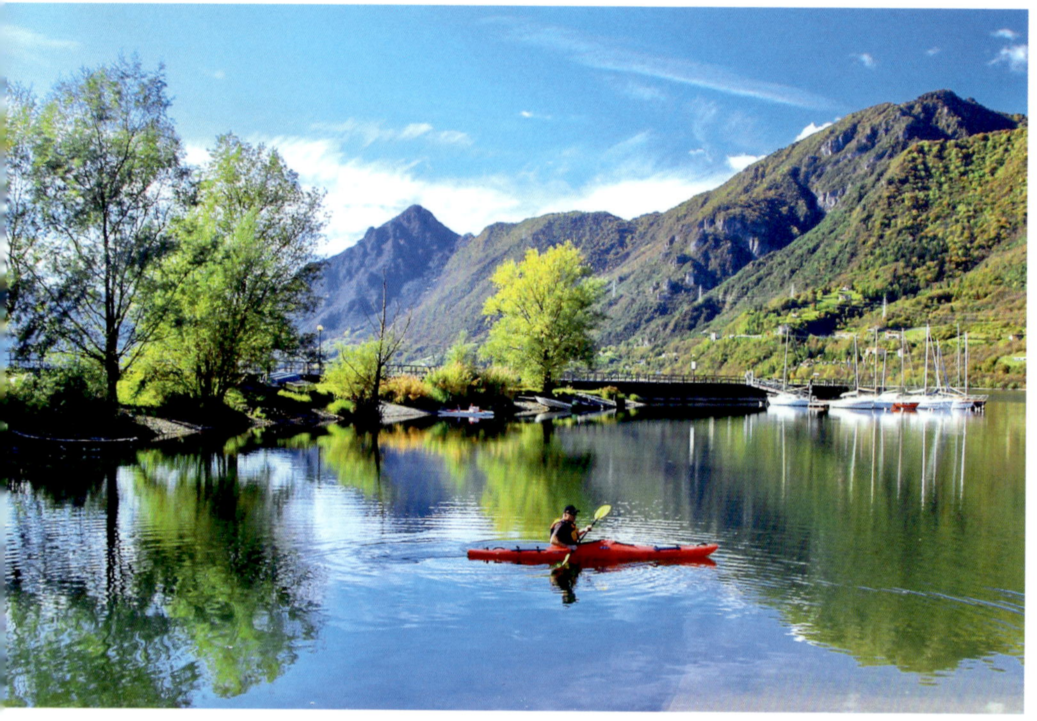

Start zur Seeumrundung.

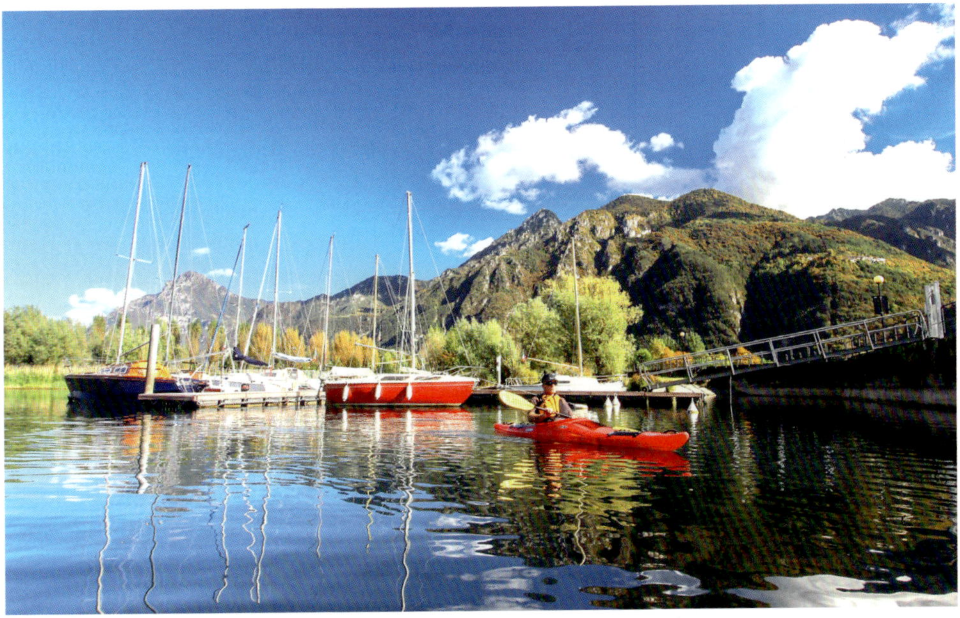

Hafen Ponte Caffaro.

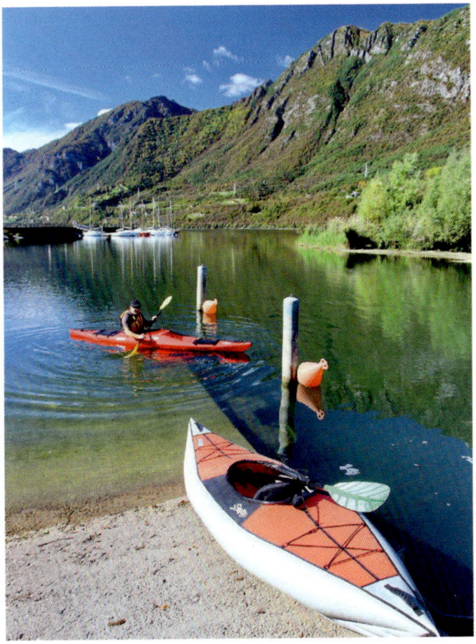

Zustieg an einer Rampe.

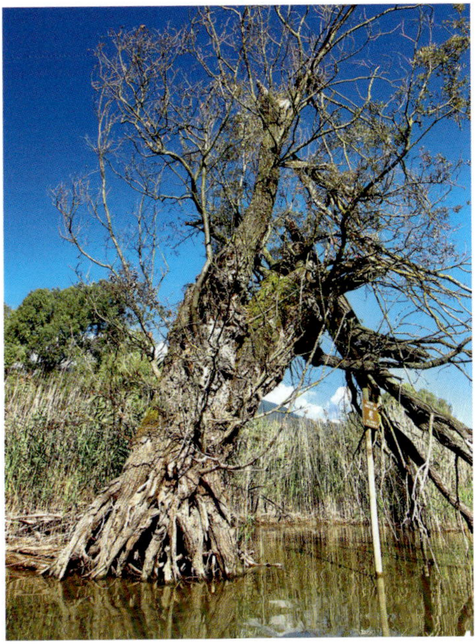

Wilde Uferlandschaft.

11 MINCIO

DURCH EINEN FLUSSPARK MIT SEEROSEN UND LOTUSBLÜTEN

Der Fiume Mincio ist der Abfluss des Gardasees und somit korrekterweise der Unterlauf der Sarca, dem wichtigsten Zufluss des größten italienischen Sees. Der Fluss durchquert eine sanfte Moränenlandschaft, entstanden durch die Ablagerungen des Gardasee-Gletschers vor einer Million Jahren. Während der Lotusblüte im August ist eine Fahrt auf dem Fiume Mincio ein herausragendes Erlebnis.

Auf Badetemperatur erwärmt, verlässt der ganzjährig wasserführende Mincio den Gardasee in Peschiera an seinem südlichsten Punkt. Im 15. und 16. Jahrhundert wurde diese Stadt von den Venezianern zu einer nahezu uneinnehmbaren Festung ausgebaut. Nur aus der Luft erkennt man die mächtigen Mauern in Form eines fünfeckigen Sterns. Auf den ersten Kilometern wird der zunächst kanalisierte und strömungslose Fluss vor allem von einheimischen Ruderern als Trainingsstrecke geschätzt. Dann folgt eine Kette von unbefahrbaren Wehren. Auf diesem nicht zu empfehlenden Flussabschnitt durchquert der Mincio eine hügelige und äußerst charmante Landschaft. Die malerische Häusergruppe Borghetto, ein Ortsteil des Städtchens Valeggio, liegt direkt unterhalb der historischen Backsteinbrücke Ponte Visconti. Diese wurde im Jahre 1393 von den Mailänder Herrschern mit der Absicht errichtet, den Fluss aufzustauen. Mit dieser Maßnahme wollte man den schützenden See um Mantua trockenlegen, um die Stadt anschließend mühelos einnehmen zu können. Dieser Plan wurde aber nicht realisiert. Borghetto ist wegen seiner idyllischen Mühlen und Restaurants am rauschenden Wehr ein Besuchermagnet und liegt an einem beliebten Radweg, der die Städte Peschiera und Mantua verbindet.

Unsere Kajaktour beginnt am Südrand der Kleinstadt Goito in der Via San Giovanni Bosco unterhalb einer Gefällestufe. Auf den nächsten Kilometern strömt der Mincio durch

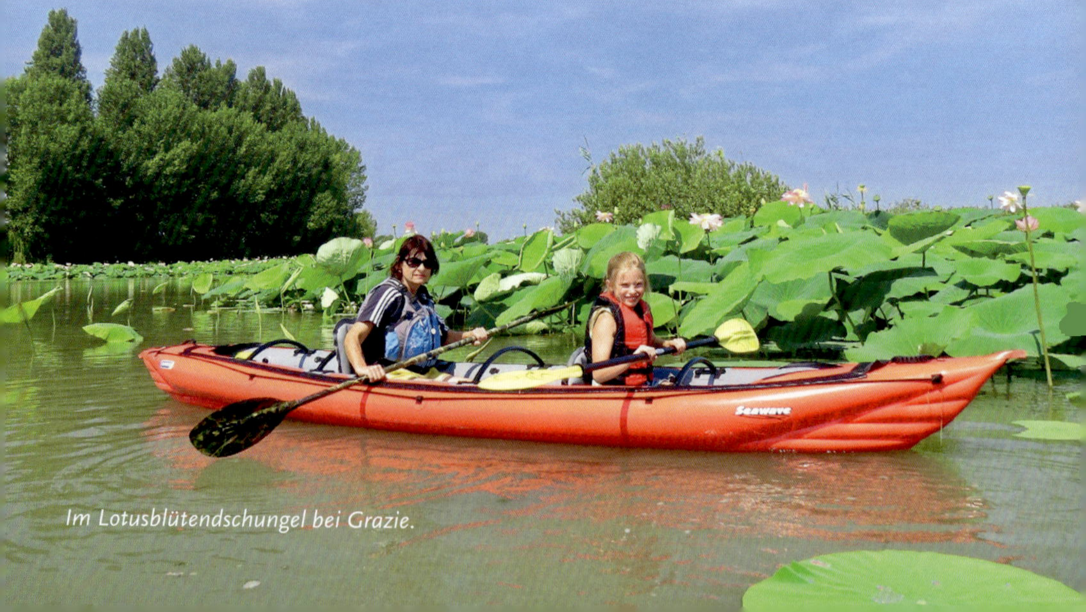

Im Lotusblütendschungel bei Grazie.

eine parkähnliche Landschaft etwas abseits der begleitenden SP 23. Eine sanfte Strömung nimmt uns mit in eine liebliche Landschaft, die bereits den Charme der Poebene vorweg nimmt. Der Mincio windet sich in engen Schleifen durch eine zauberhafte Natur, ab Mai blühen tausende von gelben Iris an den sattgrünen Ufern. Auch Enten, Schwäne, Silberreiher und Libellen fühlen sich hier wohl, und aus den Bäumen und Wiesen ertönt ein vielstimmiger Vogelgesang.
Nach knapp vier Kilometern Fahrt nimmt die Strömung spürbar ab und der Rückstau kündigt das einzige Wehr dieser Flussstrecke an. Hier wird linkerhand ein Kanal abgeleitet, der an Mantua vorbei fast schnurgerade zum Po führt. Bereits 80 Meter vor dem Wehr setzen wir rechts aus und tragen die Boote nach unten, um die Fahrt im alten Flussbett, jedoch mit reduzierter Wassermenge, fortzusetzen.

Der Mincio windet sich weiterhin in Schlingen durch eine flache Schilflandschaft, teilweise von Weiden flankiert, und kommt nur ein einziges Mal der Straße etwas näher. Vereinzelt passieren wir landwirtschaftliche Gehöfte, meist bewegt man sich in einer stillen Natur. Zuletzt nimmt die Strömung wieder ab. Schließlich erreicht man den Ort Rivalta. Hier, in einem ziegelroten Gebäude, befindet sich ein kleines und informatives Flussmuseum.

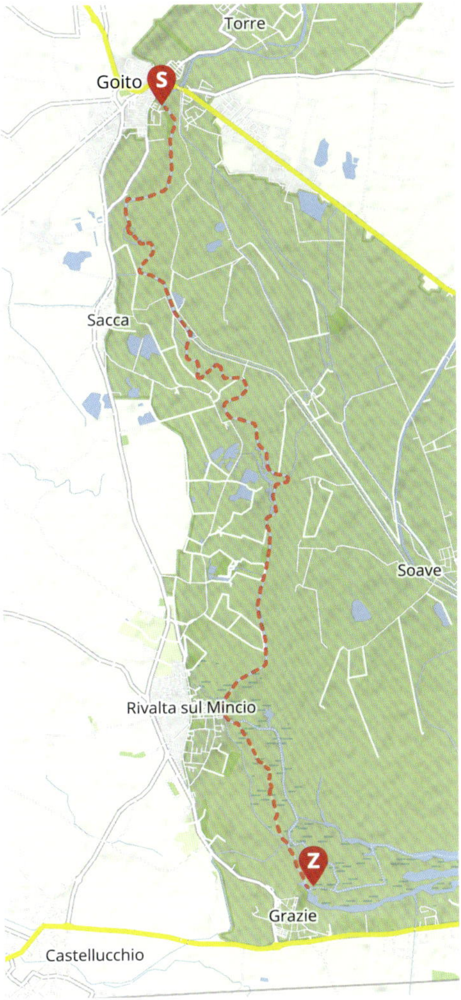

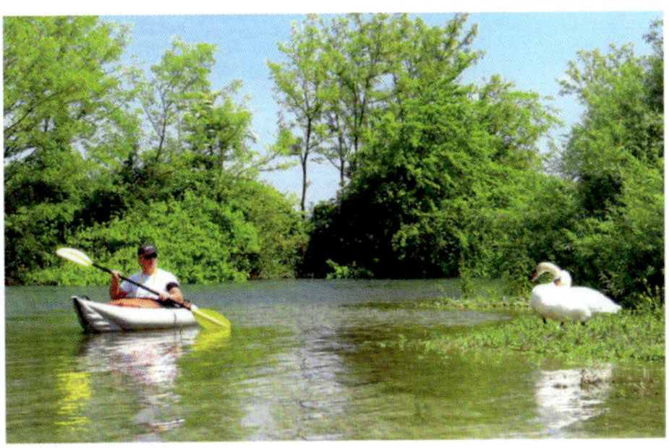

Parklandschaft unterhalb von Goito.

Gleich daneben lockt eine Bar/Pizzeria zur Einkehr. Es lohnt sich jedoch, noch drei Kilometer weiter bis nach Grazie zu paddeln. Auf dieser strömungslosen Strecke verbreitert sich der Fluss und ist übersät von großen Seerosenfeldern. Zwischen Juli und Anfang September blühen hier außerdem urwaldartig zahlreiche Lotusblumen, wie man sie ansonsten nur in Südostasien erleben kann. Das durch den Gardasee erwärmte Wasser und das milde

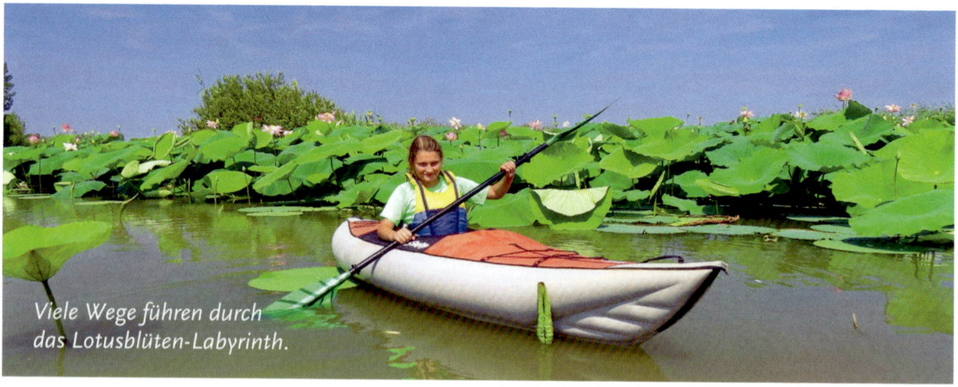

Viele Wege führen durch das Lotusblüten-Labyrinth.

Klima macht es möglich. Die Ausflugsboote haben hier eine Fahrrinne gelegt, außerhalb dieser Rinne befindet man sich in einem Labyrinth schwer zu durchdringender Wasserpflanzen. In Grazie blitzen die Kirchtürme der Wallfahrtskirche „Madonna delle Grazie" zwischen den Baumwipfeln hervor, somit kann man den Ausstieg auf der rechten Seite im Blumenlabyrinth nicht verpassen.

Hier gibt es einen nur in den Sommermonaten besetzten Kiosk und einen Badeplatz. Über eine gesperrte Straße gelangt man auf kurzem Weg hinauf zu den Parkplätzen vor der Wallfahrtskirche am Nordende des riesigen Piazzale Santurio. Jedes Jahr Mitte August, beim Fest „Fiera delle Grazie", dürfen hier Straßenkünstler den großen Platz bemalen. Wenigen Meter entfernt lockt die Trattoria Al Cacciatore zur Einkehr.

TOURINFOS

Charakter: Flusstour, meist mit geringer Strömung (eine Wehrumtragung)
Etappe: Goito-Grazie: 14 km
Weitere Etappe: Grazie-Mantua: 6 km
Beste Zeit: April bis September/Oktober

Kanu-Vermietung/Touren:
www.adventureparkgarda.it/de/kanuverleih

Kanu-Gewässer der näheren Umgebung: Lago Superiore, Gardasee, Po

Auskunft: w*ww.tourism.verona.it*

Übernachten:
Borghetto: *www.agricampingborghetto.com/it*
Mantua: *www.agriturismo-sangirolamo.it*
Peschiera: *www.campeggiodelgarda.eu*

Sehenswertes: Grazie (Wallfahrtskirche Madonna delle Grazie), Borghetto (Ponte Visconti und Mühlenlokale am rauschenden Wehr), Mantua (Altstadt mit Palazzo Ducale), UNESCO Weltkulturerbe Peschiera (Altstadt, Bastione Tognon und Pfahlbauten).

Alternativen: steigungsarmer Radweg entlang des Flusses zwischen Peschiera und Mantua

Literatur/Karten:
- „Outdoor Kompass Gardasee" (Alfons Zaunhuber), Thomas Kettler Verlag
- Reiseführer „Venetien" (Eberhard Fohrer), Michael Müller Verlag
- Generalkarte Nr. 4 „Veneto/Friaul" 1:200.000, Mairs Geographischer Verlag

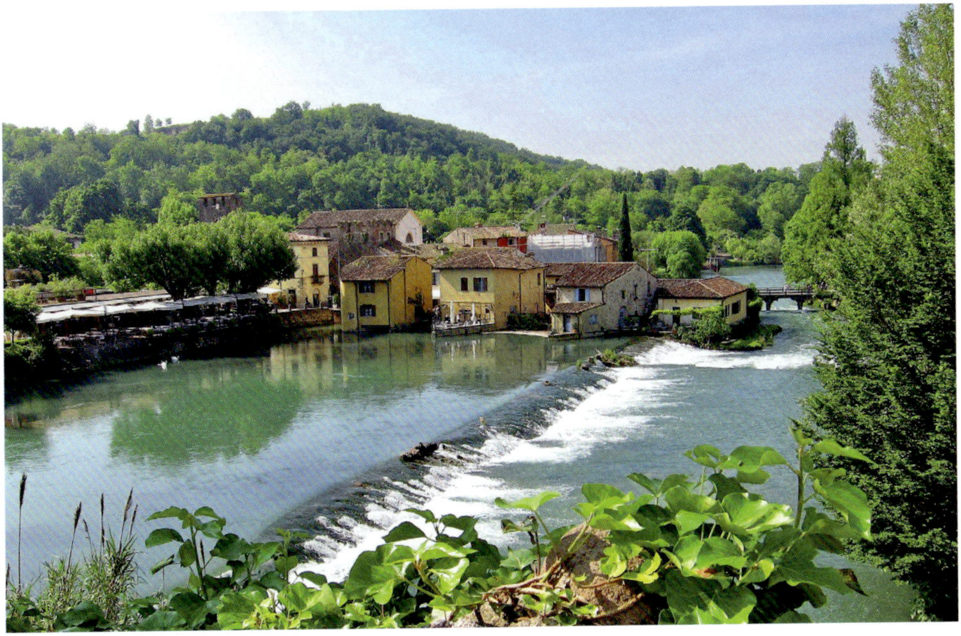

Mühlenlokale am rauschenden Wehr in Borghetto.

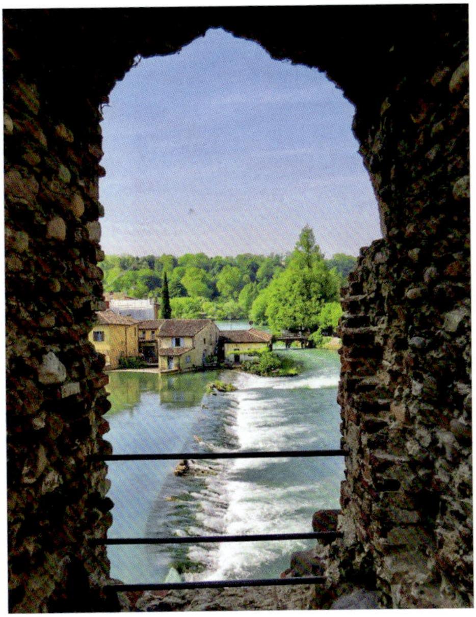

Blick von der Ponte Visconti.

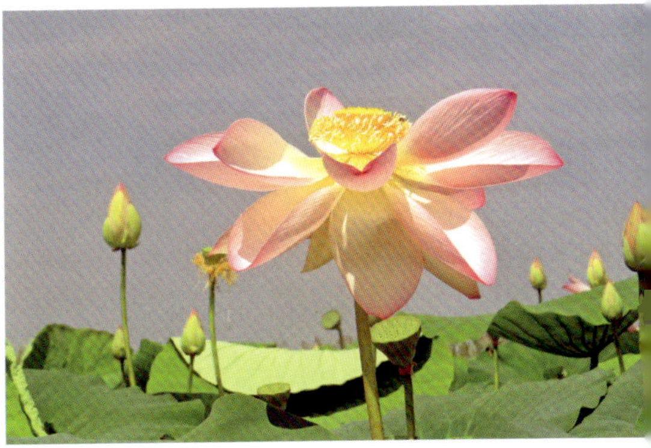

Die vor allem in Indien vorkommenden Lotusblumen sind in vielen Kulturen ein Zeichen der Reinheit und Erleuchtung, aber diese heilige Blume ist auch giftig.

12-14 ETSCH

ENTLANG DER SÜDTIROLER WEINSTRASSE

Die Etsch (italienisch Adige) ist nach dem Po mit 422 Kilometern der zweitlängste Fluss Italiens und entspringt im Dreiländereck Schweiz-Österreich-Italien im Umfeld 3000 bis 4000 Meter hoher Gletscherberge. Schon im Mittelalter wurde der Fluss durch menschliche Nutzung geschädigt. Zwischen 1820 und 1880 wurden die meisten Baumaßnahmen unter den Habsburger Herrschern durchgeführt. Auf der Strecke blieben die meisten Auwälder und wichtige Feuchtgebiete. Dennoch ist der wasserreiche Fluss auf einigen Etappen für den Kanusport interessant.

Südtirol ist schon immer ein Reiseziel, um dem Frühling ein Stück weit entgegen zu kommen. Die Apfelblüte beginnt Ende März und ist ein spektakuläres Ereignis, das zahlreiche Besucher anlockt. Wanderungen und Radwege stehen besonders im Fokus, aber auch eine Kanutour ist hier eine Überlegung wert. Die Flüsse in Südtirol wurden ganz in den Dienst der Energie- und Landwirtschaft gestellt. Obst- und Weinanbau sind neben dem Tourismus wichtige Wirtschaftsfaktoren. Dafür hat man Kraftwerke errichtet und das Wasser vielerorts zur Bewässerung eingesetzt. Davon ist auch der Gletscherfluss Etsch betroffen. Im Vinschgau, dem 75 Kilometer langen Talboden im Oberlauf der Etsch, ist im Frühsommer sogar Wildwassersport möglich. Nachdem die Etsch in Meran den Wildbach Passer aufgenommen hat, strömt sie mit flotter Geschwindigkeit südwärts.

Unsere Fahrt beginnt an der Brücke zwischen Lana und Burgstall, unmittelbar neben dem Bahnhof Lana-Postal. Der Fluss ist auf der gesamten folgenden Strecke zwar uferbegradigt, dafür ist die Tour aber barrierefrei. Kein Wehr

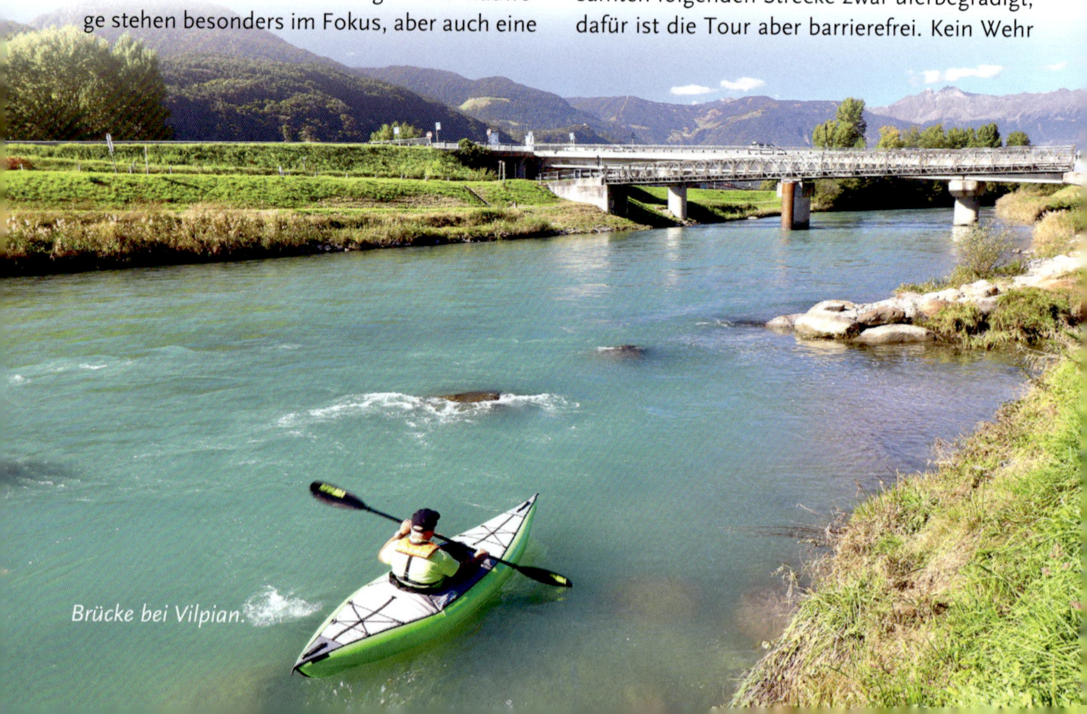

Brücke bei Vilpian.

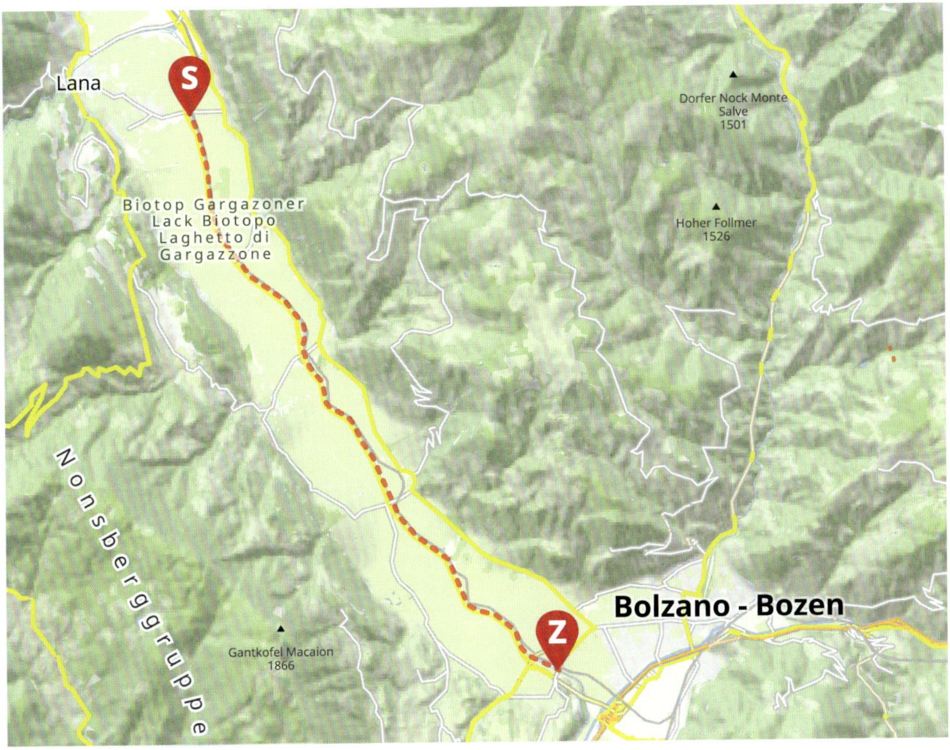

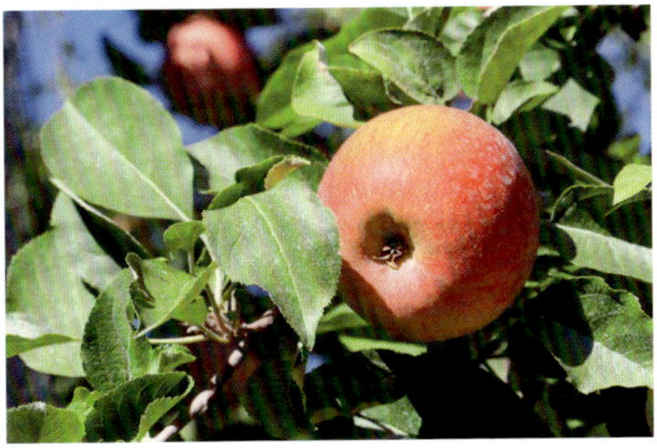

Apfelland Südtirol.

behindert hier die freie Fahrt. Die Wasserführung reicht bis in den Spätherbst hinein für eine Kanutour aus. Im Frühjahr sind die schneebedeckten Gipfel und die Apfelblüte links und rechts des Flusses eine reizvolle Beigabe. Der parallel verlaufende Etsch-Radweg und die Eisenbahn sorgen für eine problemlose Rückholung des Fahrzeugs. Die Züge verkehren hier in kurzen Abständen, mehrere Bahnhöfe liegen in geringer Entfernung. Rechterhand begleitet die vielbefahrene Staatsstraße SS 38 die Etsch, stört jedoch auf dem Fluss kaum. So lassen wir uns entspannt von der guten Strömung mitnehmen und genießen den sonnigen Tag. Nach sechs Kilometern Fahrt legen wir eine Pause ein. Dazu landen wir direkt unterhalb der Brücke der SP 10 nahe Vilpian links an und deponieren hier die Boote. Ein relativ kurzer Weg führt hinauf zum spektakulären Vilpianer Wasserfall, der aus 82 Metern Höhe in einen Felsenkessel stürzt. Ein Naturdenkmal, das eine Fahrtunterbrechung lohnt und auch noch zu einer Kaffeepause genutzt werden kann. Dann geht es auf dem Fluss weiter südwärts.

Die nächste Brücke liegt zwischen den abseits des Flusses gelegenen Orten Andrian und Terlan. Terlan ist Weinkennern wohlbekannt, hier wird bereits seit 1000 Jahren Wein angebaut. Nach einer weiteren Brücke bei Siebeneich rückt das Fahrtende in Sicht. Die mächtige Burganlage Sigmundskron auf einem Porphyrfelsen ist weithin sichtbar. Sigmundskron hat für die autonome Region Südtirol eine ganz besondere Bedeutung, da hier 1957 eine große Volkskundgebung den Grundstein zur weitgehenden Autonomie Südtirols führte. Vor allem ist es durch das „Messner Mountain Museum" überregional bekannt. Es ist das größte der insgesamt sechs Museen des berühmten Bergsteigers. Ein Besuch ist sehr zu empfehlen. Bald darauf landen wir nach einer flotten und reizvollen Fahrt vor der Ponte di Adige am Bahnhof Sigmundskron an. Eine Weiterfahrt auf der Etsch bis nach Trient oder Verona ist trotz einiger Wasserableitungen und Kraftwerke mit Einschränkungen zu empfehlen. Autobahn und Eisenbahn, aber auch ein beliebter Radweg begleiten den eingedämmten Fluss.

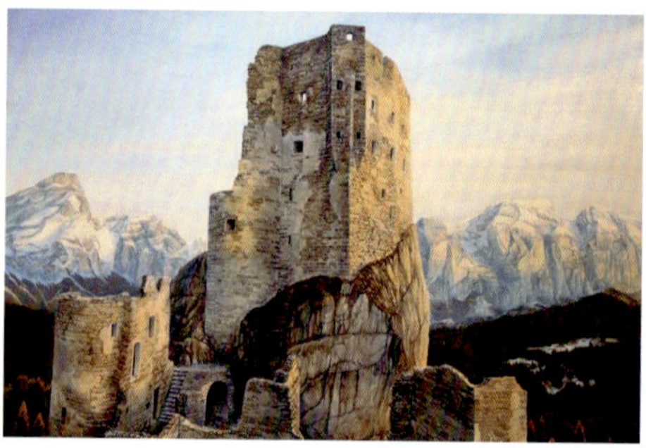

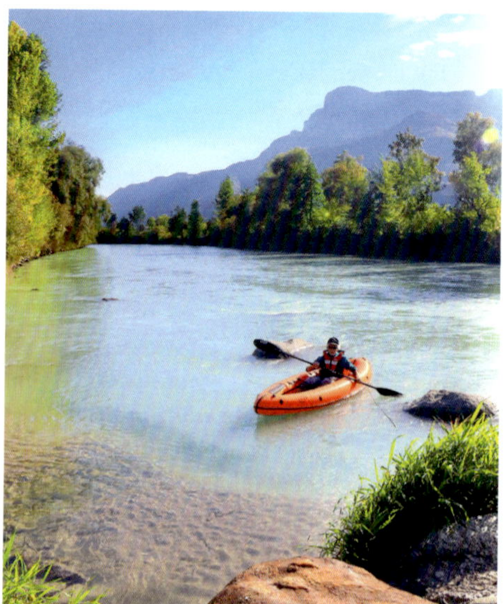

Oben: Schloss Sigmundskron
Unten: Herbstfahrt auf der Etsch

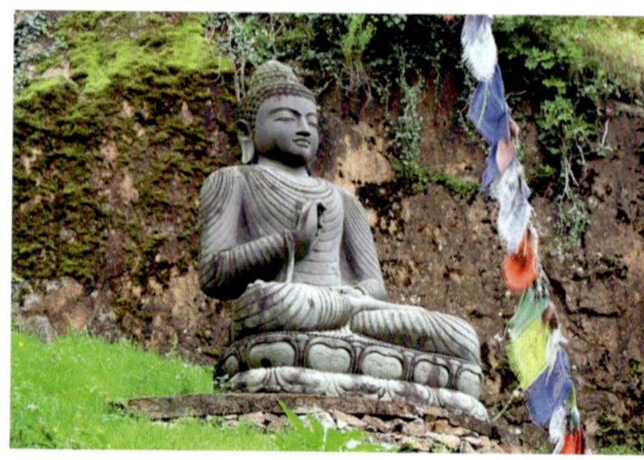

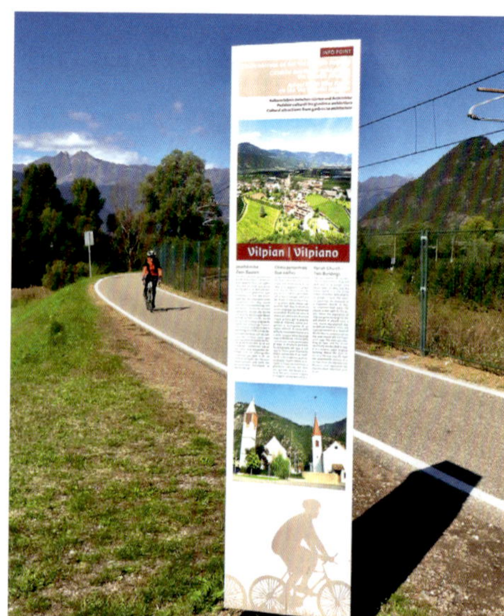

Oben: Messner Museum
Unten: Etsch-Radweg

13 RESCHENSEE UND HAIDERSEE
BERGSEEN IN HOCHALPINER KULISSE

Jeder Reisende, der über den Reschenpass in den obersten Vinschgau kommt, hat hier schon einmal Halt gemacht. Der Stausee mit dem versunkenen alten Ort Graun, von dem nur noch der Kirchturm aus dem See ragt, ist ein Fotomotiv ersten Ranges und vielen eine kurze Fahrtunterbrechung wert. 1950 wurde der Reschensee aufgestaut.

Mit einer Uferlänge von 15,3 Kilometern ist er der größte See in Südtirol. Wegen seiner spektakulären Bergkulisse lohnt er durchaus zu einer Spritztour mit dem Paddelboot. In Reschen gibt es sogar eine Kanu- und SUP-Vermietung. Die typischen Ufer eines Stausees sind bei extremem Niedrigwasser allerdings weniger prickelnd, aber wann paddelt man schon auf einer Seehöhe von 1498 Metern? Oftmals sind die bis zu 3.500 Meter hohen Berggipfel noch schneebedeckt und eine tolle Kulisse.

Nahe dem Ort Reschen entspringt die Etsch, der wichtigste Fluss in Südtirol. In Reschen findet man wassernahe Parkplätze und einen guten Einstieg neben dem Hotel „Mein Dörfl". Direkt gegenüber am Westufer gibt es einen Wohnmobil-Stellplatz und eine Seilbahn zur Haideralm auf 2100 Metern, ein beliebtes Wandergebiet. Während rund um den Ort Grein wegen des aus dem Wasser ragenden Kirchturms immer Trubel herrscht, ist man draußen auf dem See oftmals fast alleine unterwegs. Bei kräftigen thermischen Winden ist der See bei Kitesurfern sehr beliebt. Wenn der Nordwestwind ab Mittag besonders kräftig über den Bergsee peitscht, ist eine Kanutour kaum ratsam.

Deutlich weniger Andrang findet am Haidersee statt, der nur einen Steinwurf weiter südlich bei St.Valentin auf der Haide ebenfalls an der Durchgangsstraße SS 40 liegt, und eine ähnliche Kulisse wie der Reschensee bietet. Der See punktet vor allem mit natürlichen Ufern und einer reichen Fischfauna und steht unter Naturschutz. Nichtpaddelnde Mitreisende können den See auch zu Fuß umrunden. Der große Parkplatz in Höhe des Hotels Alpenrose ist ein geeigneter Startplatz für eine Paddeltour. Am Nordende des Sees lockt ein Campingplatz zum Bleiben.

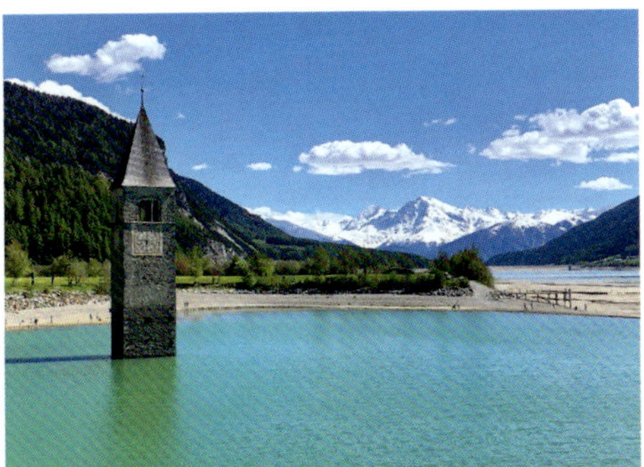

Der Kirchturm von Graun.

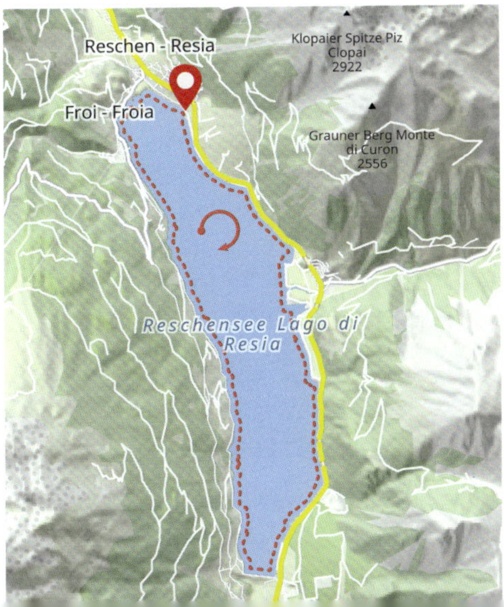

14 KALTERER SEE
BILDERBUCHSEE IM WANDERPARADIES

Der beliebte Kalterer See (Lago di Caldera) empfiehlt sich als Basislager für Kanutouren auf der Etsch und weiteren sportlichen Aktivitäten und ist Natura 2000 Region.

Gretl am See, im Ortsteil Sankt Josef, vermietet SUP-Boards und Tretboote. Eine Schnuppertour auf dem auf 218 Metern Seehöhe gelegenen Bergsee ist fast ausschließlich Gästen zu empfehlen, die auf einem der beiden Campingplätze oder in einem der Hotels am See nächtigen, da ein freier Seezugang für Tagesfahrer wegen des dichten Schilfufers, einiger Feuchtbiotope sowie Privatgrundstücken nicht möglich ist.

Meist macht sich ab Mittag der thermische Wind bemerkbar. Vor allem in den Morgen- und Abendstunden bietet eine Rundfahrt auf dem See wegen der eindrucksvollen Bergkulisse ganz großes Kino. Mit dem allseits bekannten Rotwein „Kalterer See" hat die Flüssigkeit, auf der wir paddeln, nichts zu tun. Dem Weingenuss steht aber später nichts im Weg. Im südlichen Abschnitt gibt es eine Ruhezone, ein Betretungsverbot der Schilfzonen und ein Überflugverbot mit Fluggeräten aller Art.

Auf einem sieben Kilometer langen Rundweg informieren 14 Schautafeln über Wissenswertes. Insgesamt ist der See von März bis Anfang November stark besucht, er zählt zu den wärmsten Badeseen der Alpen, der sich auf bis zu 28 Grad erwärmt, und seine Umgebung wird vom Wein- und Obstanbau geprägt. Den schönsten Blick auf den See hat man vom Wanderweg durch die Rastenbachklamm nach Altenburg über einen luftigen Felsenweg. Eine empfehlenswerte Ergänzung nach der Paddelrunde.

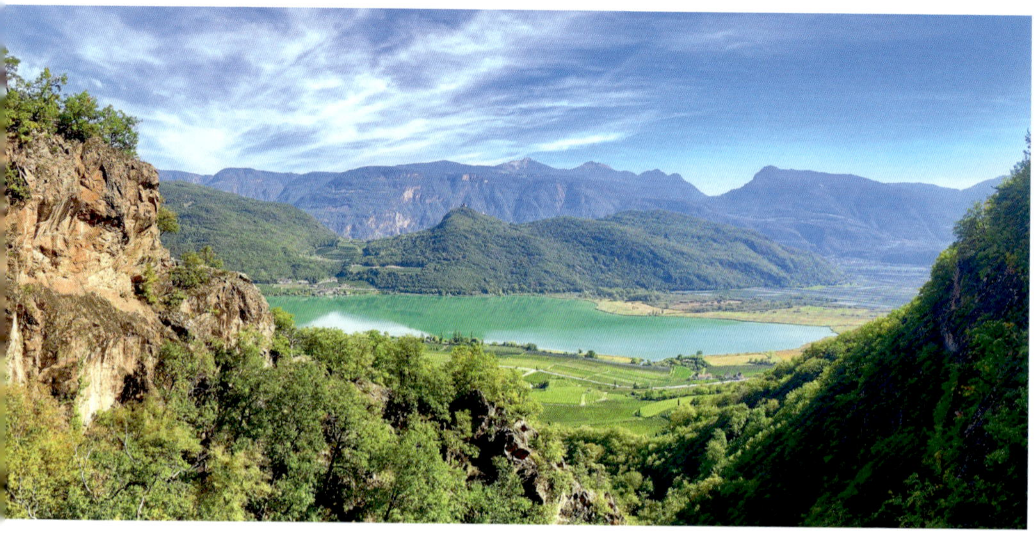

Panoramablick vom empfehlenswerten Wanderweg nach Altenburg.

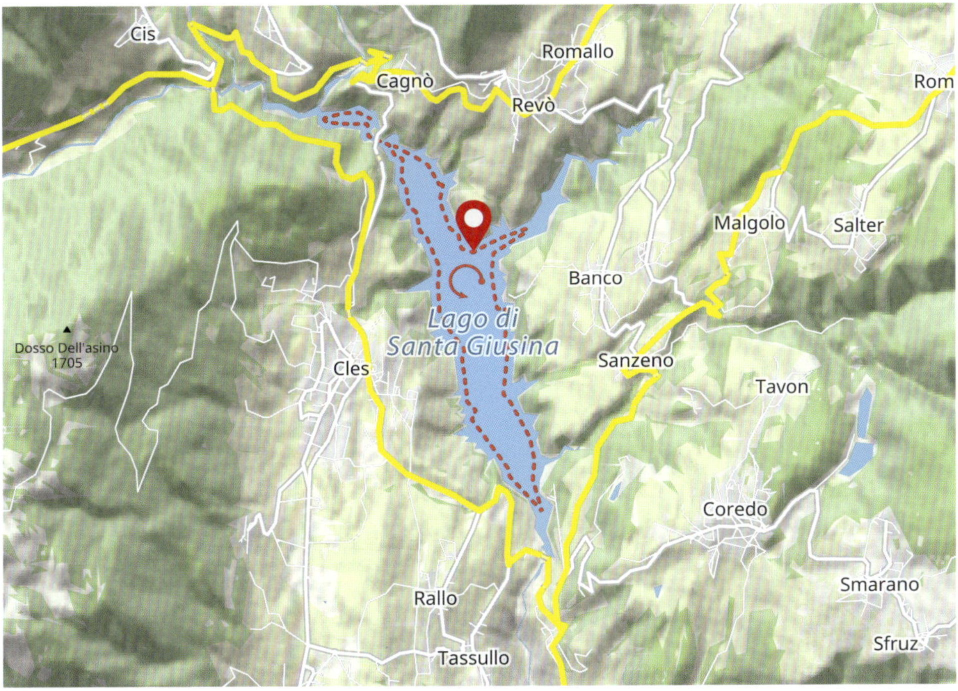

heruntertropfendem Wasser. Mit lautem Getöse klatscht in der Düsternis ein Stein herab. Hier einen Helm aufzusetzen, ist sicher nicht ganz falsch. In einem etwas offeneren Teil flüchtet plötzlich ein Kormoran mit lautem Flügelschlag. Die Bilder dieser Tour wirken noch lange nach. Vor allem der Rio Novella-Mündungscanyon ist ein echter Höhepunkt. Ein Teilstück der Klamm des Rio Novello etwas weiter oberhalb ist auf einer gesicherten Steiganlage zu begehen.

TOURINFOS

Etappe: Seeumrundung: 13 km
Beste Zeit: April bis Oktober

Gefahren: Sommergewitter, Steinschlag unterhalb der Steilfelsen und im Rio Novello-Canyon.

Kanu-Vermietung/Kurse/Touren:
www.raftingvaldisole.it/escursioni_al_lago_canoa-kayak.htm
www.nature4fun.it/de/home_de

Kanu-Gewässer der näheren Umgebung:
Noce, Etsch, Lago di Molveno

Auskunft: *www.visittrentino.info/de* und *www.parcofluvialenovella.it*

Übernachten: *www.agriturvistalago.it* und *www.campingdolomiti.com*

Sehenswertes:
Burg und Altstadt von Cles, Castel Thun, Wallfahrtskirche Santuario di San Romedio, Archäologisches Museum Retico in Sanzeno

Alternativen: Rafting am Noce, Wanderung Torrente Novella, Wanderung zur Eremo di San Gallo

Literatur/Karten:

- Reiseführer „Oberitalienische Seen" (Eberhard Fohrer), Michael Müller Verlag
- Wanderführer „Trentino-Gardasee" (Mark Zahel), Bergverlag Rother
- Merian „Trentino - Italiens Naturschönheit"
- Kompass Wanderkarte Nr. 73 „Brentagruppe" 1:50.000

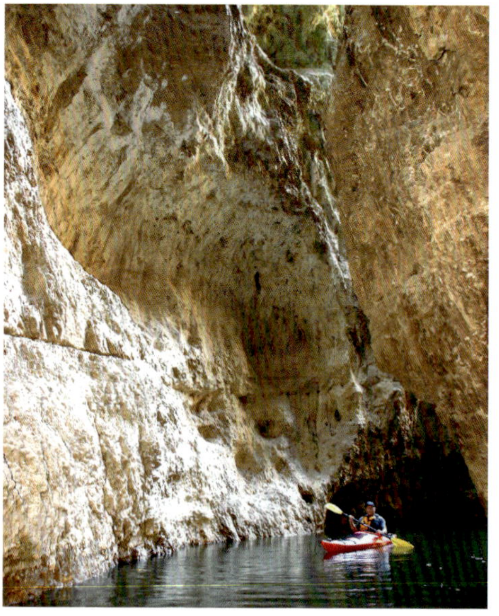

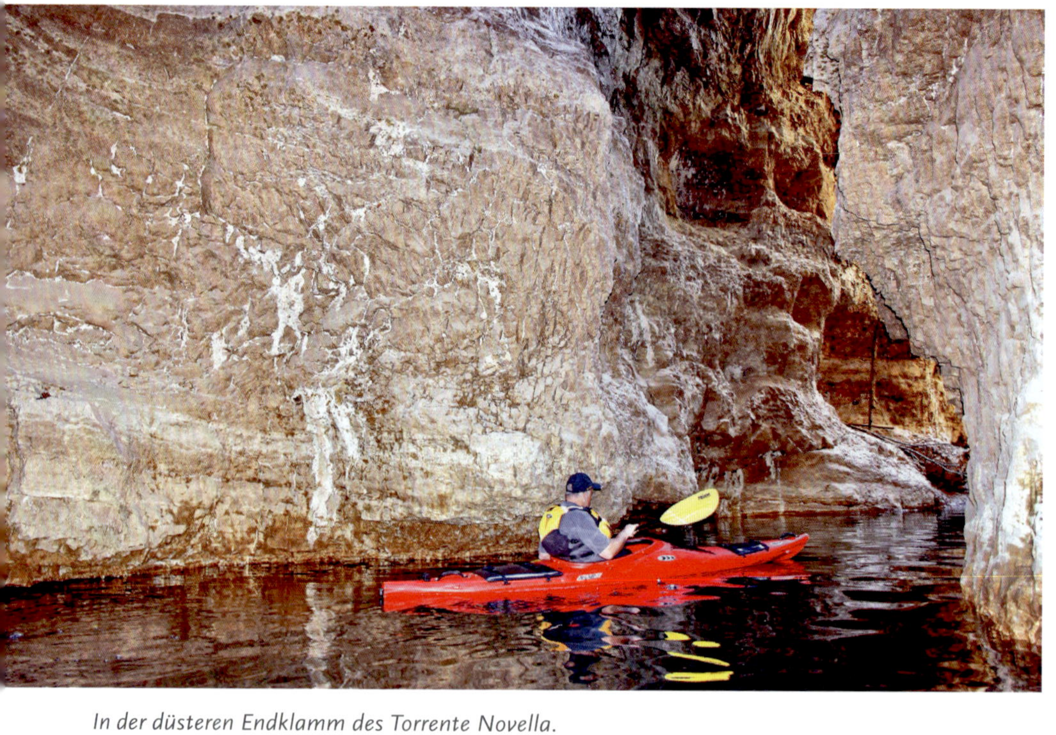

In der düsteren Endklamm des Torrente Novella.

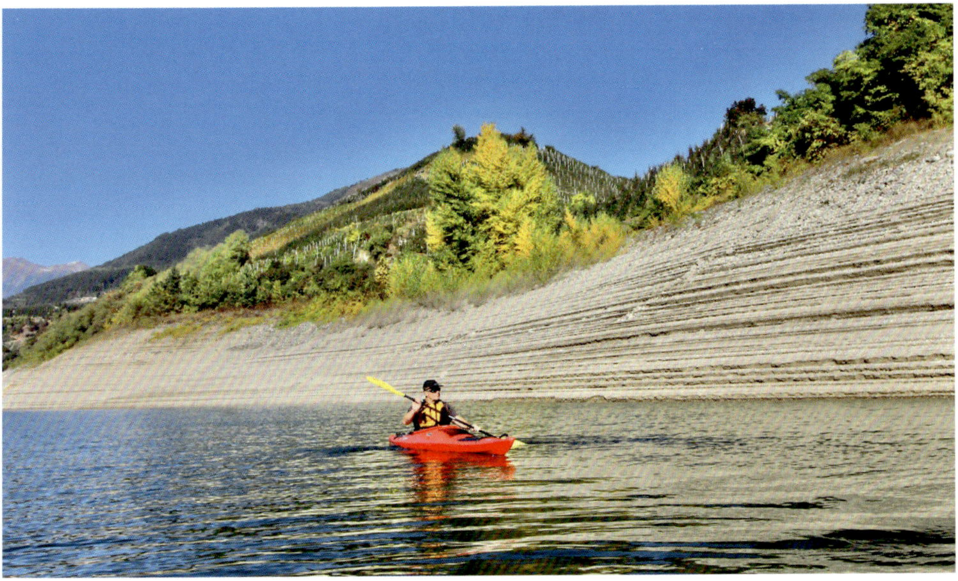

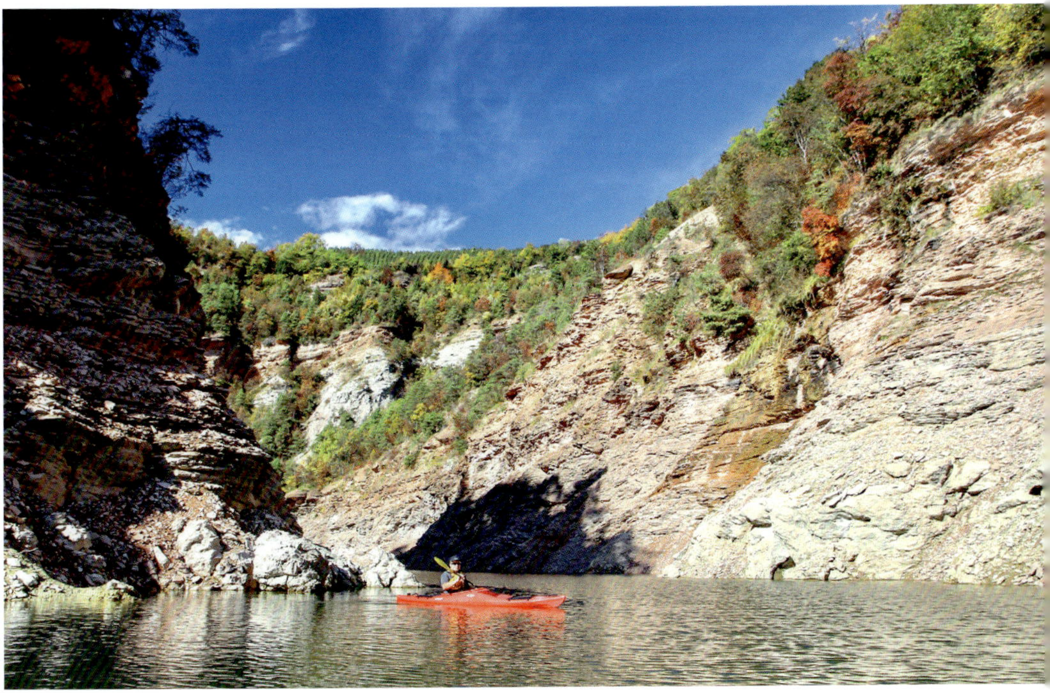

Stauseen können mitunter auch Paddler begeistern.

16 LAGO DI MOLVENO
IM SCHATTEN DER BRENTABERGE

Bereits mehrfach wurde der Lago di Molveno zum schönsten Bergsee Italiens gekürt. Der smaragdgrüne und extrem saubere See liegt auf über 800 Metern Höhe, ist umgeben von duftenden Mischwäldern und wird von den bis zu 3000 Meter hohen Felsengipfeln der Brenta überragt. Wahrlich eine Opernkulisse und völlig zu Recht UNESCO-Weltnaturerbe. Bergwanderer und Kletterer kommen mit der Seilbahn „La Panoramio" und einem Sessellift auf 1600 Meter Höhe und haben hier eine Fülle an Möglichkeiten in bombastischer Kulisse.

Vom nördlichen Gardasee ist dieser 4,4 Kilometer lange Bergsee bequem als Tagesausflug erreichbar. Schon die Anfahrt über kurvenreiche Straßen schürt die Vorfreude. Direkt am Ortseingang, unmittelbar nach der Brücke über den schmalen Seitenarm Lago di Bior, befindet sich der Parkplatz Parcheggio Pozze mit direktem Seezugang. Die Parkgebühr ist grenzwertig. Kostenlos parkt man in der Nebensaison 150 Meter östlich der Brücke am Parcheggio Bior. Hier setzen wir unsere Boote ins Wasser. Zunächst paddeln wir rechts in Ufernähe mit Blick nach Süden, dann in gebührendem Abstand zu den Badegästen, die sich an einem breiten Kiesstrand des örtlichen Strandbades einem Sonnenbad hingeben. Nur wenige Besucher schwimmen im frischen See. Hoch über unseren Köpfen ragen die schroffen Felsgipfel der Brentaberge direkt in den Himmel.

Unser Weg führt weiter in südwestlicher Richtung am Ort Molveno und einem großflächigen Campingplatz vorbei, an dem auch Paddelboote und SUP-Boards vermietet werden. Im Herbst ziehen sich farbenfrohe Mischwälder bis in die Felsregion hinauf, die Ufer sind teilweise von senkrechten Wänden geprägt. In

Stimmungsvoller als hier kann ein Bergsee kaum sein.

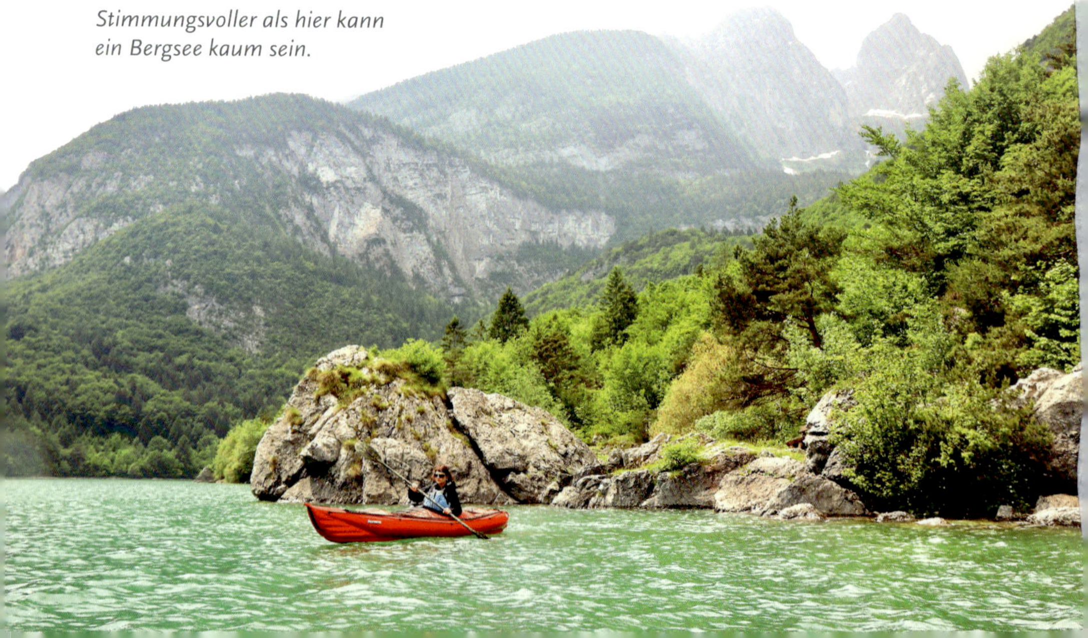

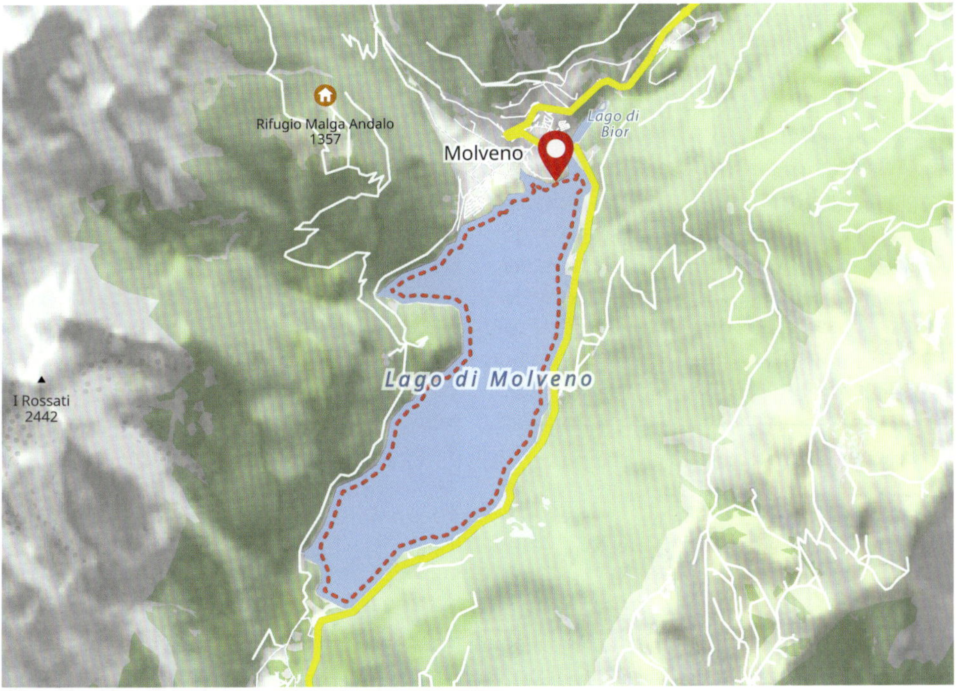

der hintersten Bucht bemerken wir eine Fußgängerbrücke und einen malerischen Wasserfall, der mit lautem Getöse in den See stürzt. Der Höhepunkt einer Tour auf dem Lago di Molveno. Später drehen wir noch eine weite Schleife auf dem tiefgrünen See, der vor etwa 3000 Jahren durch einen Erdrutsch entstand. In den 1950er Jahren wurde der See für den Bau eines Kraftwerks abgesenkt. Bei dieser Gelegenheit hat man prähistorische Hinterlassenschaften aus der Bronzezeit gefunden.

Nach gut drei Stunden Fahrt erreichen wir wieder den Ausgangspunkt unserer Seereise. Ein anschließender Besuch des Ortes mit seinen alpenländischen Hotels führt uns am Ende des Spaziergangs noch zur romanisch/gotischen Kapelle San Vigilio (XIII. Jh.) mit sehenswerten Fresken im Inneren und an der Außenfassade, die erst kürzlich restauriert wurden.

TOURINFOS

Charakter: Zahmwasser
Etappe: Seeumrundung: 10 km
Beste Zeit: Mai bis Oktober

Gefahren: Urplötzlich aufziehende Gewitter

Kanu/SUP-Vermietung: *www.campingmolveno.it/de/sport-am-strand-des-molveno-sees*

Kanu-Gewässer der näheren Umgebung: Sarca, Gardasee, Etsch

Auskunft: *www.visitdolomitipaganella.it*

Übernachten: *www.campingmolveno.it/de*

Sehenswertes: Kirche St.Vigilio (Fresken), Seilbahn Altopiano di Pradel

Alternativen: Bergwandern/Klettersteige/Kletterpark in der Brenta, Freibad Aquapark, Paragliding

Literatur/Karten:

- Reiseführer Oberitalienische Seen (Eberhard Fohrer), Michael Müller Verlag
- Merian Magazin Trentino – Italiens Naturschönheit
- Wanderführer Brenta (Franz Hauleitner), Bergverlag Rother
- Kompass Wanderkarte 73 Brentagruppe 1:50.000

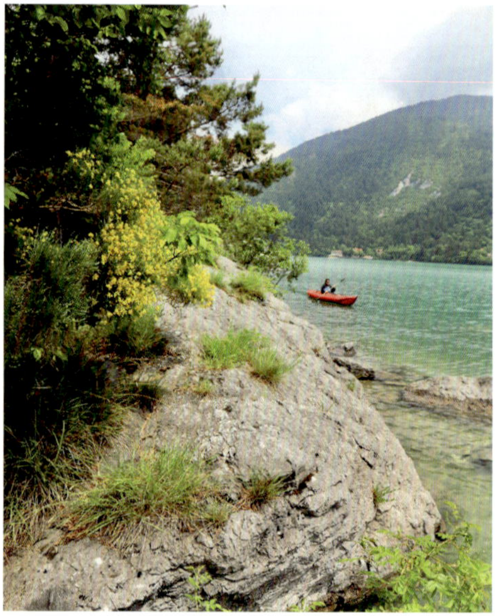

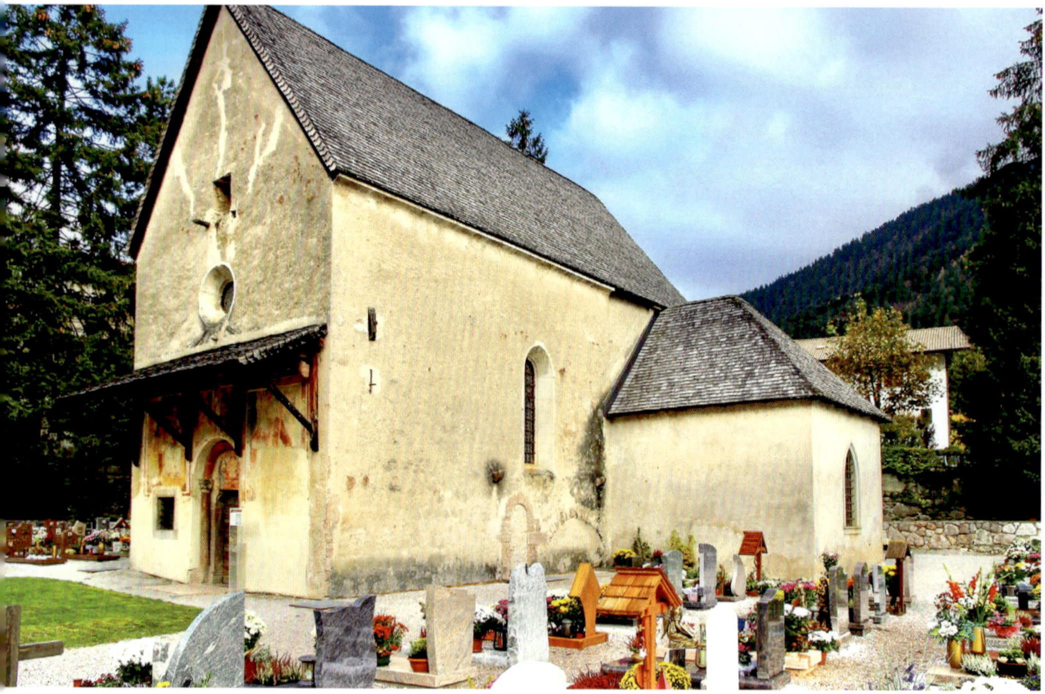

Kirche St.Vigilio in Molveno.

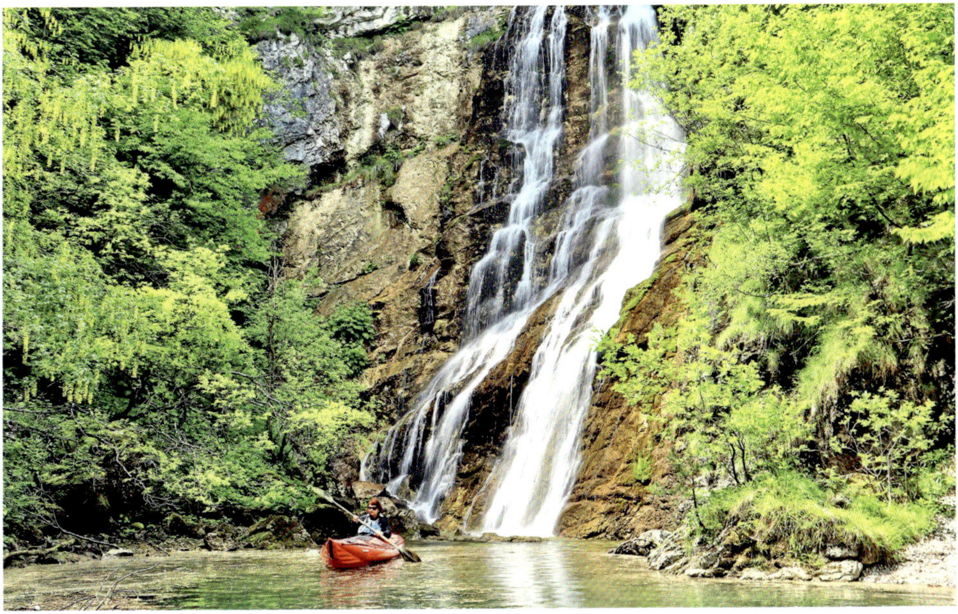

Der Wasserfall am Westufer ist der Höhepunkt unserer Tour.

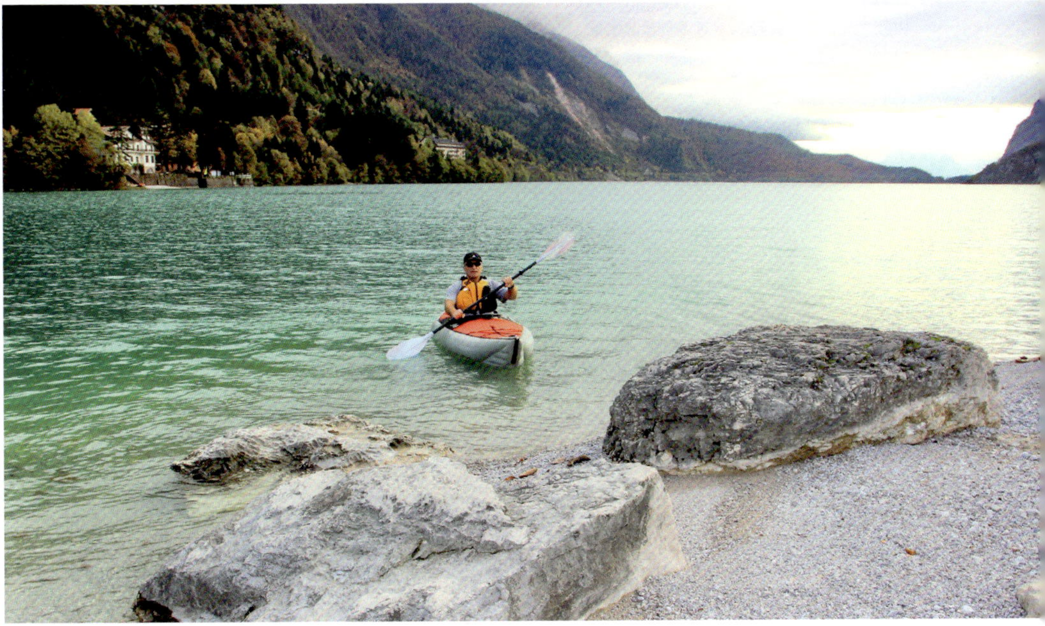

Startplatz und Endpunkt unserer Seerunde bei Molveno.

17-18 LAGO DI CALDONAZZO & LAGO DI LEVICO

ZWEI AUF EINEN STREICH

Der sechs Kilometer lange Lago di Caldonazzo liegt im Westen des Val Sugana und 15 Kilometer von Trient entfernt. In den Urlaubsplanungen deutscher Touristen spielt er meist keine Rolle. Somit hat der größte See, der komplett im Trentino liegt, einen gewissen Geheimtipp-Status. Besucher kommen zumeist am Wochenende aus dem nahen Trient hierher. Der etwas kleinere Lago di Levico ist nur durch einen Bergrücken vom Lago di Caldonazzo getrennt und nahezu komplett von grünem Mischwald umgeben. Wenige hundert Meter vom Südostufer entfernt liegt der Kur- und Badeort Levico Therme.

17 LAGO DI CALDONAZZO

Palmen wie am Gardasee wachsen hier auf 450 Metern Seehöhe so gut wie nicht. Der See ist vor allem bei italienischen Familien beliebt und ein Paradies für Wassersportler. Zahlreiche Regatten und Wettkämpfe werden hier ausgetragen. Die Region ist besonders wasserreich, und die umliegenden Gemeinden erhielten für ihre umweltfreundliche Politik den europäischen Preis „Blaue Flagge“. Wir kommen erst spät im Jahr an diesen Bergsee, der bereits von farbenprächtigen Mischwäldern umrahmt ist und an dem die Ferienzeit erkennbar beendet ist, obwohl das Wasser immer noch zum Schwimmen einlädt.

Im kleinen Weiler San Christoforo am Nordufer findet sich mühelos ein wassernaher Parkplatz in der Viale alle Darsene 20. Ein idealer Startplatz für eine Seeumrundung mit kurzem Zugang zum Einstieg. Unser Weg führt am stilleren Westufer mit einigen Campingplätzen entlang. Auf dieser Seite verläuft auch eine Bahnlinie und die wenig befahrene Strada Provinciale. Bald nach einer in den See ragenden Halbinsel bei Calceranica und weiteren Campingplätzen queren wir den See. Das fast un-

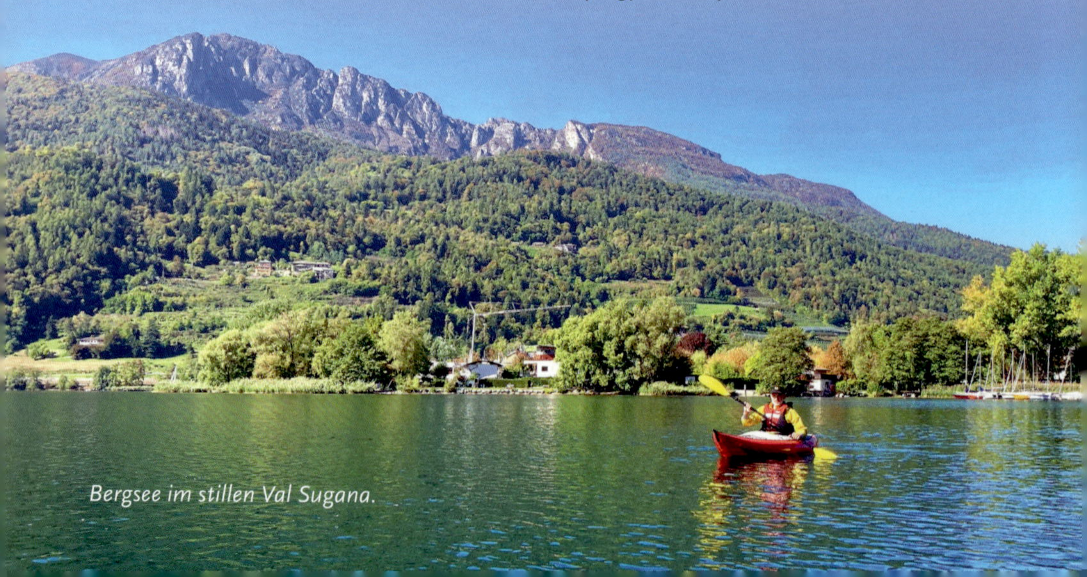

Bergsee im stillen Val Sugana.

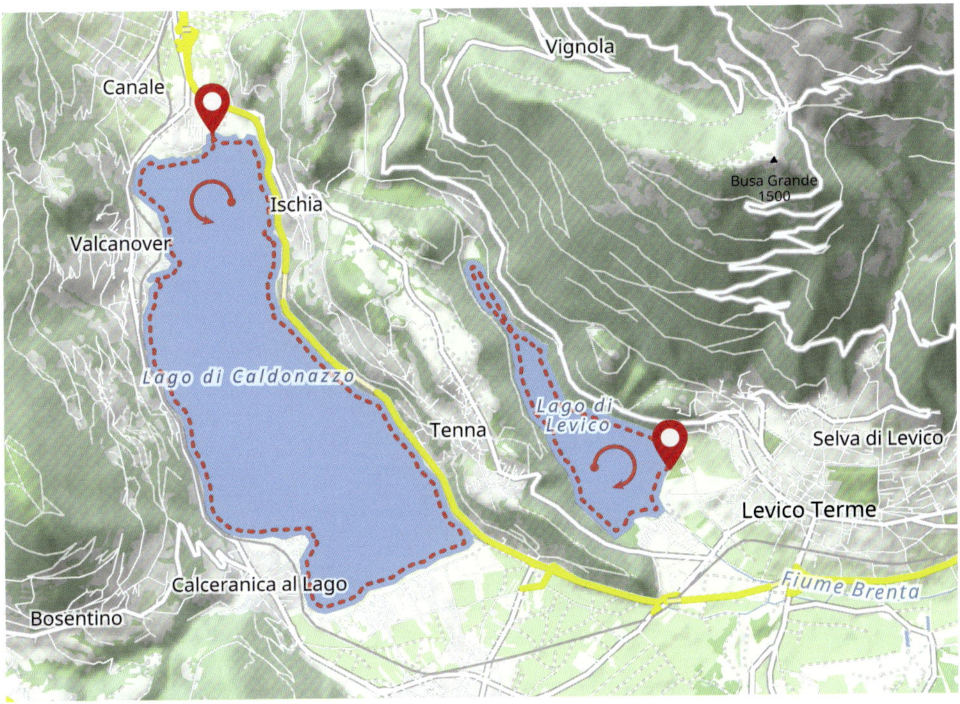

besiedelte Ostufer ist durch die Superstrada SS47 da-gegen etwas lauter. Aber unterwegs auf dem Wasser ist das kein Problem. Auf der SS47 verläuft der Fernverkehr zwischen Trient und Bassano di Grappa in Ufernähe, später in einem lichtdurchfluteten Tal.

Im äußersten Südosten verlässt der Fiume Brenta den See, der in der Folge entlang der Dolomiten-Südseite fließt und nach 163 Kilometern bei Chioggia in die Lagune von Venedig mündet. Wieder im Nordosten angelangt, passieren wir noch das Biotop Canneti di San Christoforo, an dem im Frühsommer Seerosen blühen und zahlreiche Wasservögel im Schilfgürtel nisten. Auf einem Baum entdecken wir mehrere Kormorane, die uns misstrauisch beobachten. Wenige Meter nach einer Reihe besonders origineller alter Bootshäuser beenden wir unsere überraschend reizvolle Runde.

18 LAGO DI LEVICO

Im extrem sauberen Wasser des Lago di Levico spiegeln sich im Herbst die bunten Mischwälder und Berge.

Abgesehen vom Parco Segantini und einem großen Campingplatz sind die Ufer völlig unverbaut. Gebührenpflichtige Parkplätze gibt es am Viale Lido bzw. in der Via Segantini. Die Farbe Grün bestimmt auch den ortsnahen Uferstreifen. Neben Spielplätzen und einem Badestrand findet man hier in der Saison auch einen Vermieter von SUP-Boards. Der drei Kilometer lange See mit seinen steil abfallenden Ufern kann mit dem Boot in weniger als zwei Stunden umrundet werden. Unterwegs entdeckt man Spaziergänger auf dem schattenspendenden Wanderweg, und der Blick

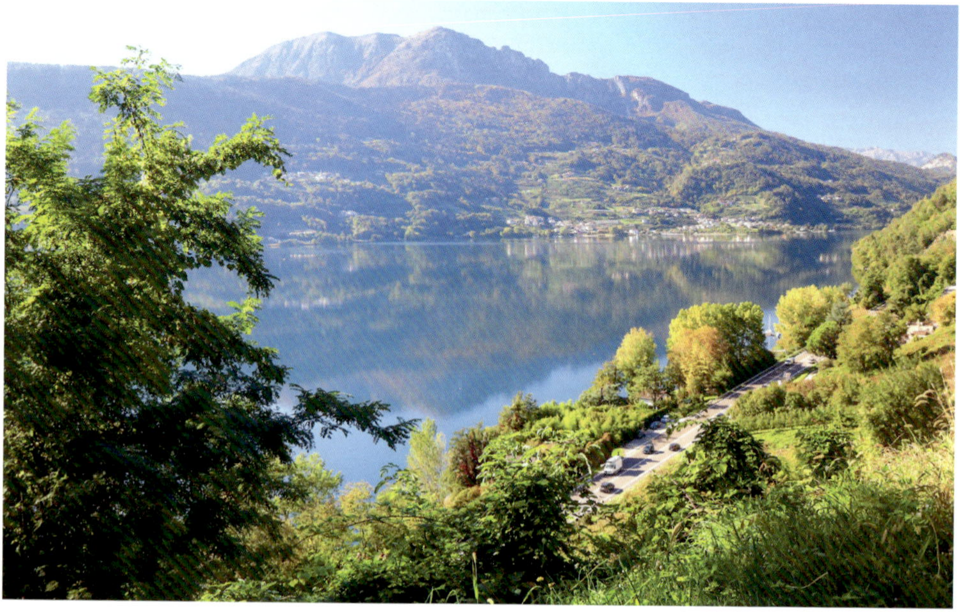

Ein windstiller Tag am größen See im schönen Trentino.

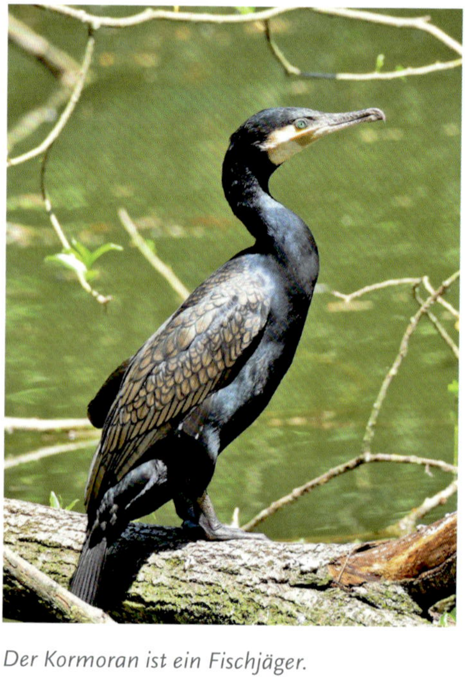

Der Kormoran ist ein Fischjäger.

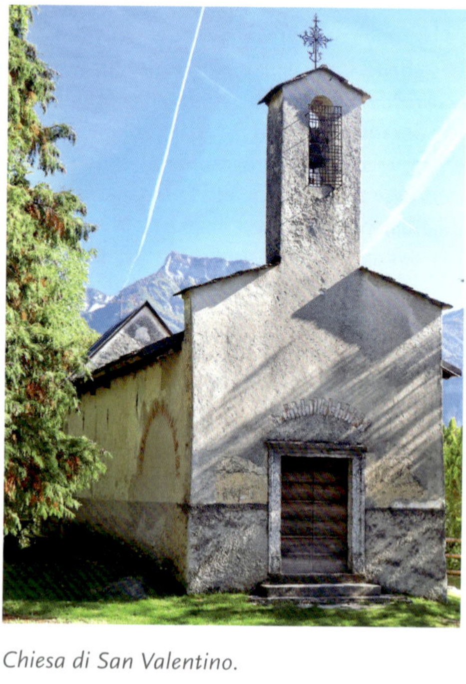

Chiesa di San Valentino.

fällt auf die Festung Forte Colle delle Benne nordwestlich von Levico Therme oder den Höhenrücken am gegenüberliegenden Ufer, auf dem ebenfalls ein Wanderweg verläuft, der am Kirchlein Chiesa di San Valentino und dem Bergdorf Tenna mit dem Forte die Tenna vorbeiführt. Die massiven militärischen Bauwerke gehörten zu einem österreichischen Festungsring, der sich am Ende eines unsinnigen Kriegs als völlig nutzlos erwies. Im nördlichsten Bereich ist der Lago di Levico nur noch knapp 200 Meter breit. Nach der stillen Kanu-Runde ist ein Bummel durch die 500 Meter lange Fußgängerzone der pittoresken Kurstadt Levico Therme mit ihren Wasserläufen ein abwechslungsreicher Kontrast.

TOURINFOS

Charakter: Zahmwasser
Etappen:
Tour 17 Seeumrundung: 11 km
Tour 18 Seeumrundung: 6,5 km
Beste Zeit: April bis Oktober

Gefahren: Sommergewitter

Naturschutz/Regeln: Während der Brutzeit Abstand zu den Schilfzonen halten. Sperrzone am Biotopo Canneti bei San Cristoforo.

Bootsvermietung/Kurse/Shop/Touren:
San Christoforo: *www.arche-tn.it*
Calceranico: *www.noleggioallebarche.it*
SUP-Vermietung: am Lido di Levico.

Kanu-Gewässer der näheren Umgebung: Etsch, Brenta (WW I-III, je nach Wasserstand).

Auskunft:
www.visitvalsugana.it/de/
www.caldonazzosee-info.de

Übernachten:
Pergine: *www.campingpuntaindiani.it/de/*
Calceranica al Lago: *www.penisolaverde.it* und *www.campingfleiola.it/it/*
Caldonazzo: *www.campingspiaggia.net/it/*
Tenno: *www.agritur16.it/it/home*
Levico Terme: *www.campinglevico.com* und *www.bellavistarelax.it*

Sehenswertes: Trento (Altstadt mit zahlreichen Sehenswürdigkeiten), Bergwerk Calceranico, Castel Pergine, Chiesa del Santissimo Redentore und die Festung Colle delle Benne in Levico Terme, Kunstpark Arte Sella bei Borgo Valsugana.

Alternativen: Radweg durch das Val Sugana, Wanderweg um den Lago di Levico, aussichtsreicher Rundweg um den Colle di Tenna, Thermen in Levico.

Literatur/Karten:
- Reiseführer „Val Sugana - Caldonazzosee und Levicosee“ (Robert Hüther), Verlag Zwischenräume
- Reiseführer „Oberitalienische Seen“ (Eberhard Fohrer), Michael Müller Verlag
- Kompass Wanderkarte Nr. 75 „Valsugana, Trento, Levico“ 1:50.000

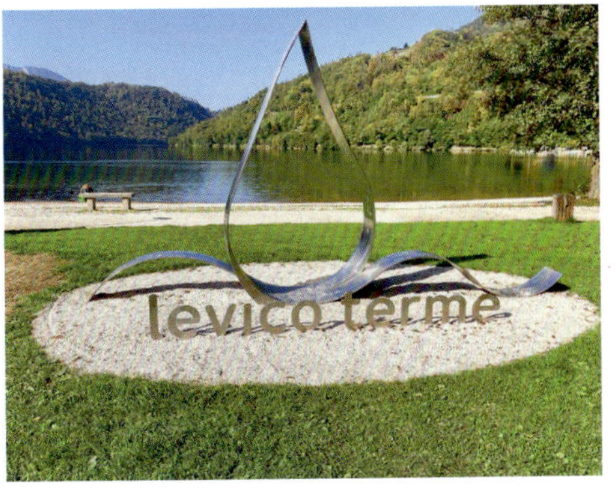

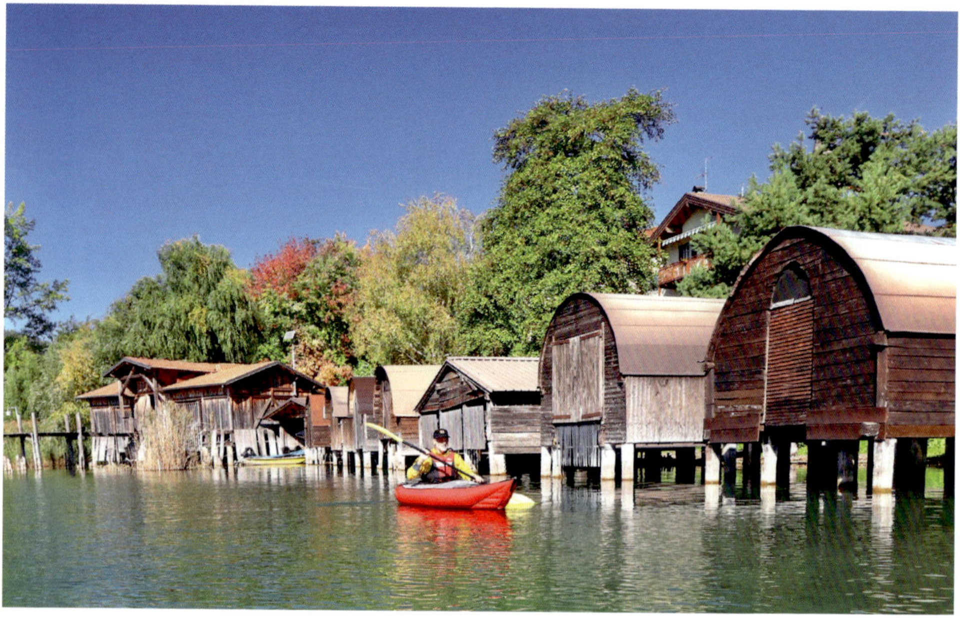

Bootshäuser bei San Christoforo.

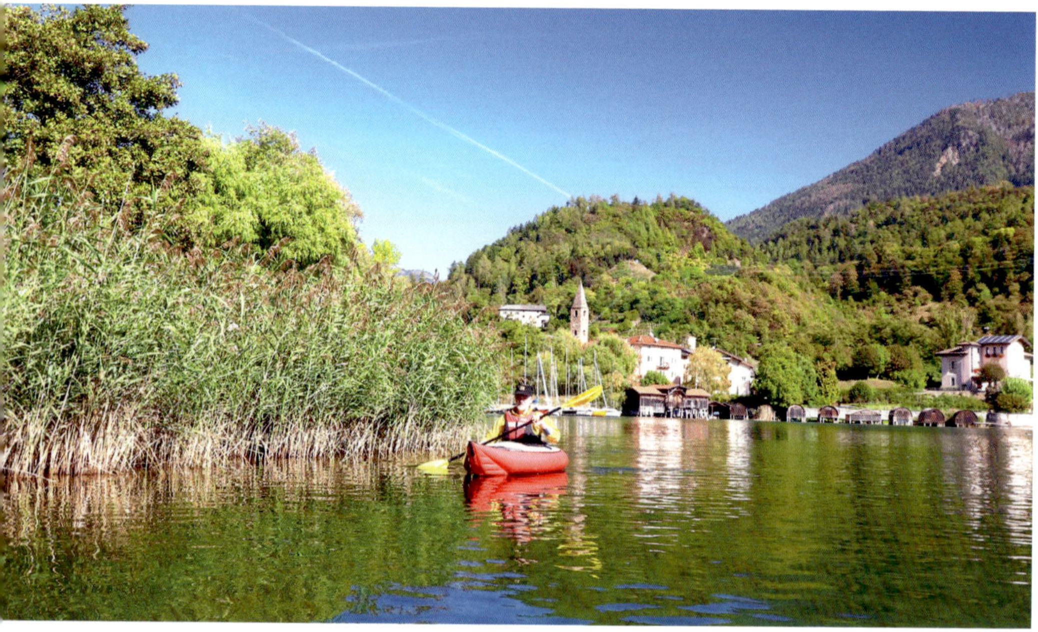

Herbstfahrt entlang dem Nordufer.

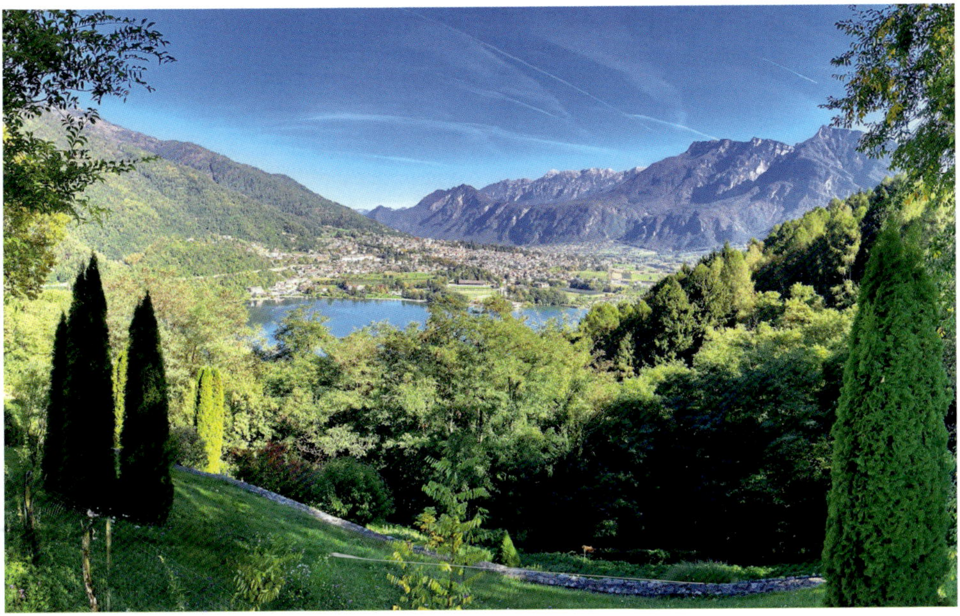

Panoramablick auf den abseits gelegenen Lago di Levico.

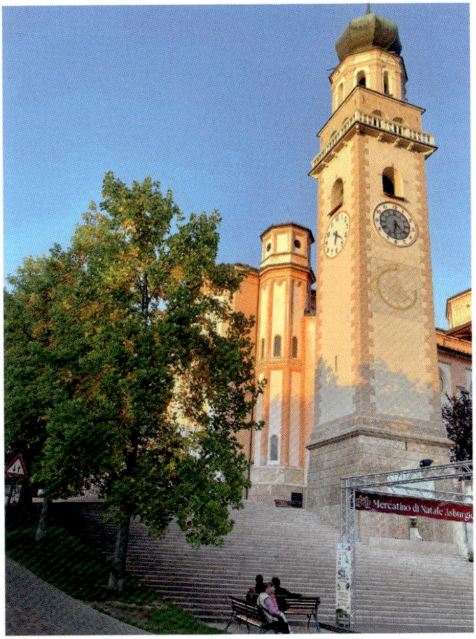

Kirche in Levico Terme.

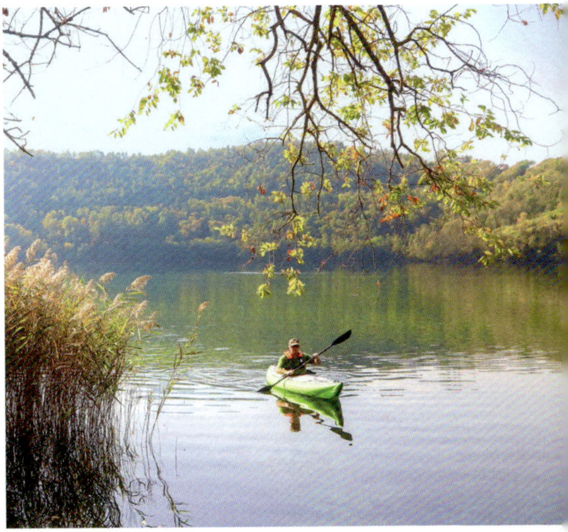

Einsame Seerunde am Lago di Levico.

19 LAGO DI GARDA
SEHNSUCHTSZIEL UND SPORTARENA

Der größte See Italiens ist eine der meist besuchten Urlaubsregionen überhaupt. Kein Wunder! Das Mittelmeerklima, die pittoresken Seeorte umgeben von über zweitausend Meter hohen Bergen, die mediterrane Küche und der Charme unserer südlichen Nachbarn sind überzeugende Gründe.

Der Gardasee ist aber auch eine Sportarena ersten Ranges. Wanderer, Kletterer, Biker, Canyonisten, Paraglider, Surfer und Segler – alle kommen hier auf ihre Kosten. Zunehmend erkennen auch Paddler die Vorzüge dieses Sees, der nicht nur Seekajakspezialisten tolle Möglichkeiten bietet. Der 370 qkm große „Lago" ist 51,6 Kilometer lang, im Norden etwa 4 Kilometer, im Süden über 17,2 Kilometer breit. Die Uferlänge beträgt 158 km. Sowohl von seiner Lage als auch bedingt durch die geringe Meereshöhe von 65 Metern bietet der See ein äußerst mildes Klima. Mehrfach wurde der Gardasee bereits zum beliebtesten Badesee Europas gewählt. Kanu-Fahrer können hier abwechslungsreiche Tagestouren unternehmen oder gleich den ganzen See umrunden. Unterwegs bieten sich zahlreiche Campingplätze oder wassernahe Unterkünfte an.

Wenn man die Fahrt ganz im Norden an der Sarcamündung beginnt, paddelt man in Richtung Westen zunächst an der ehemaligen K&K-Stadt Riva vorbei. Entlang steil abfallender Felsen erreicht man bald den markanten V-förmigen Einschnitt mit der Mündung des Ponalebachs. In einer Felsgrotte versteckt sich im Inneren ein rauschender Wasserfall. Ein zauberhafter Platz, auch Ziel einer kurzen Halbtagsfahrt, ausgehend von Torbole oder Riva. Weiter die Steilküste der Gardasena Occidentale entlang erreicht man nach rund 10 Kilometern Fahrt den beliebten Ferienort Limone, der an den Felswänden zu kleben scheint.

Die Zitronenhaine sind schon von Weitem erkennbar. Am südlichen Ortsende von Limone empfiehlt sich der beliebte Campingplatz

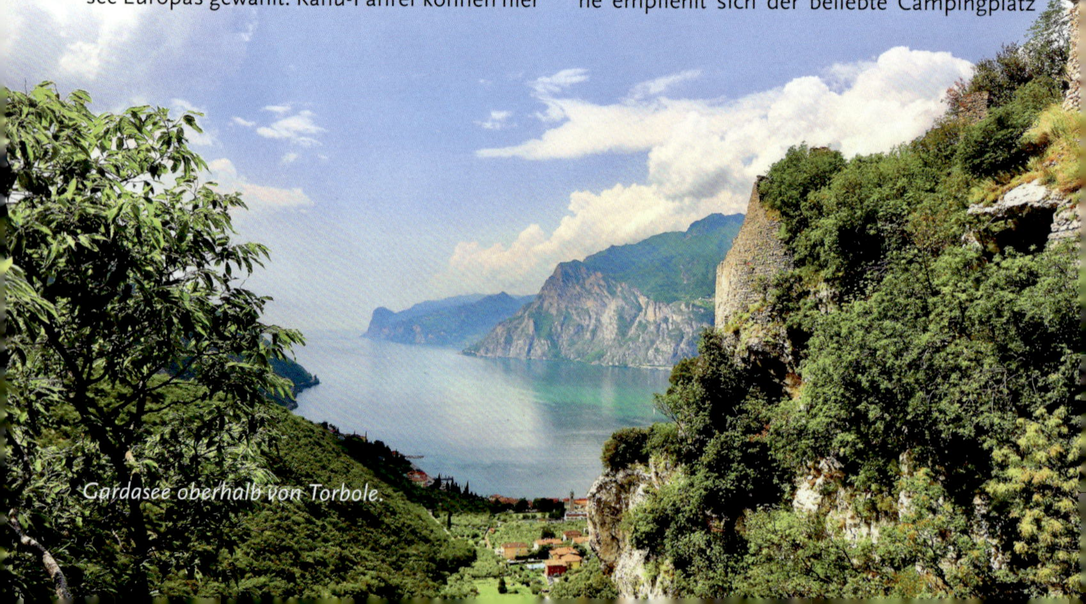

Gardasee oberhalb von Torbole.

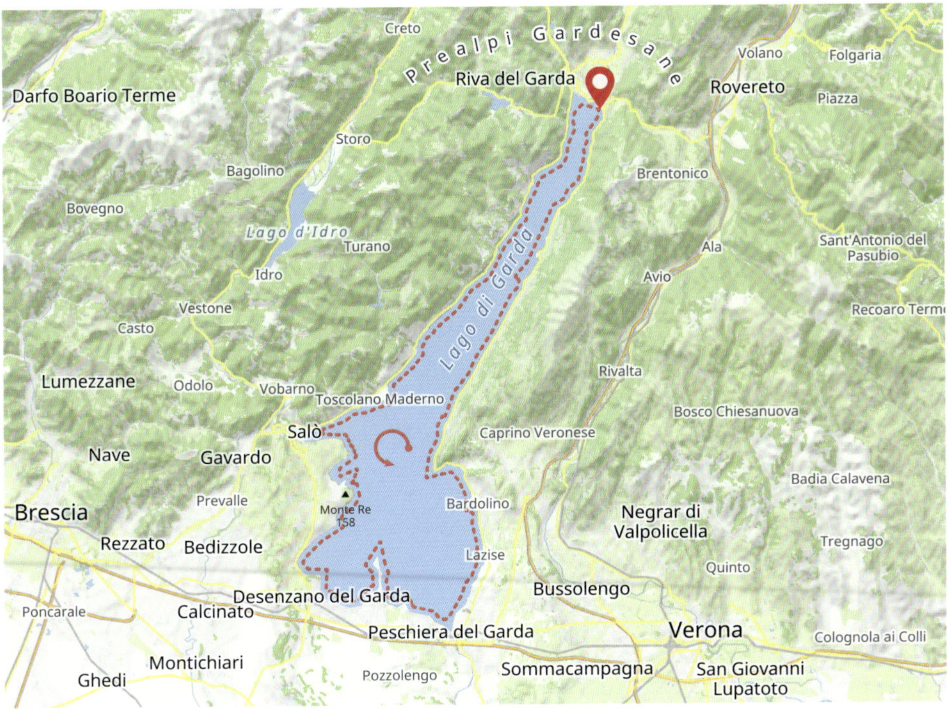

Nanzel zum Bleiben. Weiter geht es entlang an einer schroffen Steilküste, die begleitende Straße verläuft teilweise in Galerien oder Tunnels. Es gibt wenig Schutz und Anlegemöglichkeiten bei plötzlich aufziehenden Unwettern und Sturm. Man sollte daher schon vor dem Start die Wetterlage checken. Am besten paddelt man diese Strecke am späten Vormittag. Oberhalb der Steilküste befindet sich die Tremosine-Hochebene mit dem angrenzenden Parco Regionale dell'Alto Garda Bresciano. Campione ist die nächste markante Anlegestation. Der kleine Ort liegt auf dem Schwemmkegel des San Michele-Canyons und ist Ausgangs-punkt mehrerer Wanderungen. Vorbei am Gipfel des markanten Monte Castello geht es südwärts über Tignale und weiter nach Gargnano, einem prächtigen Ort mit hübschem Hafen. Die Steilküste hat man nun

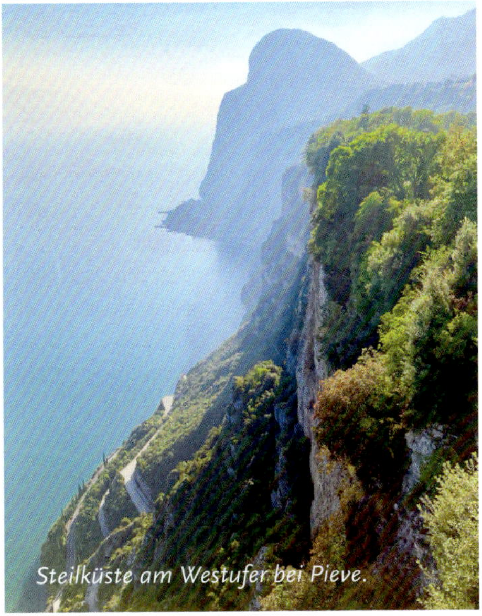

Steilküste am Westufer bei Pieve.

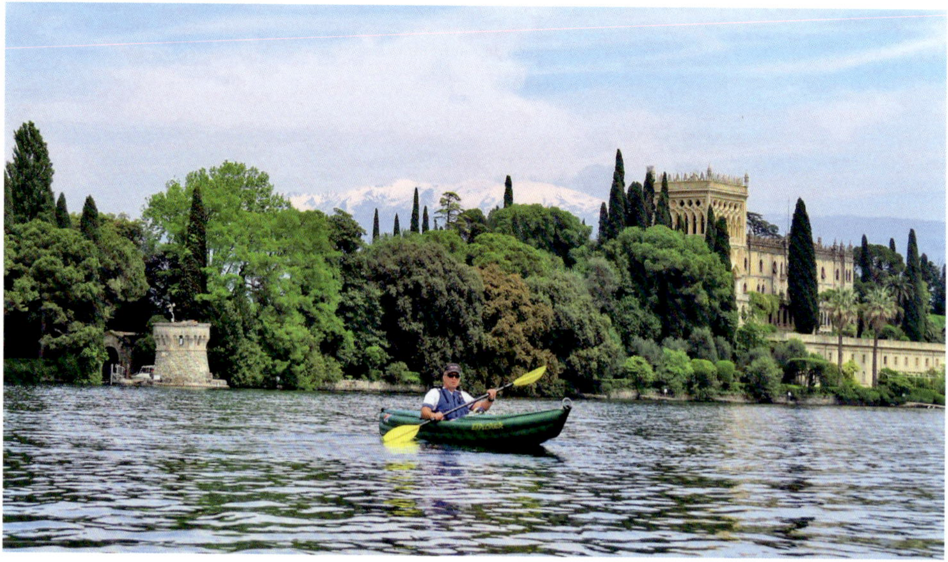

Isola del Garda mit einem prächtigen Schloss.

hinter sich, die Landschaft wird lieblicher. Die kräftigen Winde auf dem ersten Teilstück spielen ab hier eine deutlich geringere Rolle. Auf dem Weiterweg passiert man den weitläufigen Ort Toscolano-Maderno und Gardone Riviera. Der einstige Nobel-Urlaubsort der Belle Epoque ist für den botanischen Garten des Wiener Künstlers Andre Heller bekannt.

Dann folgt die ausgeprägte Bucht mit dem Hauptort Salò, den wir im Rahmen der Seeumrundung aber auslassen, zumal es in Salò auch keinen Campingplatz gibt. Hier einen Zusatztag zu verbringen, ist jedoch durchaus lohnend. Stattdessen steuern wir ab Gardone die Halbinsel mit dem Capo San Fermo und der nur wenige hundert Meter vorgelagerten Isola del Garda direkt an. Auf der Privatinsel mit dem prächtigen neugotisch-venezianischen Schloss darf man allerdings nicht anlanden. Eine Besichtigung ist nur im Rahmen einer gebuchten Tour möglich und sehr zu empfehlen. Der Weiterweg führt nun im weiten Bogen um die Halbinsel von Manerba mit dem markanten Felsen Rocca di Manerba. Etwas südlich davon bieten sich zwei Campingplätze bei Manerba zum Übernachten an. Von hier aus ist es bei sicheren Verhältnissen kein Problem, die nördliche Spitze der Landzunge von Sirmione direkt anzusteuern. Die Bucht mit der großen Stadt Desenzano lassen wir aus. Vorsicht ist geboten, da das Kap an der Nordspitze von Sirmione von überspülten Kalkplatten umringt ist. Die Altstadt von Sirmione mit einer mächtigen Wasserburg und den Grotten des Catull ist ein absoluter Höhepunkt.

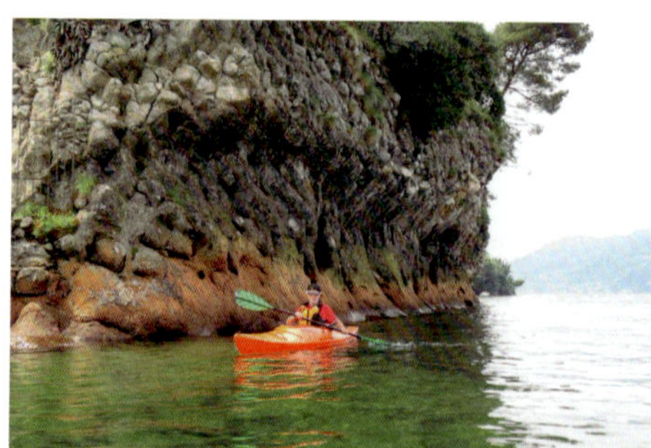

Am Strand Lido delle Bionde auf der Ostseite der Halbinsel kann man problemlos anlanden und die Boote für den Rundgang deponieren. Entlang am Südufer mit dem Weingebiet Lugana geht es über den hier sehr breiten See nach Peschiera. Diese Stadt am Ausfluss des Mincio besitzt eine imposante Befestigungsanlage, die von den Österreichern erbaut wurde. Ein besonderes Erlebnis ist es, zwischen den hohen Mauern um den Altstadtkern zu paddeln. Campingplätze befinden sich außerhalb des Ortes.

Ab Peschiera geht es wieder nordwärts entlang flacher Ufer und zahlreicher Campingplätze. Erst Lazise mit seinem pittoresken Hafen lohnt wieder einen ausgiebigen Besuch (Campingplätze am Ortsrand). Cisano und der Weinort Bardolino sind weitere Stationen entlang weitläufiger Badestrände.

Garda zu Füßen der Rocca Veccia besitzt einen schönen Hafen. Weitere felsige Hügel treten wieder an den See heran. Bald erreicht man die Punta San Vigilio, einen malerischen kleinen Hafen, und gleich dahinter lockt die beliebte Badebucht Baia delle Sirene. Ab hier hat man einen fantastischen Blick auf die hohen Berge im nördlichen Teil des Sees, der bei guter Sicht bis zu den Dreitausendern der Brenta reicht.

Torri del Benaco ist der nächste größere Ort auf dem Weiterweg, eine ehemals langobardische Festungsstadt. Rechterhand liefert der Höhenzug des Monte Baldo-Hauptkamms Bergsichten, eine stark befahrene Straße begleitet das Ufer auf dem Weg nach Malcésine. Zunächst liegt jedoch noch die Streugemeinde Brenzone auf dem Weg, und dann passieren wir in kurzen Abständen drei vorgelagerte Inselchen. Die erste davon, die Isola Trimelone, wurde nach dem 2.Weltkrieg als Depot für Sprengstoff genutzt!

Malcesine ist durch seine tolle Lage sehr vom Tourismus geprägt. Besonders augenfällig ist

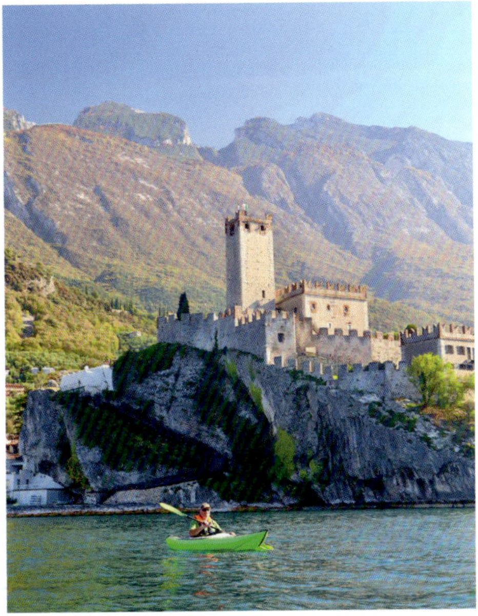

Kastell in Malcesine mit Monte Baldo.

das Skaligerkastell aus dem 6.Jh. Wenige Meter dahinter besteht eine gute Möglichkeit für den Landgang. Eine Fahrt mit der Seilbahn auf den Monte Bald, verbunden mit einer kurzen Höhenwanderung mit Panoramablick, bietet sich als willkommene Abwechslung zur Paddeltour an. Vorbei an einigen Campingplätzen geht es nun auf eine sehr windreiche Schlussetappe. In der Regel ist der Wind am Morgen und ab Nachmittag besonders stark. Dies sollte man insbesondere im Bereich der Steilufer zwischen Navene und Torbole berücksichtigen. Es gibt nur wenige Anlegemöglichkeiten, z. B. in der kleinen Badebucht unterhalb der Kletterfelsen Punta Corna di Bo.

In Torbole dreht sich alles um den Surfsport und es ist beeindruckend, mit welcher Geschwindigkeit viele Akteure hier vor allem am Nachmittag über die Wellen fliegen. Vorbei an einem kleinen Hafen und einem breiten Strand erreicht man den Ausgangspunkt der Rundtour wenige Meter nach der Sarcamündung.

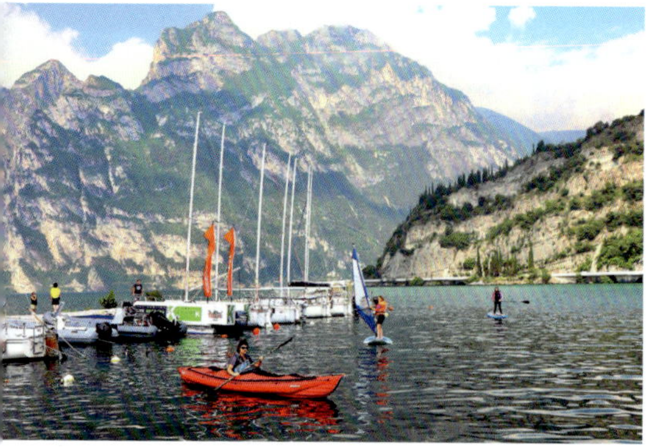

Hafen Surf Segnana.

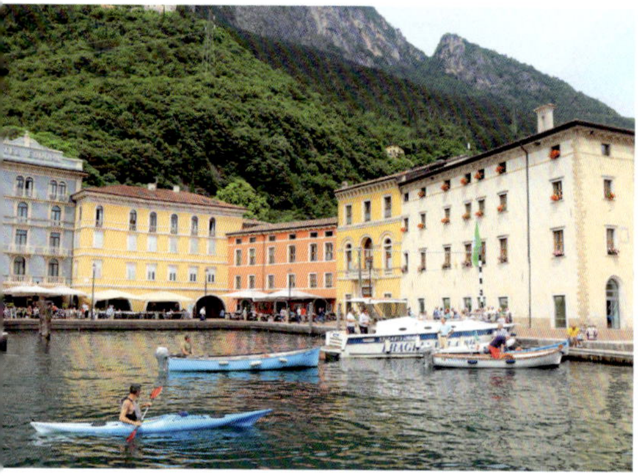

Altstadthafen Riva.

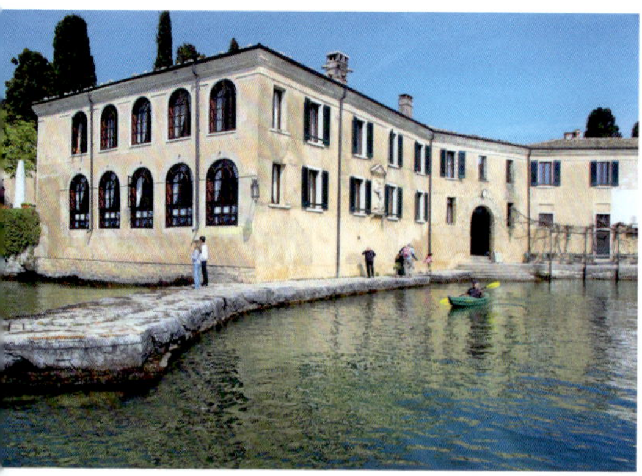

Punta San Vigilio.

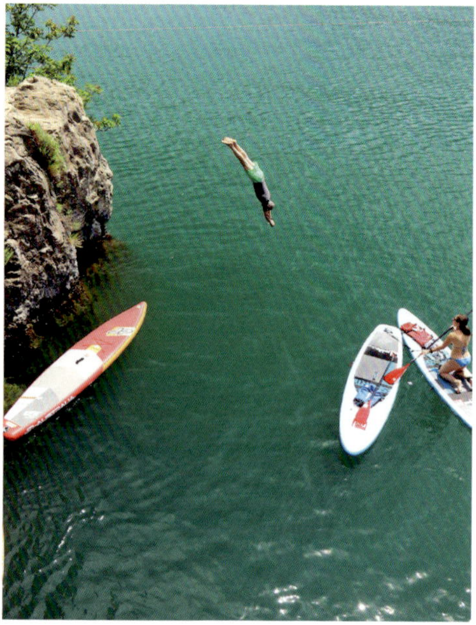

Kleine Erfrischung.

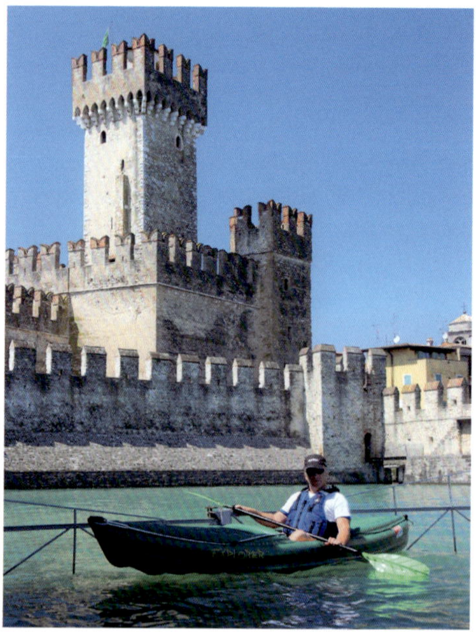

Skaligerkastell in Sirmione.

TOURINFOS

Charakter: Zahmwasser
Etappen:
Torbole – Limone: 12 km
Limone – Toscolano-Maderna: 20 km
Toscolano Maderno – Manerba: 20 km
Manerba – Sirmione – Peschiera: 28 km
Peschiera – Bardolino: 17 km
Bardolino – Brenzone: 20 km
Brenzon – Malcésine: 16 km
Malcésine – Torbole: 10 km
Beste Zeit: April bis Oktober

Gefahren: Schifffahrt, Hitzegewitter, Windsituation (im Nordteil des Sees weht der Wind Pelér oder Vento in Richtung Süden am Vormittag, ab 13 Uhr mit zunehmender Intensität die Ora bis Sonnenuntergang Richtung Norden).

Kajakvermietung:
(in der Regel keine Vermietung für Mehrtagestouren)
Torbole: *www.surfsegnana.it*
Riva: *www.sailingdulac.com/de/surf-segelsport-und-urlaub-am-gardasee*
www.gardatrentino.it/de/infos/canoa-club-canottieri-riva_3777 (Kurse)
Malcesine: *www.wwwind.com/de*
Bardolino: *www.experience.europlan.it/de/tour/canoa-experience-soft* (geführte Touren)

Kanu-Gewässer der näheren Umgebung:
Etsch, Mincio, Lago di Ledro, Lago di Idro, Lago di Molveno, Lago Cavédine

Auskunft: *www.visitgarda.com/de/gardasee*

Übernachten:
Torbole: *www.campingmaroadi.it/de*
Limone: *www.campingnanzel.it*
Toscolano-Maderno: *www.campinglefa.it/it*
Manerba: *www.sivinoscampingboutique.com*
Peschiera: *www.campingbutterfly.it*
Bardolino: *www.campeggiobardolino.it*
Brenzone: *www.campingbaldo.it*
Malcésine: *www.campingtonini.com/de*

Sehenswertes: Riva, Limone, Sirmione, Peschiera, Lazise, Bardolino, Garda, Torri del Benaco, Malcésine, Torbole (alle Orte mit zahlreichen Sehenswürdigkeiten).

Alternativen: Wanderungen, MTB-Touren, Klettern & Klettersteige, Canyoning

Literatur/Karten:
- „Outdoor Kompass Gardasee" (Alfons Zaunhuber), Thomas Kettler Verlag
- Reiseführer „Gardasee" (Eberhard Fohrer), Michael Müller Verlag
- „Wild Swimming Italien" (Michele Tameni), Haffmans & Tolkemitt
- Merian „Gardasee"
- Bildband „Gardasee-Natur und kulturhistorische Ausflüge" (Lothar Mayer), Michael Imhof Verlag
- Roman „Das Buch vom Süden" (André Heller), DTV Verlag
- Kompass Karte Nr 697 „Gardasee&Umgebung" 3-teilig 1:35.000

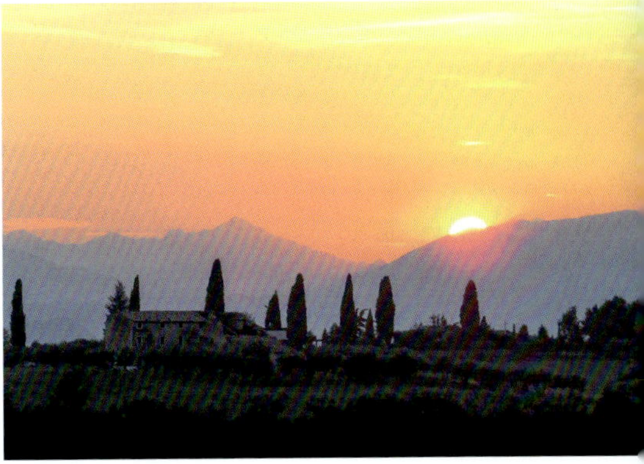

20 LAGO DI LEDRO
WIEGE DES KANUSPORTS IN ITALIEN

Der von hohen Bergen und dichten Wäldern umgebene Bergsee ist eine interessante Alternative zum stark frequentierten Gardasee und über eine gut ausgebaute Straße von Riva schnell zu erreichen. Besonders in den Sommermonaten ist es hier bedingt durch die Höhenlage deutlich kühler, und der Besucherandrang hält sich meist in Grenzen.

Der malerische Alpensee kann sowohl zu Fuß als auch mit dem Rad umrundet werden. Für Wasserratten ist jedoch eine Paddeltour mit Badepausen deutlich interessanter. Schon beim Einstieg am Badeplatz in Molina an einem gebührenpflichtigen Parkplatz begeistert die tolle Bergkulisse, die man möglicherweise bereits von einer Radtour zum Tremalzopass oder von einer Klettersteigtour im Umfeld der Cima Rocca kennt. Wenn man links herum im Uhrzeigersinn paddelt, erreicht man bereits nach wenigen Metern die vom Wasser aus sichtbaren Pfahlbauten, die Hauptattraktion am Lago di Ledro. Diese Siedlung wurde etwa von 2000 bis 1200 v. Chr. errichtet und im Jahre 1929 im Zuge einer Absenkung des Wasserspiegels entdeckt. Über 10.000 Pfähle und zahllose historische Fundstücke hat man im Torf geborgen. Die heutigen Hütten sind Nachbauten, die den Pfahlbauten am Bodensee ähnlich sind. Neben Knochenresten, Werkzeugen, Waffen, Schmuck und Haushaltsgerätschaften wurde auch ein Kanu gefunden, das aus einem einzigen Baumstamm gefertigt wurde. Der Lago di Ledro war somit schon in prähistorischer Zeit eine Wiege des Kanusports in Italien. Im Juni 2011 wurde das »Museo delle Palafitte“ in die Liste des UNESCO-Weltkulturerbes aufgenommen. Westwärts führt unsere Tour an waldreichen Ufern an den Orten Pur und Val Maria entlang. Hier

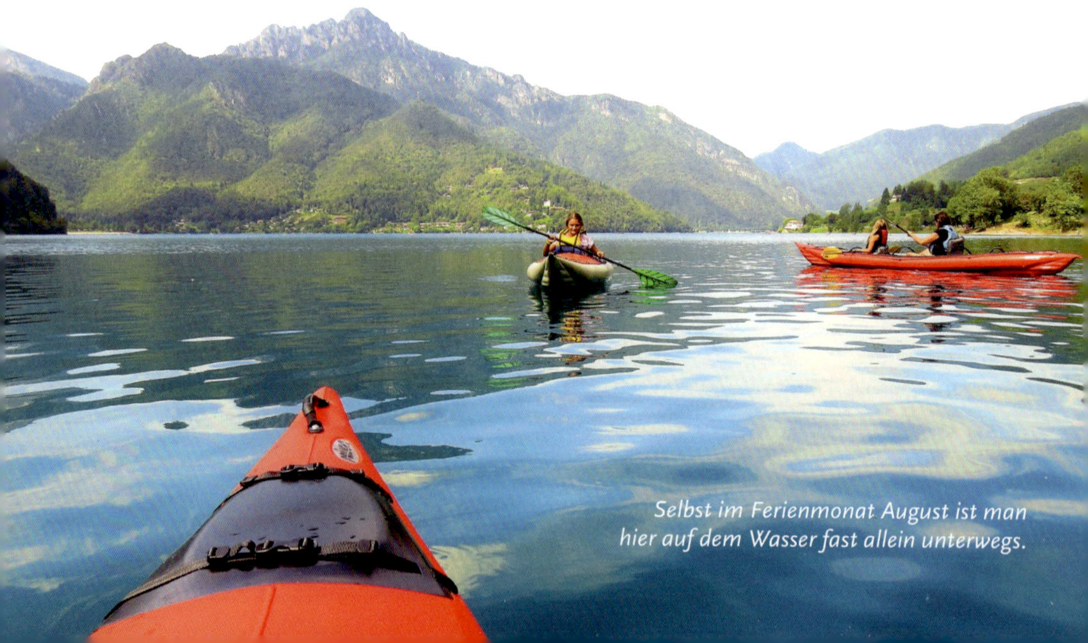

Selbst im Ferienmonat August ist man hier auf dem Wasser fast allein unterwegs.

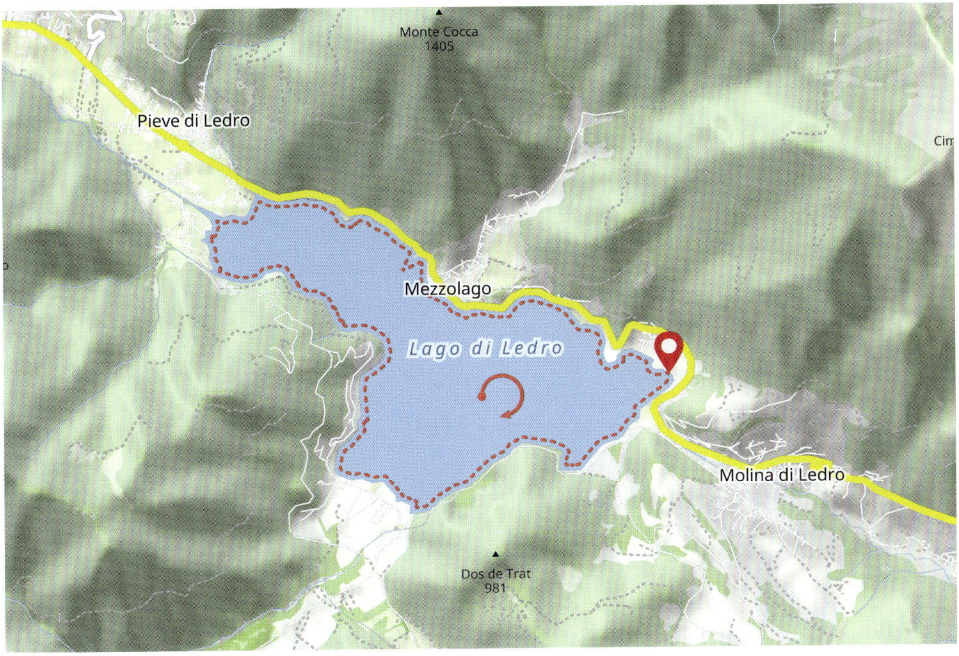

sind verschiedene Angler- und Ruderboote an Stegen geparkt. Bald erreichen wir zwei Campingplätze in Pieve di Ledro am nordwestlichen Seeende. Im Anschluss lädt ein gepflegter Kiesstrand „Spiaggia di Ledro" zum Baden ein, außerdem gibt es Kinderspielplätze, Picknicktische und mehrere Restaurants. Besonders beliebt ist die Pizzeria des Hotels Sport im abseits gelegenen
Ortszentrum. Hier kann man dem Pizzabäcker bei seiner Arbeit zusehen. Der Weiterweg am nordöstlichen Seeufer, das im Gegensatz zum ersten Teil der See-Rundfahrt von der wenig befahrenen Straße SS240 begleitet wird, ist nicht nur wegen der guten Sicht auf die Berge reizvoll. Der große Campingplatz „Al Sole" folgt gegen Ende der Runde. Schließlich lockt die große Badewiese von Molina zum Schwimmen und Chillen. Ein Minimarkt sowie eine nahegelegene Bar bieten Getränke und Snacks an.

TOURINFOS

Charakter: Zahmwasser
Etappen: Seeumrundung: 10 km
Beste Zeit: April bis Oktober

Gefahren: Hitzegewitter, böige Winde

Kanu- und SUP-Vermietung: *www.camping-al-lago.it/de/p/bike-canoe-sup-rental-18*

Kanu-Gewässer der näheren Umgebung: Gardasee, Lago di Idro

Auskunft: *www.valledileledroi.com*

Übernachten:
Molina: *www.campingalsole.it*
Pieve di Ledro: *www.camping-al-lago.it/de*
und *www.campingazzurro.net/de*

Sehenswertes: Pfahlbausiedlung und Parco Botanico in Molina, NSG Lago d'Ampola, Museo Garibaldino in Bezzecca.

Alternativen: Seerundweg, MTB-Touren am Tremalzopass, Klettersteige Susatti & Foletti, Canyoning Torrente Ponale und Palvico, Badegumpen Cascata Forte Ampola, Wanderung zum Wasserfall Borg d'Abiss.

Literatur/Karten:

- Outdoor Kompass Gardasee (Alfons Zaunhuber), Thomas Kettler Verlag
- Reisführer Gardasee (Eberhard Fohrer), Michael Müller Verlag
- Reiseführer „Ledrosee&Gardasee Nord" (Robert Hüther), Verlag Zwischenräume
- Wanderführer „Gardaseeberge" (Heinrich Bauregger), Bergverlag Rother
- Kompass Karte Nr 697 Gardasee & Umgebung 3-teilig 1:35.000

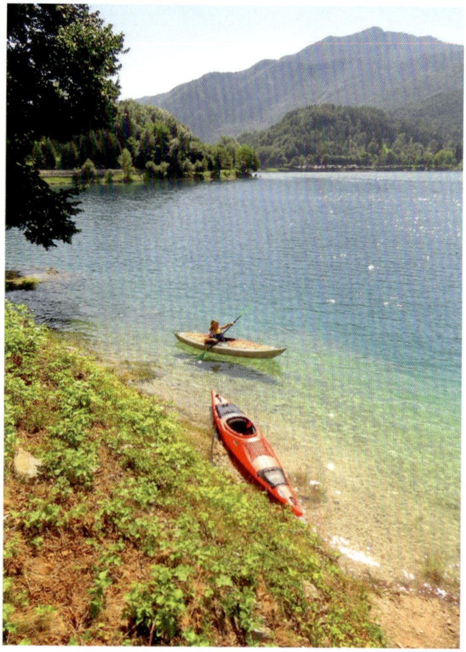

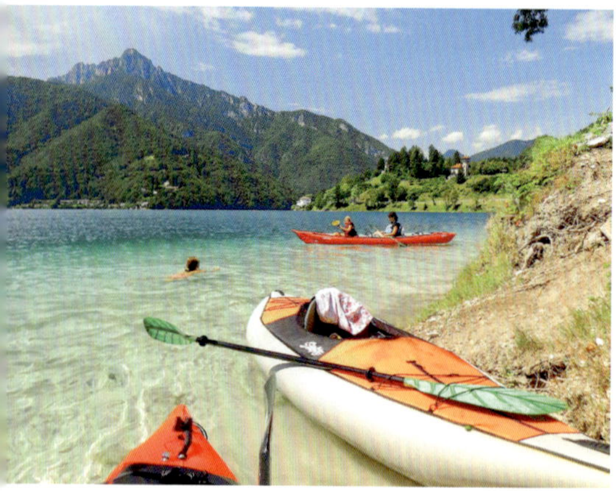

Erfrischende Badepause.

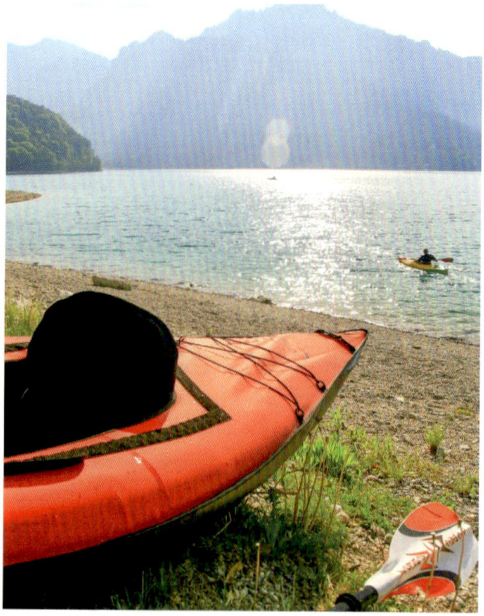

Impressionen einer sommerlichen Paddeltour.

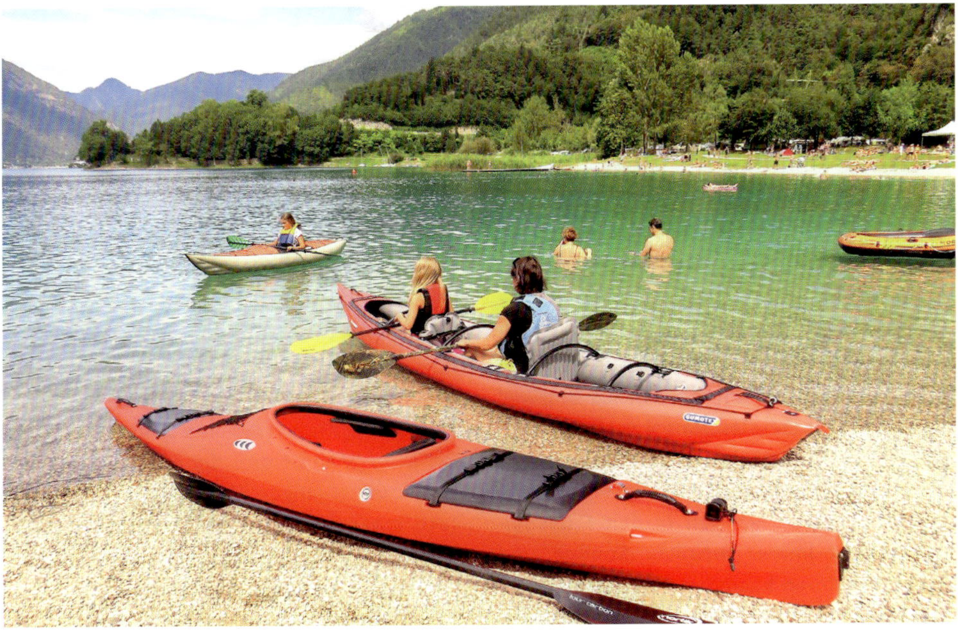

Startpunkt am Badeplatz bei Molina.

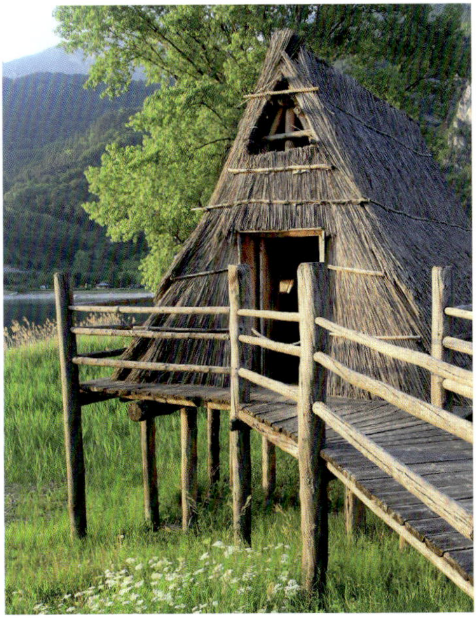

Pfahlbausiedlung.

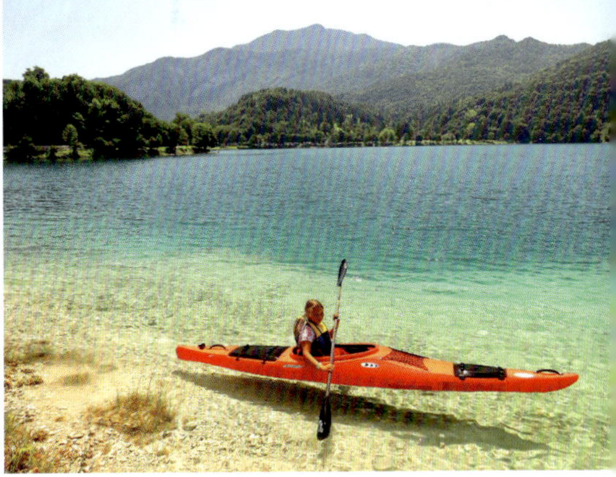

Auf dem glasklarem Wasser scheinen die Boote zu schweben.

21 ETSCH

DURCH DIE GESCHICHTSTRÄCHTIGE FELSENGE VERONESER KLAUSE

Entlang der Etsch führten zu allen Zeiten bedeutende Handelswege. Heute begleitet die Autobahn A22 zwischen Bozen und Verona kurzzeitig den Fluss. Die Kanu-Strecke unterhalb von Rivalta Veronese bis in die Felsenge Veroneser Klause ist der landschaftlich schönste Abschnitt des viertlängsten Flusses in Italien. Nachdem am Wehr in Ala sehr viel Wasser in einen Bewässerungskanal abgeleitet wird, ist die Wasserführung bis Verona in Trockenzeiten kritisch, aber nach normalen Winterniederschlägen bis weit in den Frühsommer nahezu immer möglich. Straßen und Eisenbahn stören kaum, und ein begleitender Radweg bietet sich zur Rückholung des Fahrzeugs an. Mehrere geschichtsträchtige Orte und Städte liegen an den Ufern des viertlängsten Flusses in Italien.

In Bozen nimmt die Etsch den Wildfluss Eisack auf und fließt fortan südwärts Richtung Verona. Bis Trient ist eine Fahrt auf dem eingedämmten Fluss nur bedingt zu empfehlen. Wasserableitungen gibt es hier aber nicht. Die schmucke Altstadt von Trient, vor allem rund um den großzügigen Domplatz, lohnt einen Besuch. Auf dem Weiterweg behindern zwei große Kraftwerke eine ungetrübte Fahrt. Bei Mori befindet sich der Einlassstollen des 10 Kilometer langen Etsch-Gardasee-Tunnels, 1959 erbaut, über den bei extremen Niederschlägen Überschusswasser in den Gardasee eingespeist werden kann, um die Stadt Verona zu schützen. Am Wehr in Ala wird dem Fluss sehr viel Wasser entzogen. Bei ausreichender Wasserführung ist die Etsch ab Borghetto sull'Adige wieder interessant. Gefährlich ist allerdings eine sehr verblockte Sohlschwelle mit scharfkantigen Steinen direkt unterhalb

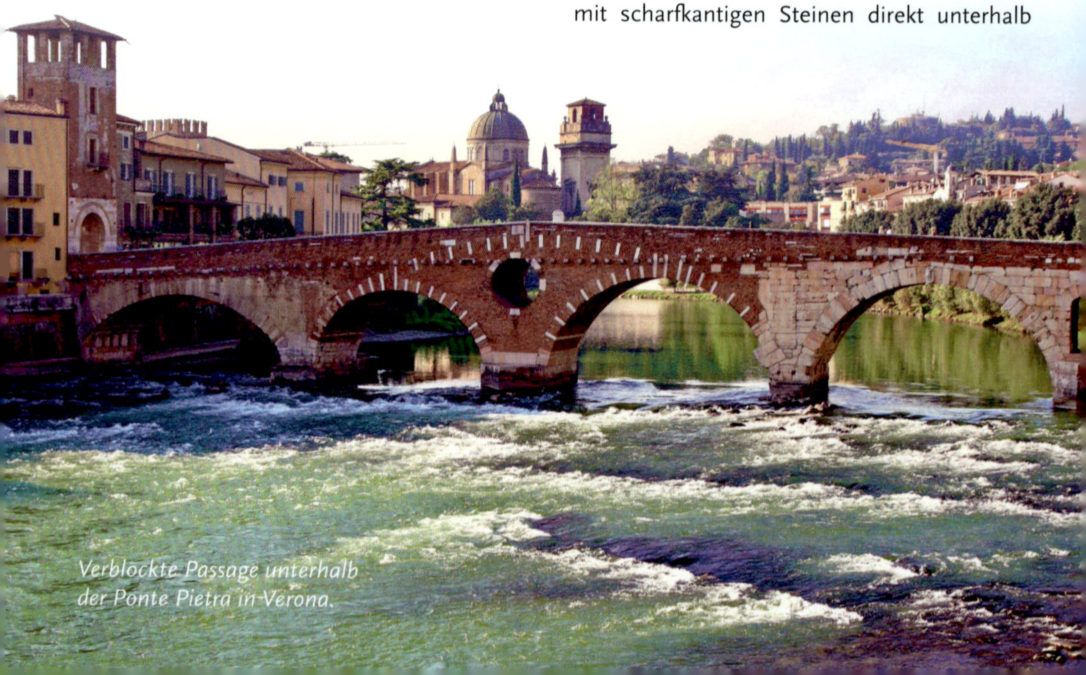

Verblockte Passage unterhalb der Ponte Pietra in Verona.

der Straßenbrücke von Rivalta. Diese Stelle ist wegen steiler Ufer insbesondere bei starker Strömung nur mühsam zu umtragen.

Wer eine ungetrübte Tagestour bevorzugt, beginnt die Fahrt daher direkt unterhalb dieser Gefahrenstelle am linken Ufer. In der Folge windet sich die Etsch durch ein immer reizvolles Tal, ohne dass ein Wehr diese Strecke behindert. Erst bei Sega, unterhalb von Gaium, gibt es wieder eine Brücke über die Etsch. Kiesflächen und Flussinseln sorgen für ein naturnahes Ambiente. Rechterhand, oberhalb der Steilfelsen des Monte Baldo-Massivs, in Höhe von Brentino, kann man das Felsenkloster Madonna della Corona in kühner Lage erkennen. Weitere Burgen und Burgruinen flankieren den Fluss durch das geschichtsträchtige Nadelöhr. Besonders erwähnenswert ist das Forte Rivoli auf der rechten Seite mit einem interessanten Kriegsmuseum und bester Sicht auf die Eingangspforte der nun folgenden Durchbruchstrecke.

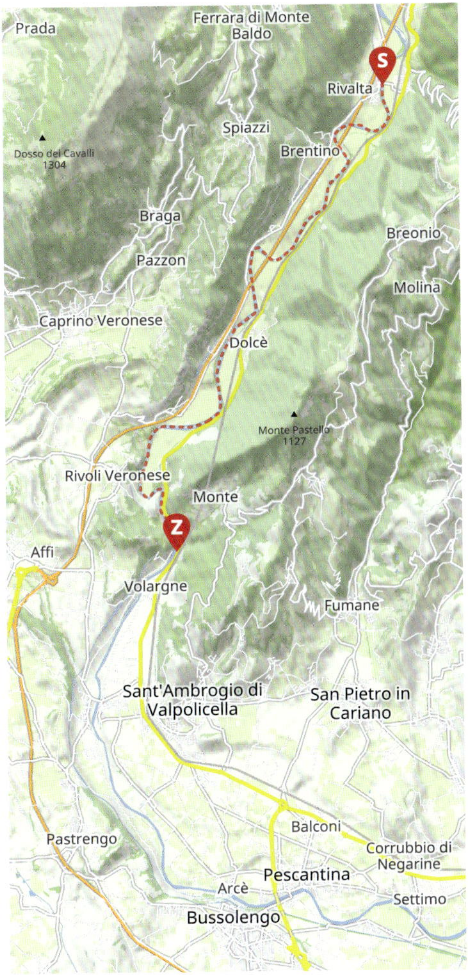

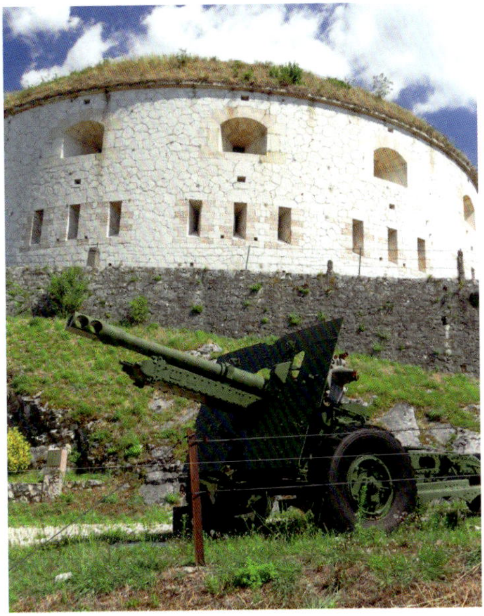

Forte Rivoli hoch über der Veroneser Klause.

Der Wasserstand kann auf dieser Strecke durch den Kraftwerksbetrieb höchst unterschiedlich sein. Manchmal sorgen täglich auftretende Hitzegewitter in den Sommermonaten für extrem starke Strömung und eine Wasserwucht, die an die Imster Schlucht erinnert. In diesem Fall sollten Unerfahrene besser auf eine Befahrung verzichten. Fehlen jedoch die Niederschläge über einen längeren Zeitraum, ist eine Befahrung ab dem Hochsommer oft nicht mehr möglich. Gaium ist eine Häusergruppe

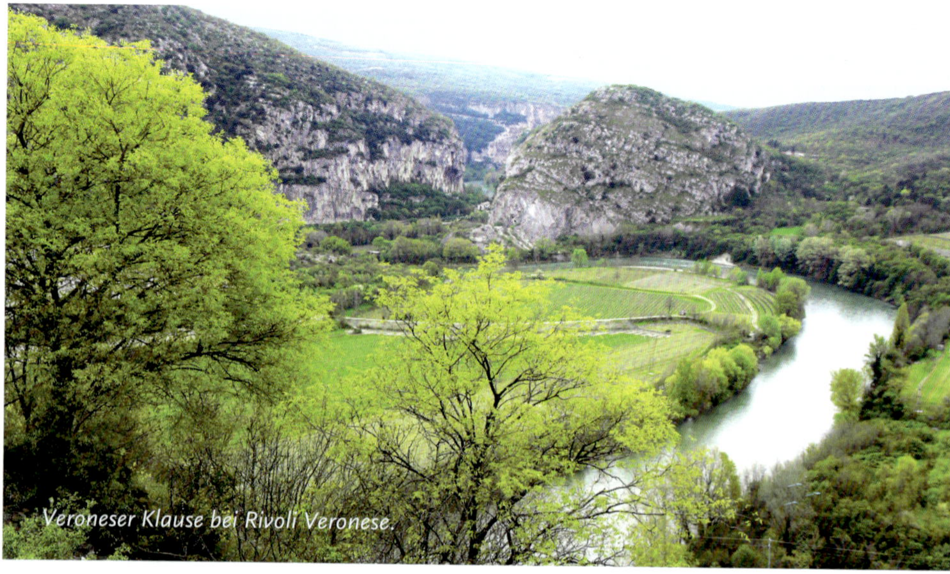

Veroneser Klause bei Rivoli Veronese.

wenige Kilometer östlich von Affi und über eine schmale Straßenzufahrt erreichbar. Um hier nicht vorbeizupaddeln, sollte der Ausstieg sicherheitshalber vorab besichtigt werden. Außerdem kann man hier die Wasserführung abschätzen, da es wegen der Ableitung keine gesicherte Pegelinformation per App gibt.

Der Weiterweg nach Verona ist ebenfalls nur bei entsprechender Wasserführung möglich. Kleine Städtchen wie Pastrengo und Bussalengo liegen an diesem reizvollen Abschnitt. Am Ortseingang von Verona muss das Kraftwerk von Chievo links umtragen werden. Hier wird das in Avio abgeleitete Restwasser aus dem Bewässerungskanal wieder in den Fluss eingespeist. Es folgen das Bootshaus des Kanu-Clubs mit einer Slalomstrecke und ein Raftzentrum. Der Veranstalter hat sich auf kulinarische Raftingtouren durch die Weltkulturerbestadt Verona spezialisiert. Anlegen ist in Verona wegen steiler Mauern nur bedingt möglich, Parkplätze sind rar. Besonders beeindruckend sind die alten Steinbrücken, von denen einige in den letzten Tagen des 2. Weltkriegs von den Deutschen gesprengt und anschließend von der Bevölkerung originalgetreu wieder aufgebaut wurden.

Die verblockte Stromschnelle direkt unter der Ponte Pietra (WW II) sollte man sicherheitshalber vorab besichtigen. Kurz nach der Eisenbahnbrücke im Süden der Stadt kann die Fahrt rechts- oder linksufrig beendet werden. Unterhalb von Verona gilt das Wasser der Etsch als verschmutzt, obwohl auch hier Klärwerke zunehmend für Besserung sorgen. Mit Ausnahme einer kurzen Teilstrecke geht es meist sehr eintönig bis zur Mündung in die Adria südlich von Chioggia weiter.

TOURINFOS

Charakter: Kraftwerksregulierter Gletscherfluss. Je nach Wasserstand wechseln sich Zahmwasser und WW I – II-Schnellen ab.
Etappe: Rivalta Veronese-Gaium: 20 km
Beste Zeit: Mitte April bis Juli

Weitere Etappen:
Borghetto-Rivalta: 6,5 km
Gaium-Verona: 23 km

Gefahren: verblockte Sohlschwelle unter der Brücke in Rivalta! Der Wasserstand dieser Etappe ist abhängig von der Wasserabgaben am Wehr in Ala.

Kanu- & Raftingtouren: *www.canoaclub-pescantina.it* und *www.experience.europlan.it/de/tour/canoa-experience-soft*

Kanu-Gewässer der näheren Umgebung: Gardasee, Mincio, Lago di Caldonazzo

Auskunft: *www.tourism.verona.it*

Übernachten: *www.lacolombaragaium.it*

Sehenswertes: Trento, Verona, Felsenkloster Madonna della Corona bei Spiazzi, Forte Rivoli und Museo Napoleonico in Rivoli.

Alternativen: Etsch-Radweg, Wanderung von Brentino-Belluno zum Felsenkloster Madonna della Corona, Canyoning durch die Schlucht Vaio Dell' Orsa.

Literatur/Karten:
- „Outdoor Kompass Gardasee" (Alfons Zaunhuber), Thomas Kettler Verlag
- Auslandsführer „Südwesteuropa, Band 2" (Jan Ramajzl), DKV Verlag
- Reise-Handbuch „Oberitalien" (Nana Claudia Nenzel), DuMontVerlag
- Straßenkarte „Venetien-Friaul, Gardasee", Marco Polo, 1:200.000
- Bikeline Radtourenbuch „Etsch-Radweg" mit Karten 1:70.000, Verlag Ester-bauer.
- Kompass Kartenset Nr. 697 „Gardasee und Umgebung, 1:35.000

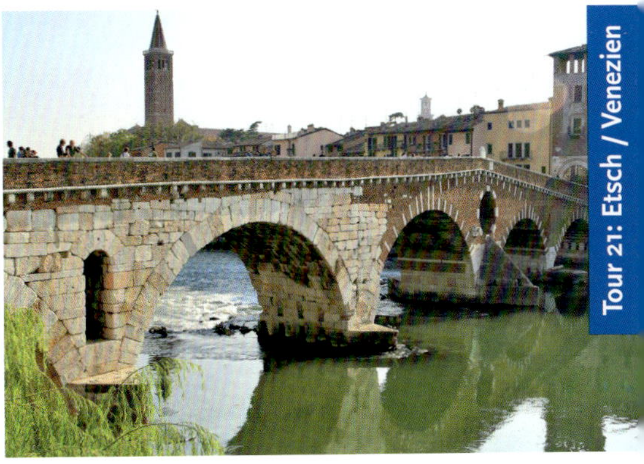

Ponte Pietra in Verona.

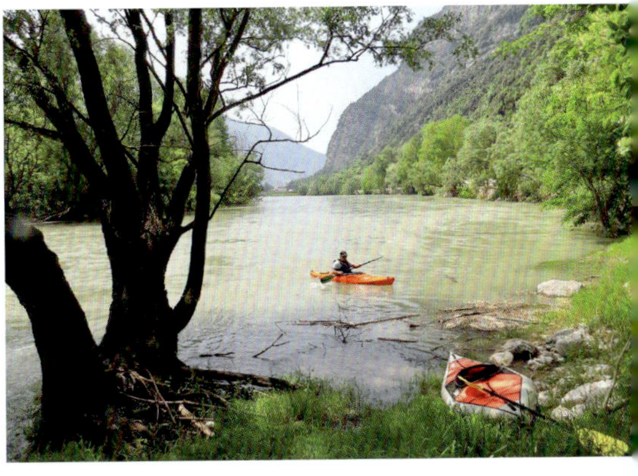

Etschfahrt bei guter Wasserführung.

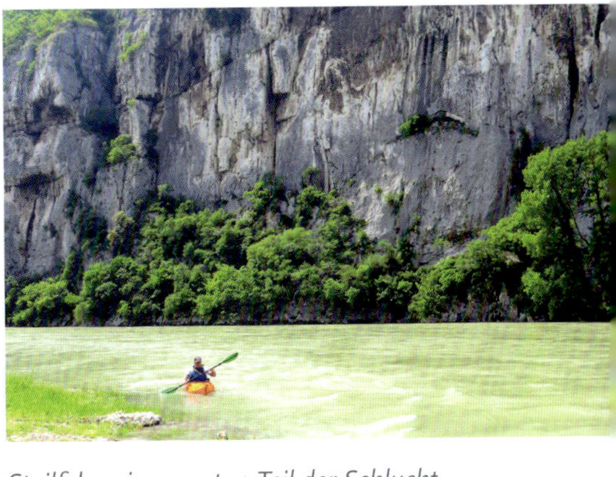

Steilfelsen im engsten Teil der Schlucht.

22 BRENTA
IM SCHATTEN DER DOLOMITEN

Der Fiume Brenta ist der Abfluss des Lago di Caldonazzo und strömt zunächst zwischen der Gebirgsgruppe Lagorai im Norden und den Vincentiner Alpen im Süden nach Bassano di Grappa. Ab hier betritt der leichte Wildfluss das Tiefland und mündet nach 163 Kilometern bei Fusina in die Lagune von Venedig. Das Valsugana ist aus touristischer Sicht zu Unrecht kaum bekannt und wird von der Eisenbahn sowie einem Ableger des Via Claudia Augusta Radwegs durchquert.

Am südöstlichen Seeende verlässt die Brenta den Lago di Cavazzo, den größten See im Trentino.
Zunächst ist das Flüsschen wenig attraktiv. Frühestens in Castelnuovo ist eine Befahrung im Frühjahr möglich. Bei unserem Besuch im Oktober ist der Wasserstand erwartungsgemäß sehr niedrig. Die Brenta durchfließt das attraktive Tal in West-Ost-Richtung und nimmt unterwegs den Abfluss des Lago di Levico und weitere kleinere Dolomitenbäche auf. Vorbei an Borgo Valsugana und Grigno geht es nach San Gaetano. Üblicherweise wird die Brenta hier nach einer Wasserableitung wieder interessant und poltert zunächst über ein Wehr, dann folgt im Anschluss die beliebte Slalomstrecke von Valstagna und eine landschaftlich reizvolle Etappe, die an der Brücke von Campolongo kurz vor einem Wehr endet. Bedauerlicherweise reicht aber auf diesem Abschnitt, auf dem mehrere örtliche Raftingveranstalter Touren anbieten, der Wasserstand nicht mehr aus.

Unsere Rechnung geht dennoch auf, denn eine Fahrt auf der beliebten Slalomstrecke im

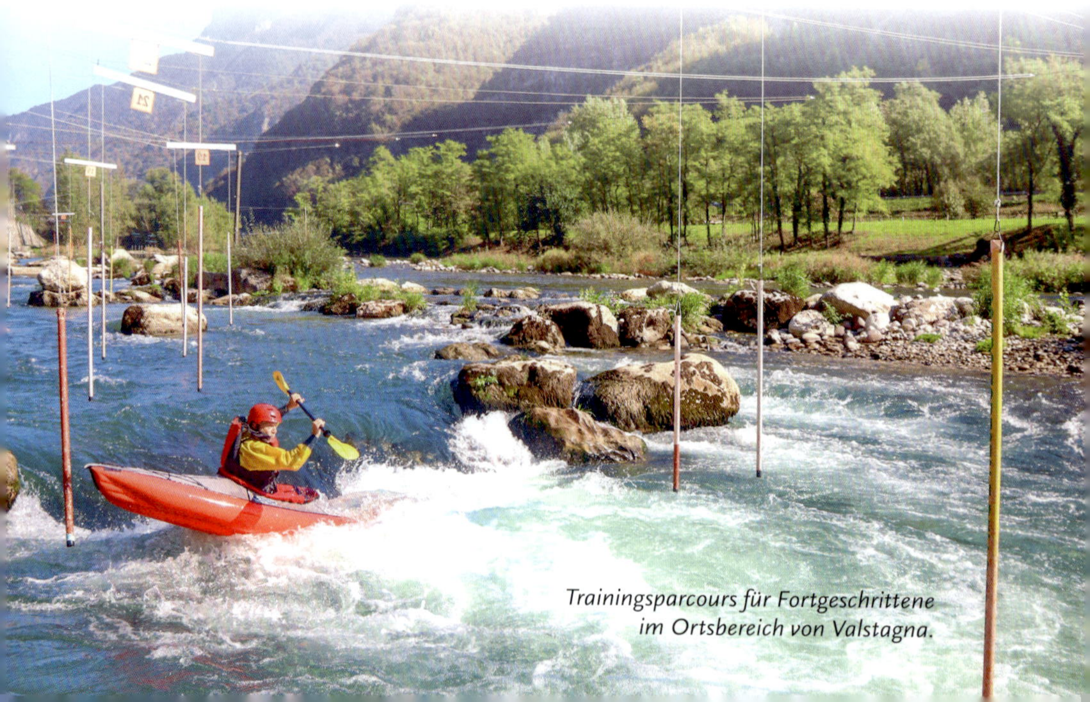

Trainingsparcours für Fortgeschrittene im Ortsbereich von Valstagna.

Ortsbereich von Valstagna ist auch jetzt im Herbst immer noch möglich und für sportliche Freizeitpaddler durchaus von Interesse. Paddelkollegen aus verschiedenen Regionen Italiens sind bereits dabei, die vielen Tore der Slalomstrecke zu umkreisen. Wir parken neben der Schule in der Via Monsignore dalla Zuanna. Sogar Wohnmobile finden hier einen Stellplatz.

Schnell sind wir umgezogen und unsere Boote liegen startklar auf der Kiesbank am Einstieg. Kurz nach dem Start teilt eine Kiesbankinsel den Fluss. Rechterhand fließt das meiste Wasser über zahlreiche kleine Stufen und bildet Schwälle und moderate Miniwalzen. Sogar die Wasserwacht scheint hier ständig im Einsatz zu sein. Nun kann nichts mehr schiefgehen. Die ersten Tore befinden sich bereits oberhalb des Starthäuschens, das ansonsten zu einer Bar gehört. Auf der Folgestrecke wird jedes Kehrwasser genutzt und jede Welle abgeritten. Wildwasserkanuten können sich hier stundenlang austoben. Am Ende der Slalomstrecke trägt man sein Schiffchen auf der rechten Seite wieder nach oben, um die Fahrt nach Belieben zu wiederholen. Die Pizzeria „La Villetta“ oder die Bar „Da Gino“ bieten sich für eine kleinere oder größere Stärkung zwischendurch an.

Neben der berühmten Brücke Ponte degli Alpini in Bassano di Grappa, einige Kilometer flussabwärts, zählt der Kunstpark Arte Sella in einem zauberhaften Hochtal nahe der Stadt Borgo Valsugana zu den größten Sehenswürdigkeiten im Tal. Zahlreiche Kunstwerke aus Holz, Stein und anderen natürlichen Materialien in einem Bergwald mit Buchen und Kastanien lohnen einen Besuch.

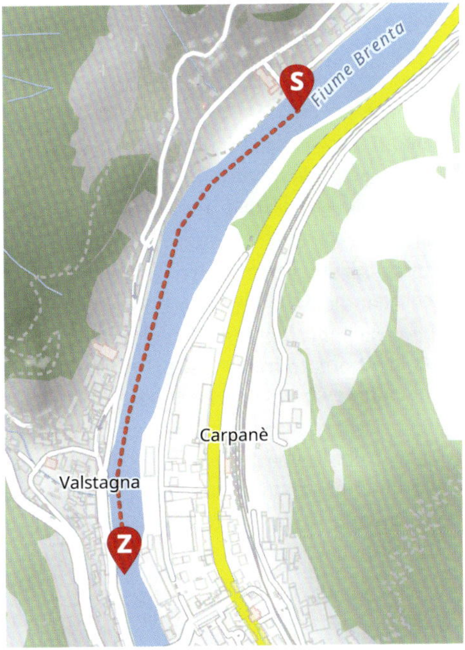

TOURINFOS

Charakter: Wildfluss bis WW II-III
Etappe: Slalomstrecke im Ortsbereich von Valstagna, Länge 500 Meter.
Weitere Etappe: San Gaetano-Campolongo: 9 km, bis WW III (ein Wehr).
Beste Zeit: Mai bis August/September (Oktober)

Kanu-Vermietung/Touren/Rafting/Kurse:
San Nazario: *www.ondaselvaggia.com*
Solagna: *www.ivanteam.com*

Kanu-Gewässer der näheren Umgebung:
Lago di Caldonazzo, Lago di Levico, Lago di Corlo, Piave

Auskunft: *www.visitvalsugana.it/de/* und *www.comune.valbrenta.vi.it*

Weitere Infos: Canoa Club Valstagna, *www.cckv.it*

Übernachten:
Valstagna: *www.bballospizzo.com*
und *www.mondodifantasia.it*
Mori: Wohnmobil-Stellplatz
Arsiè: *www.campinggajole.it*

Sehenswertes: Cascate Calieroni, Grotte di Oliero, Kunstpark Arte Sella nahe Borgo, Bassano di Grappa (Ponte degli Alpini, Altstadt, Monte Grappa, Museo degli Alpini).

Alternativen: Radweg Via Claudia Augusta: 80 km-Etappe vom Caldonazzosee nach Bassano di Grappa, Bergwandern und MTB-Touren in der Lagorai-Bergkette, Schwimmen in den Pools der Cascade Calieroni, Canyoning, Rafting.

Literatur/Karten:
- Reiseführer „Valsugana" (Robert Hüther), Verlag Zwischenräume
- Reiseführer „Venetien" (Eberhard Fohrer), Michael Müller Verlag
- Bikeline Radtourenbuch „Via Claudia Augusta" mit Karten 1:75.000
- „Ciclovia del Brenta da Trento a Venezia" (S.Malvestio/P.Perini) Ediciclo Editore (italienisch)
- Marco Polo Strassenkarte „Venetien, Friaul" 1:200.000

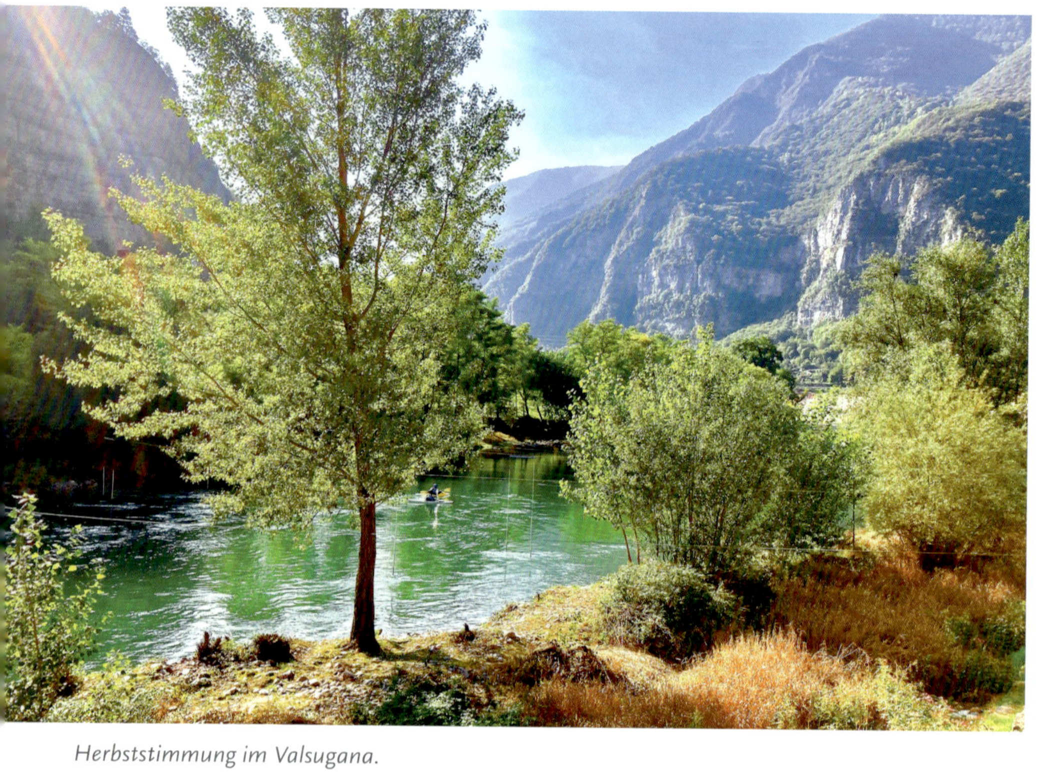

Herbststimmung im Valsugana.

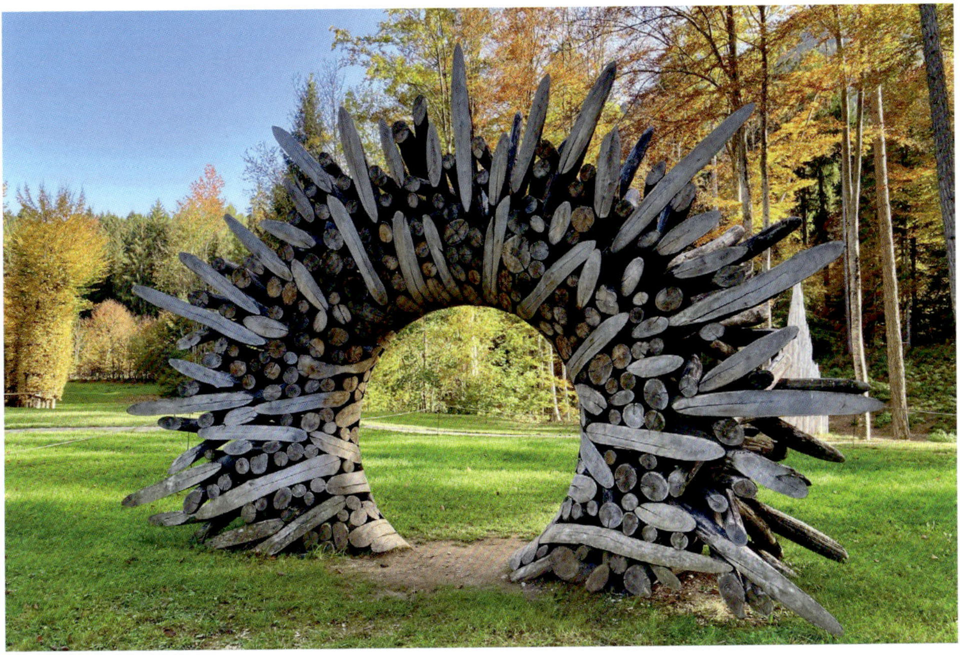

Kunstpark Arte Sella nahe Borgo.

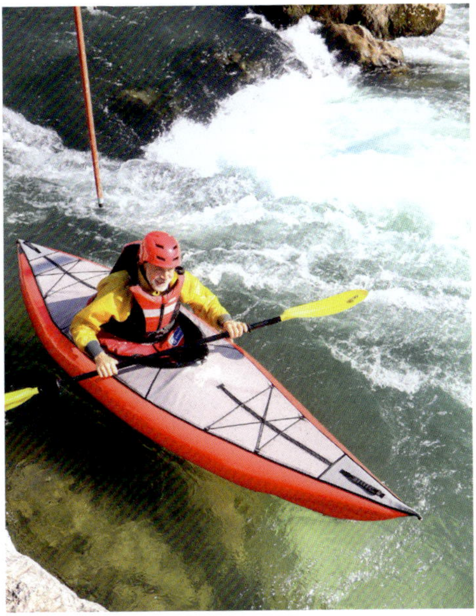

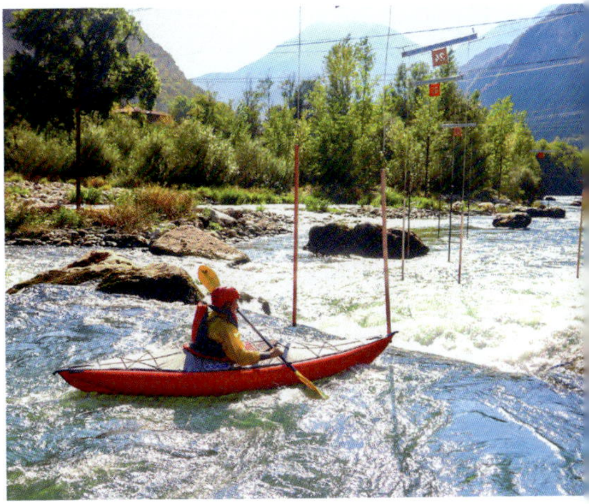

Die Slalomstrecke sorgt für ungetrübten Fahrspaß.

23 LAGO DI CORLO

EIN STAUSEE FÜR ABENTEUERLUSTIGE

Der auf einer Höhe von 284 Metern gelegene Lago di Corlo (manchmal auch Lago di Arsiè genannt) ist ein Stausee, der 1954 erbaut wurde und die Schluchten des Wildflusses Cismon überflutete. Die Region war im ersten Weltkrieg Schauplatz heftiger Schlachten zwischen Italien und Österreich. In den meisten Reiseführern ist dieses wildromantische Tal ein weißer Fleck. Zahlreiche alte Bräuche werden wieder lebendig, wenn in Arsiè am dritten Sonntag im Oktober das Fest der Seelen „Fiera delle Anime" gefeiert wird.

Stauseen sind immer eine endgültige Zerstörung natürlichen Lebensraumes. Unsere wirtschaftliche Entwicklung sollte heute sinnvollere Lösungen im Blick haben. Der Lago di Corlo liegt 300 Meter über dem Meeresspiegel und hat bei Normalstau eine Fläche von knapp 64 Quadratkilometern. Bei unserem Besuch im Oktober nach einem besonders niederschlagsarmen Jahr war der See jedoch deutlich kleiner. Der nördliche Teil des Sees präsentierte sich als eine Schlammwüste. Doch ein Spaziergang vom Dorf Rocca zum schluchtartigen Mittelteil des Sees, der in diesem Bereich von mehreren Brücken überquert wird, entbehrte nicht einer besonderen Faszination. Smaragdgrünes Wasser und steile Felsflanken begeistern. Mit uns sind einige weitere Spaziergänger und Wanderer hier unterwegs. Eine Stichstraße führt von der Via Liberazione 35 in Richtung See. Hier kann man kostenfrei parken und erreicht den Bootseinstieg wenige Meter unterhalb.

Wir paddeln an einem Bootswrack vorbei, dann ist die erste Fussgängerbrücke „Ponte di Polo" auch schon erreicht. Zeigten die Ufer

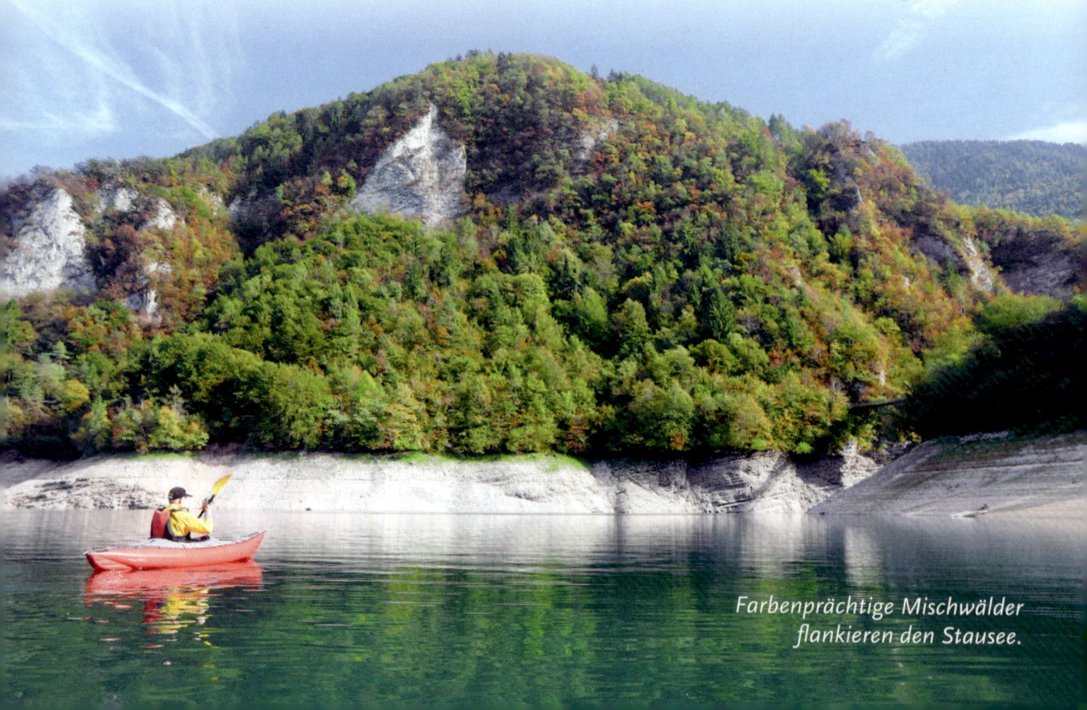

Farbenprächtige Mischwälder flankieren den Stausee.

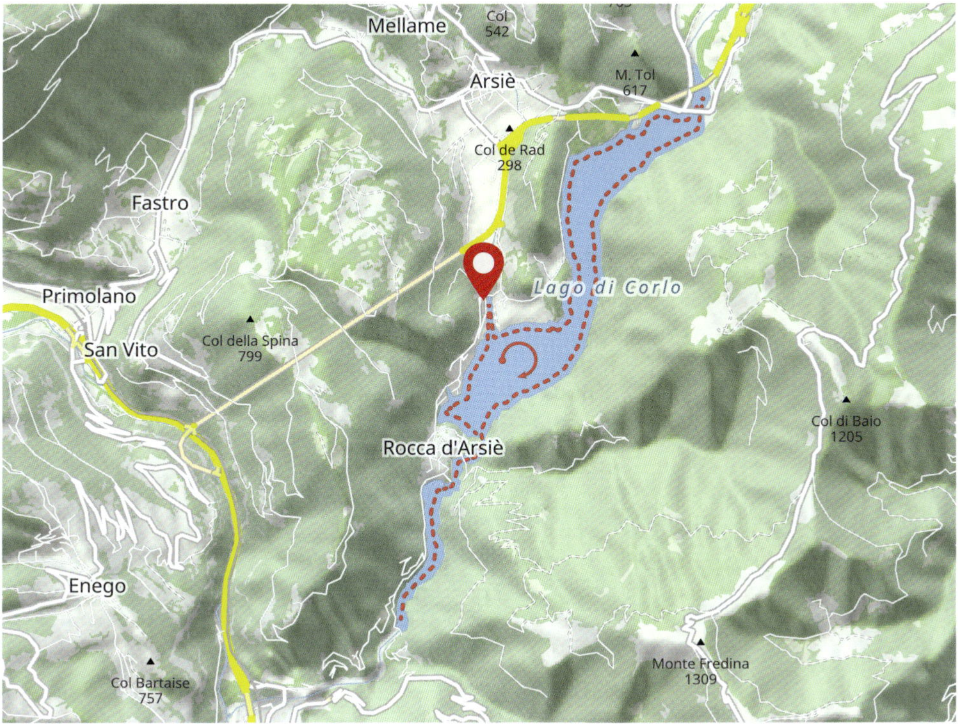

zuvor typische Merkmale von Niedrigwasser, sind wir ab hier von kahlem Kalkstein-Steilfelsen umgeben. Mehrfach locken kleine Grotten und Halbhöhlen in die Dunkelheit. Das schräg einfallende Sonnenlicht wird von der Wasseroberfläche reflektiert und schafft eine spezielle Stimmung. Unheimliches Glucksen erschallt aus den engen Spalten. Kleine Wasserfälle sprudeln zwischen den Kalkfelsen hervor und ergießen sich in den See.

Mindestens zehn Meter über dem aktuellen Wasserspiegel entdecken wir einen interessanten Felsbogen, darunter Kiesablagerungen eines Zuflusses. Interessant auch die blätterteigartigen Schichten im Kalkstein, die Einblicke in die Geologie vergangener Jahrtausende ermöglichen.

Dann rückt die Hängebrücke „Ponte della Vittoria" hoch über unseren Köpfen in den Blick. Auch wir hatten die Brücke vor einigen Stunden überquert, um uns ein Bild zu verschaffen. Ein Wanderweg umrundet den nördlichen Seeteil. Wir paddeln noch ein Stück weiter südwärts in Richtung Staumauer. Farbenfrohe Mischwälder leuchten oberhalb der Uferzonen.

Der See wird wieder schmaler, und die Schatten werden jetzt im späten Oktober schnell wieder länger. So machen wir uns auf den Rückweg, obwohl es vermutlich noch einiges zu entdecken gäbe. Der Höhepunkt ist in jedem Fall der klammartige mittlere Abschnitt. Nachdem wir unsere Boote verladen haben, werfen wir noch einen Blick auf die saisonbedingt bereits geschlossenen Campingplätze im Umfeld von Arsiè, ehe wir zu unserem Basislager im Val Sugana zurückkehren.

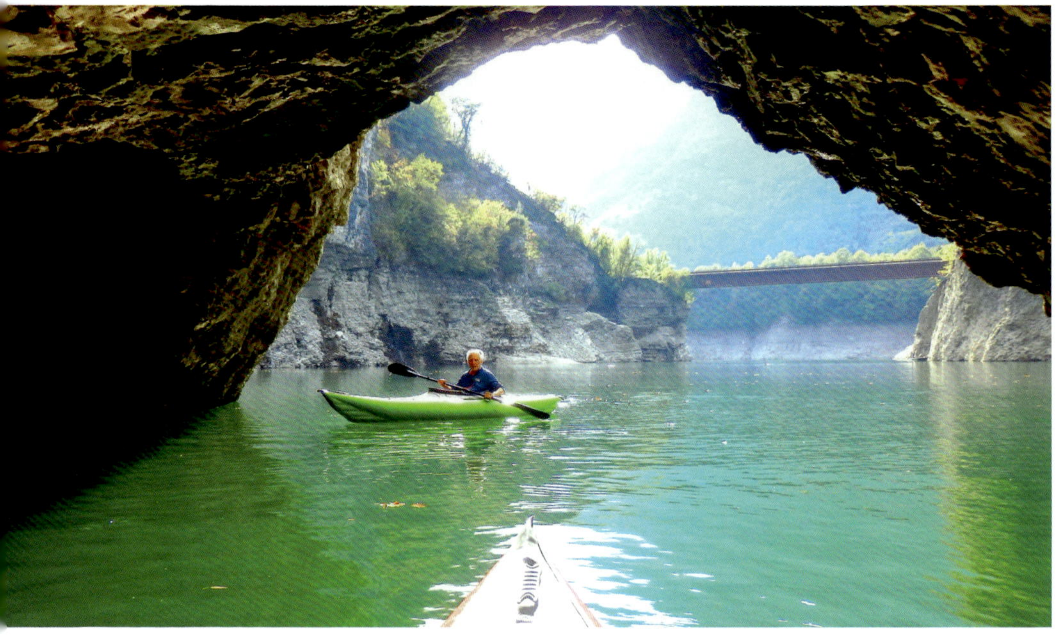

Zahlreiche Höhlen und Grotten sorgen für Kurzweil.

TOURINFOS

Charakter: Zahmwasser
Etappe: Seeumrundung bis zu 10 km
Beste Zeit: Mai bis September/Oktober

Gefahren: Steinschlag

Kanu-Vermietung: Arsie, Via Liberazione 62, Tel. +39 345 717 6542.

Kanu-Gewässer der näheren Umgebung: Brenta, Piave

Auskunft: *www.dolomitiprealpi.it/de/dolomiti-prealpi*

Übernachten:
Arsiè: *www.campinglago.com/de*
und *www.campinggajole.it*

Sehenswertes: Grotte di Oliero, Cascate Calierono in Valstagna, Bassano di Grappa (Brücke, Altstadt)

Alternativen: See-Rundweg Percorso Lago di Carlo, Wanderung zum Geisterdorf Ruderi di Fumegai, Rafting auf der Brenta, Canyoning im Val Sugana, Radtour zum Monte Grappa (1776m).

Literatur/Karten:

- Reiseführer Val Sugana - Caldonazzosee und Levicosee (Robert Hüther), Verlag Zwischenräume
- Reiseführer Venetien (Eberhard Fohrer), Michael Müller Verlag
- Marco Polo Straßenkarte Venetien, Friaul 1:200.000

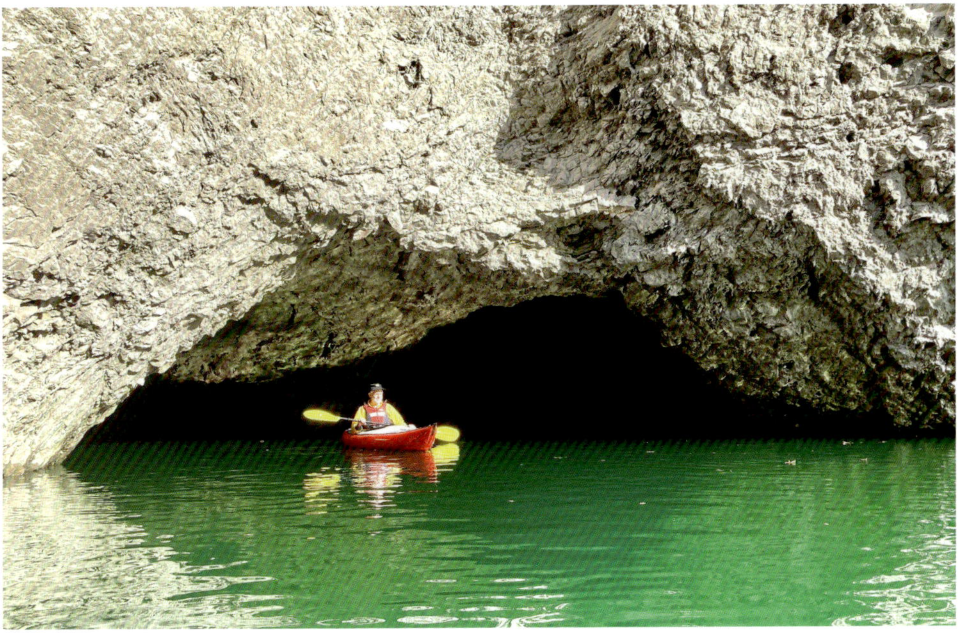

Auf der Suche nach dem Höllenhund Zerberus.

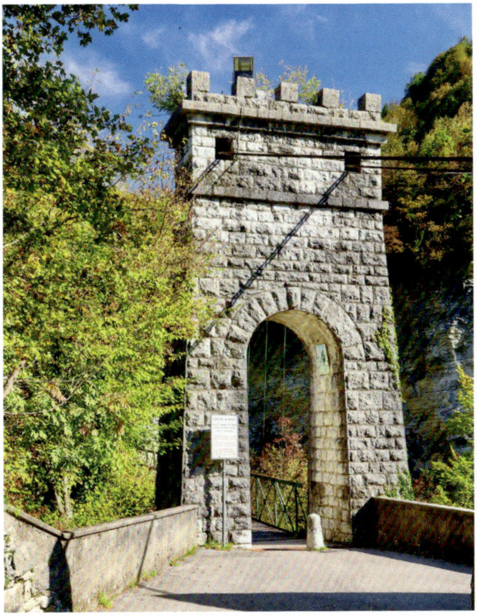

Fussgängerbrücke Ponte della Vittoria.

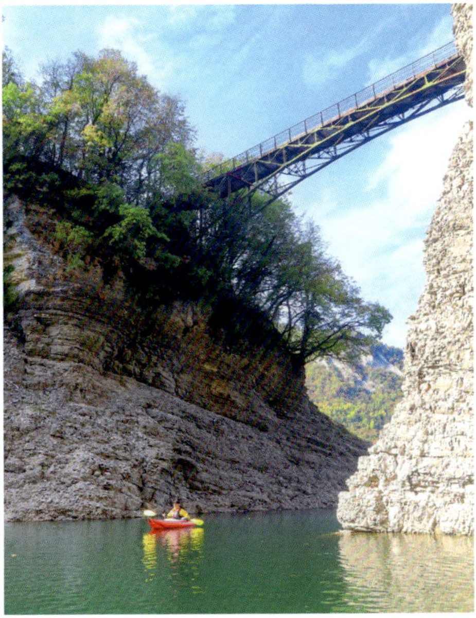

Darunter die schmalste Passage am See.

24 NAVIGLIO DI BRENTA
EIN FLUSS, DEN DIE MUSEN KÜSSTEN

Der Naviglio di Brenta ist ein idyllischer Wasserweg mit mehreren Schleusen, der die Lagune von Venedig bei Fusina über Stra und dem verlängernden Canale Piovego mit der Stadt Padua verbindet. Wohlhabende Venezianer ließen sich im 15.Jahrhundert von berühmten Baumeistern wie Andrea Palladio prunkvolle Villen erbauen, um hier die heißen Sommermonate zu verbringen. Für Tagesfahrer ist eine Tour auf dem Brentakanal ausschließlich in der Nebensaison empfehlenswert und eine märchenhafte Zeitreise. Kanuten können die gesamte, 33 Kilometer lange Strecke paddeln oder sich auf die besonders reizvolle Tagesetappe zwischen Stra und Mira konzentrieren.

Der Fiume Brenta ist der Abfluss des Lago di Caldonazzo im Trentino. Dieser durchfließt das schluchtenreiche Val Sugana, verlässt in Bassano di Grappa die Alpen und fließt in einem natürlich wirkenden Flussbett südwärts. Bedingt durch zahlreiche Querbauten wird diese Strecke allerdings wohl kaum befahren. Zwischen Stra und Chioggia präsentiert sich ein schnurgerader und kanalisierter Unterlauf bis zu Mündung in die Adria. Um die Lagune vor den Ablagerungen des Flusses zu schützen, hatten die Dogen diesen Fluss nach Süden verlegt. Der Brentakanal hingegen verläuft im ursprünglichen Flussbett der Brenta zwischen Stra und Fusina. Vier Schleusen liegen auf der 25 Kilometer langen Strecke. Von den Venezianern wurde dieser als wichtiger Wirtschaftsweg genutzt.

Bei meiner letzten Fahrt auf dem geschichtsträchtigen Wasserweg, Ende Oktober, muss ich am frühen Morgen erst einmal abwarten, bis sich ein zäher und undurchdringlicher Morgennebel gelichtet hat. Doch dann bietet sich eine bezaubernde Stimmung, die für eine besondere Magie sorgt. In früheren Zeiten war die Wasserstraße nachts mit Fackeln und Laternen beleuchtet, um den Schiffen, die Nahrungsmittel, Baumaterial und sogar Trinkwasser transportierten, Orientierung zu

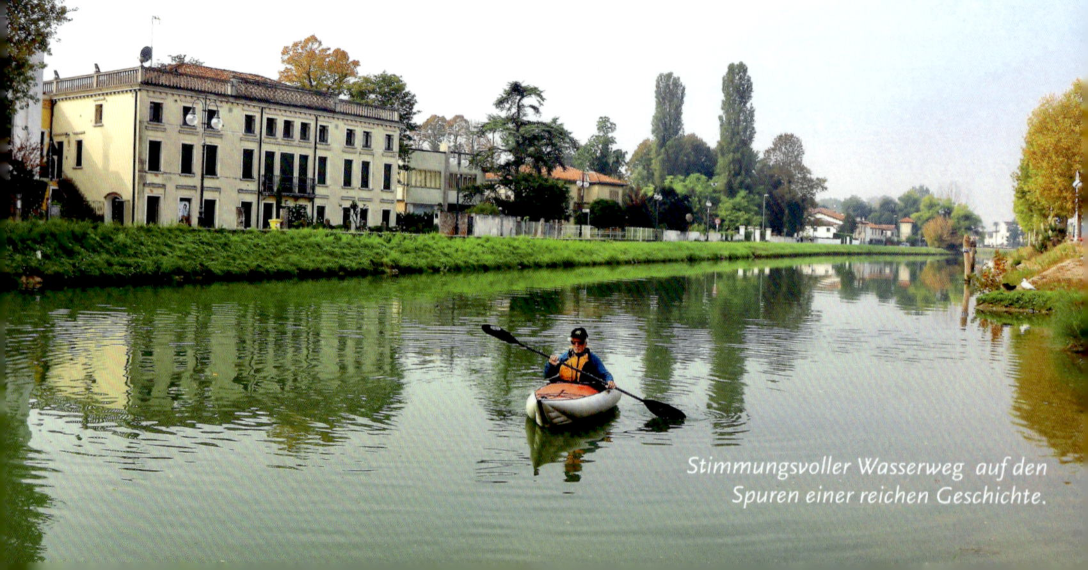

Stimmungsvoller Wasserweg auf den Spuren einer reichen Geschichte.

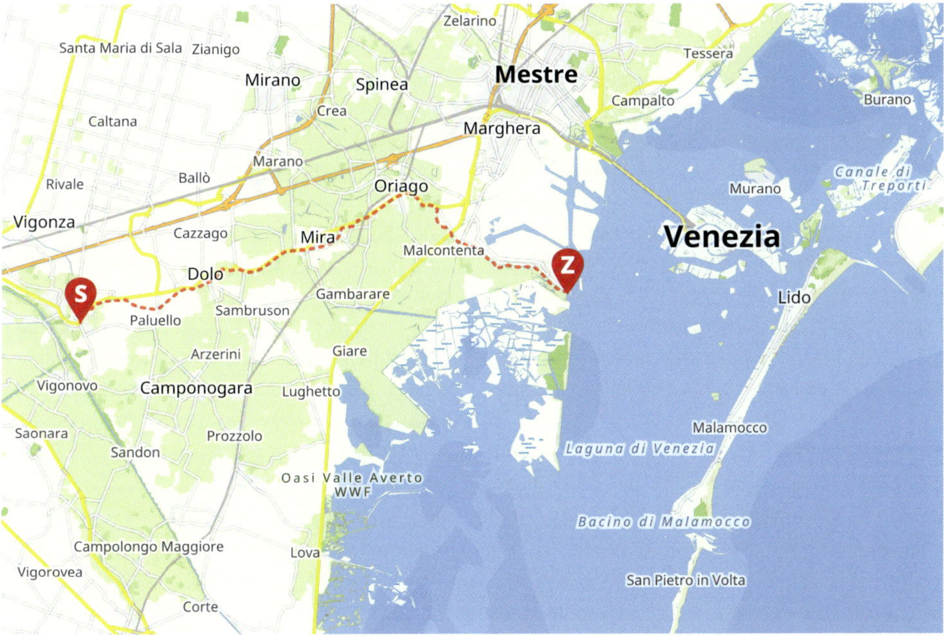

bieten. Eine ganze Weile bin ich auf dem smaragdgrünen Gewässer völlig allein unterwegs. Möwen begleiten mich und erste Angler nehmen gerade ihr Tagwerk auf. Später kommt mir eines der Ausflugsboote entgegen, die hier „Burchiello" heißen, benannt nach historischen Booten, die früher von Pferden gezogen wurden. Sicherheitshalber weiche ich nah ans Ufer aus. Da für alle Boote und Schiffe eine Geschwindigkeitsbegrenzung gilt (5 bzw. 8 km/h) ist die Wellenbildung kein großes Problem für Paddler. Überhängende Weiden und verfallene Bootsanleger tragen zu einer unverwechselbaren Stimmung bei. Einige der Villen sind in einem schlechten Zustand und scheinen dem Verfall preisgegeben zu sein. Andere, wie beispielsweise die Villa Widmann in Mira oder die Villa Barchessa Valmarana, lohnen einen Besuch. Die prachtvollste von allen ist die Villa Nazionale Pisani in Stra. 114 Räume umfasst der barocke Bau, und dahinter breitet sich ein weitläufiger Park mit altem Baumbestand, vielen Statuen, und einem Irrgarten aus, der manche Besucher verzweifeln lässt. In den Prunksälen sind Fresken und Deckengemälde bekannter Künstler wie Giovanni Battista Tiepolo zu sehen. Wer der Villa einen

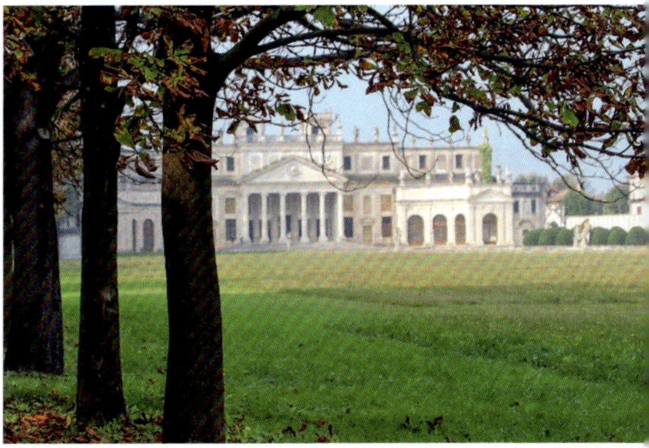

Villa Pisani

Besuch abstatten möchte, sollte aber nicht am Montag kommen, denn dann ist Ruhetag. Für eine Kanufahrt hingegen ist dieser Tag besonders gut geeignet, dann verkehren keine Ausflugsboote auf dem Wasser. Nach meiner heutigen Fahrt schlendere ich abschließend noch durch das verschlafene Städtchen Mira, wo wenige Menschen einen kleinen Wochenmarkt an der Piazza Cantiere und nette umliegende Cafés beleben und für eine friedliche Sonntagnachmittags-Stimmung sorgen. Wer in der Hauptferienzeit hierher kommt, wird die Situation vermutlich weniger idyllisch erleben.

TOURINFOS

Charakter: Zahmwasser mit Schleusen (Umtragungen mit Hilfe eines Bootswagens) und interessanten Drehbrücken, die für Paddler kein Hindernis darstellen.
Etappen:
Stra-Mira: 11,5 km
Mira-Fusina: 13,5 km
Weitere Etappen: Brenta von Bassano di Grappa bis Stra: 60 km (zahlreiche Querbauten).
Beste Zeit: März bis Mai und Ende September bis Anfang November. Montags haben die Paläste und Schleusen geschlossen. An diesem Tag verkehren auch keine Ausflugsschiffe!

Gefahren: Die Berufsschifffahrt hat immer Vorfahrt.

Kanu-Gewässer der näheren Umgebung: Lagune von Venedig, Chioggia Citytour, Podelta.

Auskunft:
www.rivieradelbrentaturismo.com
www.villapisani.beniculturali.it

Weitere Infos: *www.flusswandern.at/brenta*

Übernachten:
Malcontenta: *www.campingserenissima.com*
Fusina: *www.campingfusina.com*
Dolo: *www.villagoetzen.it*

Sehenswertes: Villa Foscari, Villa Widmann, Villa Pisani, Villa Foscarini Rossi, historische Regatta „Riviera Fiorita" im September mit reichem Rahmenprogramm, Padua (Altstadt mit zahlreichen Sehenswürdigkeiten).

Alternativen: Ein Radweg entlang dem Kanal empfiehlt sich, um das Fahrzeug abzustellen.

Literatur/Karten:
- Nautischer Reiseführer „Lagunen von Venedig bis Grado" (Heinrich Breidenbach), Delius Klasing Verlag
- Reise-Handbuch „Oberitalien" (Nana Claudia Nenzel), Dumont Verlag
- Reiseführer „Venetien" (Eberhard Fohrer), Michael Müller Verlag
- Marco Polo Straßenkarte „Venetien, Friaul" 1.200.000
- Karte „Laguna Veneta", Carte Nautico Turistica 1:50.000, Bestelladresse: *www.maredicarta.com*

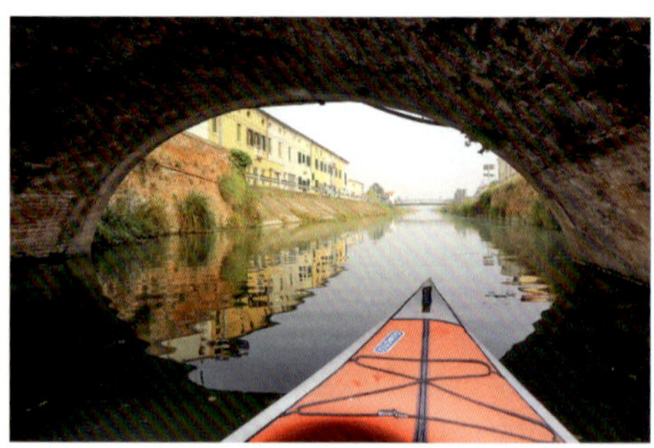

Brücken-Durchfahrt

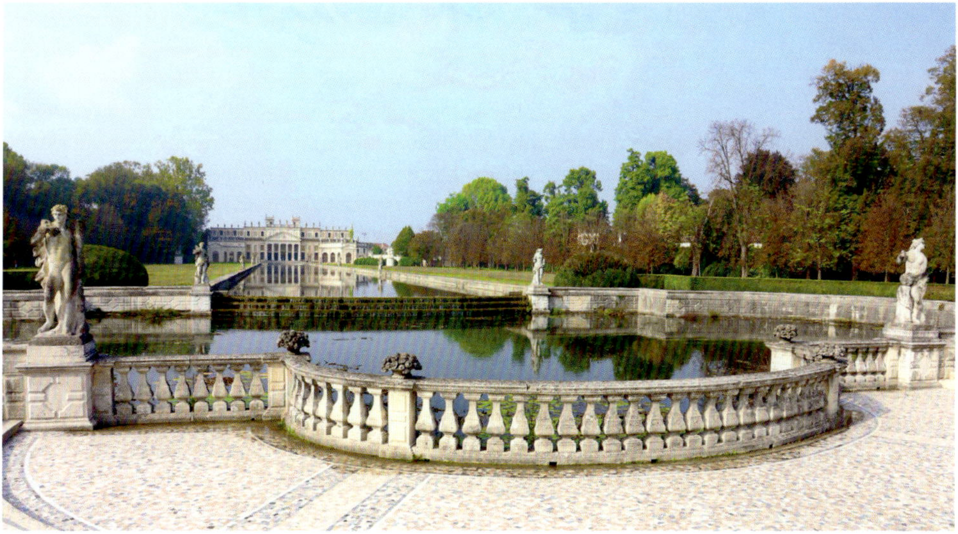

Park und Villa Pisani in Stresa.

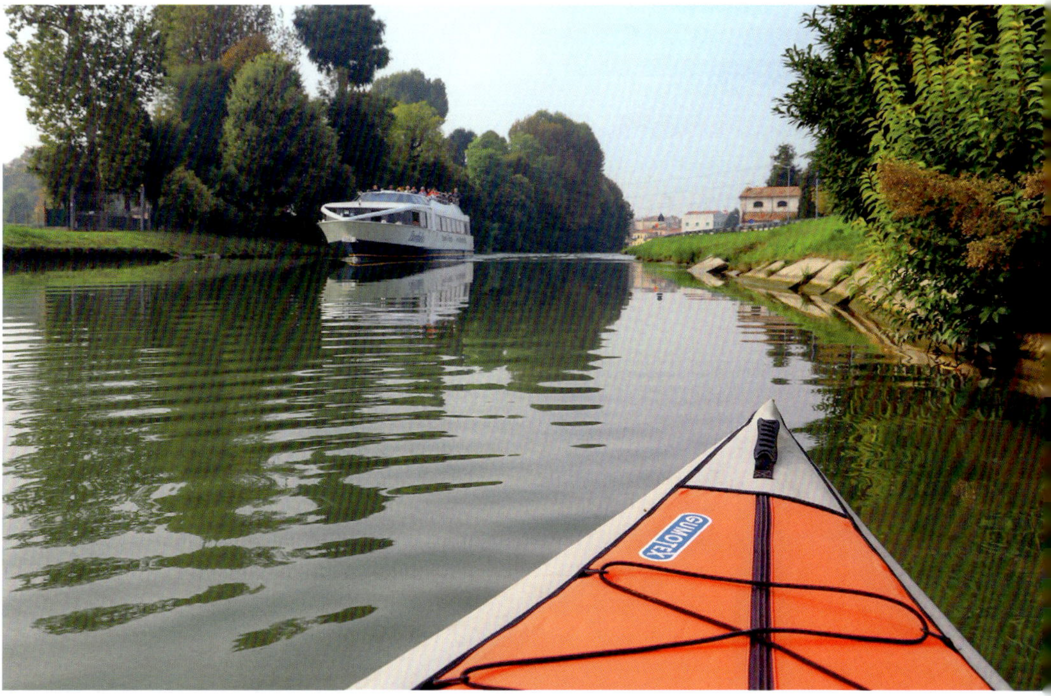

In der Nachsaison hält sich der Schiffsverkehr auf dem Brentakanal in Grenzen.

25 LAGUNE VON VENEDIG
TRAUMZIEL ODER ALPTRAUM?

Thomas Mann soll einmal gesagt haben, dass Venedig „die unwirklichste Stadt der Welt" sei. Leider wird die ehemalige „Königin der Adria" fast das ganze Jahr hindurch von Besuchern aus der ganzen Welt erdrückt. In Coronazeiten hatte sich die Situation nur kurz entspannt, bevor der übliche Massentourismus wieder einsetzte. Tatsächlich gibt es keine andere Stadt, die so mit ihren Schönheiten prahlt und solch faszinierende Bilder bietet. Venedig hatten die Dogen seinerzeit in einer kaum zugänglichen Sumpflandschaft erbaut. Noch heute kündet die Stadt, die jahrhundertelang das Zentrum einer mächtigen Seemacht war, von Pracht und Zerfall.

CITYTOUR VENEDIG & MURANO KEINE TOURENEMPFEHLUNG!

Fast jeder Tourenpaddler hat den Wunsch, einmal durch Venedig gepaddelt zu sein. Vorab sollte man sich aber genau über die aktuellen Befahrungsregeln informieren, um größeren Ärger zu vermeiden. Bedauerlicherweise gibt es allerdings neben den bekannten Regeln noch weitere Bestimmungen, die offensichtlich nur den Behörden vor Ort bekannt sind. Amtliche Informationen sind kaum oder nur unvollständig erhältlich und ändern sich häufig. Verstöße gegen solche Regeln werden jedoch mit sehr hohen Geldbußen bestraft. Aus diesem Grund wird an dieser Stelle auf eine Tourenbeschreibung für den Innenbereich Venedigs verzichtet.

Zwei Optionen bieten eine sichere Möglichkeit, im Herzen Venedigs zu paddeln: Geführte Touren mit einem Veranstalter oder die Teilnahme an der Regatta Vogalonga. Der Deutsche Kanu-Verband informiert über aktuelle Termine und Details dieser Veranstaltung, für die es weltweit nichts Vergleichbares gibt.

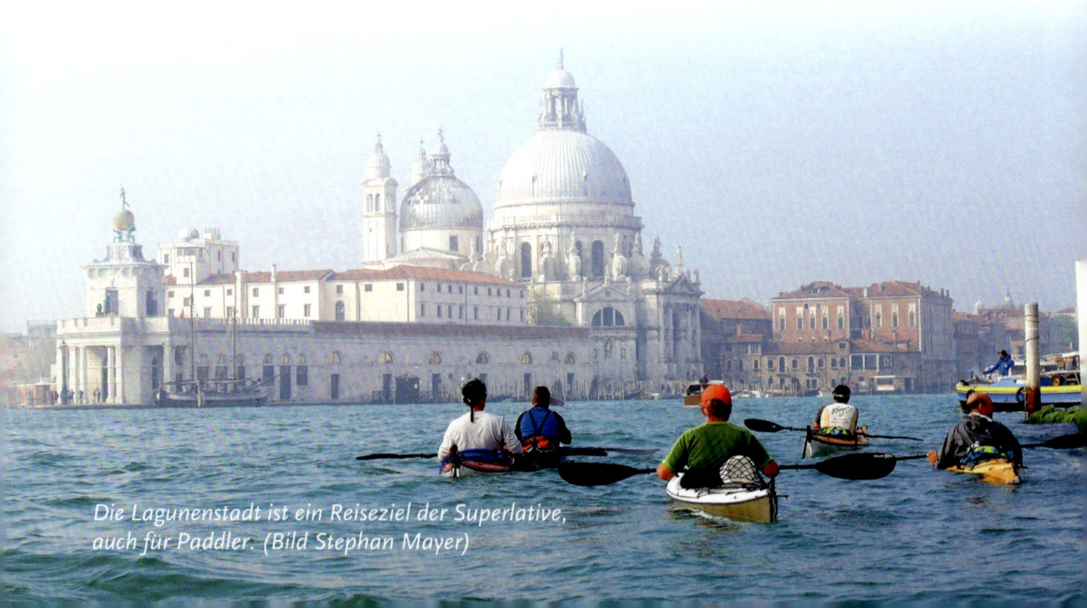

Die Lagunenstadt ist ein Reiseziel der Superlative, auch für Paddler. (Bild Stephan Mayer)

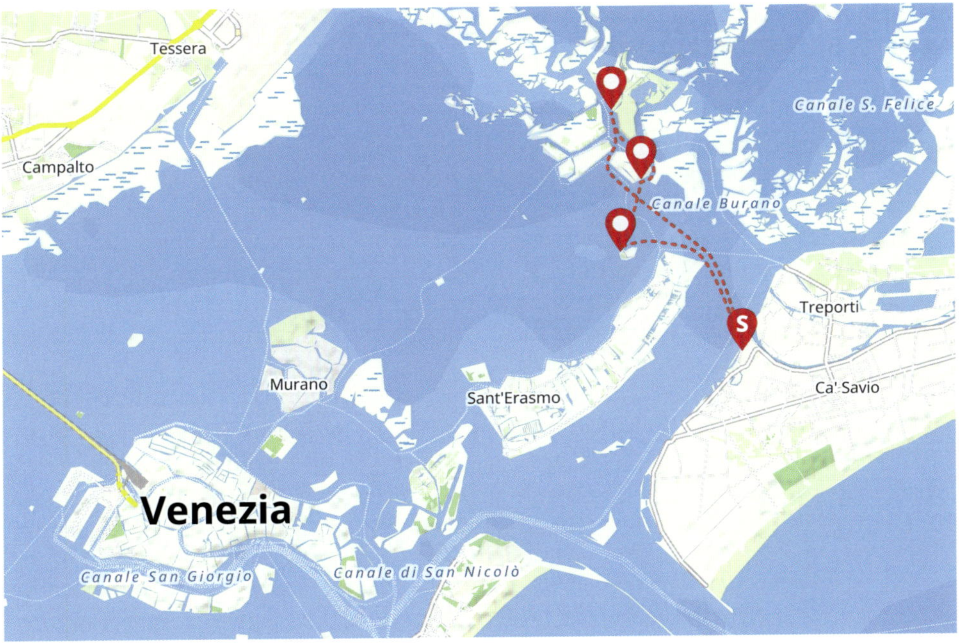

VOGALONGA

Pfingsten, 9:00 Uhr. Mit einem Kanonenschlag wird jedes Jahr seit 46 Jahren die Vogalonga in Venedig gestartet. Ausnahme: 2020 fiel diese Großveranstaltung wegen der Corona-Pandemie aus. Die Ruder-Veranstaltung ist eine friedliche Kundgebung für den motorlosen Verkehr und möchte auf die Verschmutzung der Lagune hinweisen. Schon damals, zur Premiere am 8. Mai 1975, hatte man mit 500 Booten und 1500 Teilnehmern nicht gerechnet. Heute erreichen die Teilnehmerzahlen mehr als das Dreifache. Zugelassen sind alle Boote, die mit Muskelkraft angetrieben werden. Ein besonderer Augenschmaus für Teilnehmer und Zuschauer ist der Anblick der Gondeln. Aber auch das Gesamtbild an bunten und verschiedenartigen Kanus, Kajaks, Drachenbooten und Ruderbooten ist beeindruckend. Am Start am Markusplatz geht es hoch her. Hubschrauber beobachten die Strecke, die Engstellen der 30 Kilometer langen Umfahrt sind schon manchen zum Verhängnis geworden. Unterwegs führt die Regatta an den Inseln Vignole und Sant'Erasmo vorbei bis nach Burano und über Murano zurück nach Venedig, bis es letztendlich durch den Canale Grande wieder an das Ziel am Piazza San Marco geht. Die Regatta hat keinen Wettkampfcharakter. Ein Zeitziel kann sich jeder selbst setzen.

Text Vroni Prijon

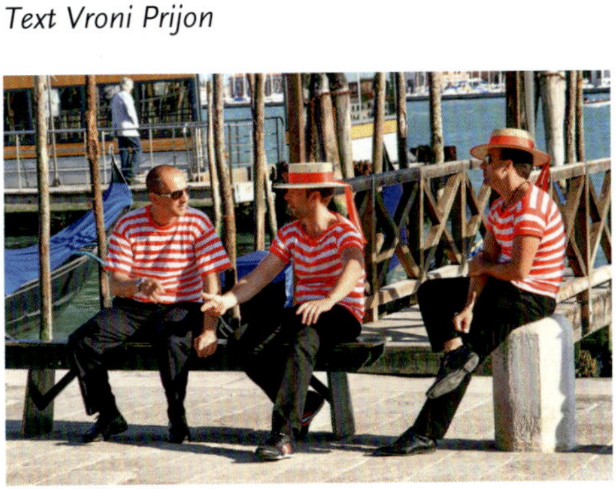

IN DER NÖRDLICHEN LAGUNE – PUNTA SABBIONI-SANT'ERASMO-SAN FRANCESCO-BURANO-TORCELLO

Neben dem touristischen Hotspot Venedig ist die weitläufige Lagune von Venedig durchaus als Traumziel anzusehen. Italiens größtes Feuchtbiotop begeistert durch eine enorme biologische Vielfalt, ist aber auch eine riesige Kläranlage. Ebbe und Flut sorgen für eine Durchmischung des Wassers. Durch die zahlreichen Abwässer ist das System aber zeitweise dem Zusammenbruch nahe. Ansonsten bietet die riesige Wasserfläche mit ihren kleinen Salzinseln und den beiden besonders bekannten Inseln, Burano und Torcello, vielfältige Tourenmöglichkeiten für Wasserwanderer. Besonders reizvoll ist es hier zeitig im Frühjahr, wenn der Blick über die Lagune bis zu den schneebedeckten Gipfeln der Südalpen reicht und der große Besucherstrom noch nicht eingesetzt hat. Wer später kommt, findet jedoch auf den Inseln Sant'Erasmo, Mazzorbo oder Le Vignole noch den Charme vergangener Tage.

Ein empfehlenswerter Ausgangspunkt für eine Kanu-Tour in der Lagune findet sich im Umfeld der Campingplätze nahe Punta Sabbioni. Zunächst überquert man den Canale di Treporti hinüber zur Gemüseinsel Sant´Erasmo. Wie auf allen Wasserstraßen in der Lagune empfiehlt es sich, der Berufsschifffahrt großzügig auszuweichen. Viele Sportboote reduzieren zwar freiwillig die Geschwindigkeit, wenn sie Kanuten begegnen, aber nicht jeder Motorbootkapitän kann die Folgen der Wellenbildung für ein Paddelboot richtig einschätzen. Sant'Erasmo ist der Obst- und Gemüsegarten Venedigs und vom Tourismus nahezu unberührt. Auf der linken Seite geht

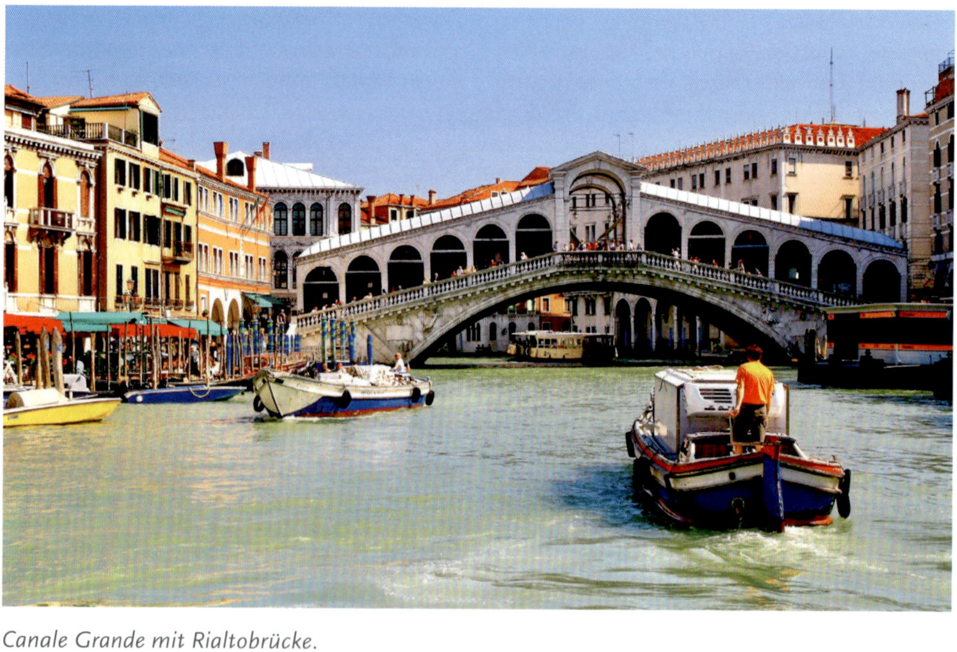

Canale Grande mit Rialtobrücke.

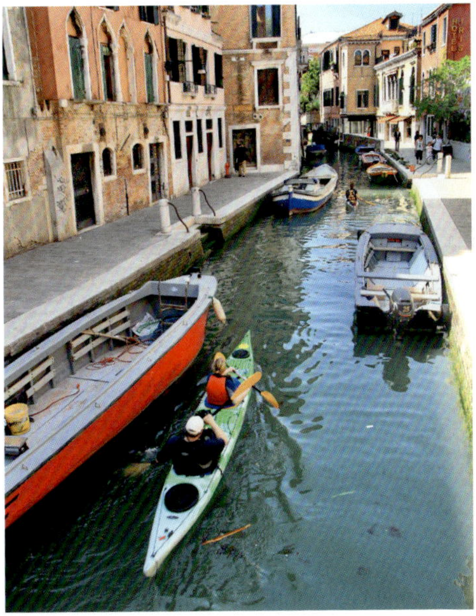

es auf dem Canale di Treporti in nordöstlicher Richtung weiter. Bald erreicht man den Canale di Burano, der Treporti und Burano verbindet. Auf dieser stärker frequentierten Wasserstraße verkehren Fährschiffe und zahlreiche Sportboote. Hier hat man kein Problem mit der Wassertiefe. Der Kirchturm von Burano bietet Orientierung, sollte aber nicht mit dem Turm der Klosterinsel San Francesco verwechselt werden, die etwas weiter südwestlich liegt. Die Insel San Francesco ist eine Oase der Ruhe. Die Kirche und der schöne Kreuzgang sind besonders sehenswert. Besucher landen im kleinen Hafen an und bitten an der Klosterpforte um Einlass. Alternativ starten von Venedig Ausflugsboote zu einem Besuch hierher. Im Gegensatz zu San Francesco und Sant'Erasmo ist Burano ein touristischer Hotspot. Kein Wunder, die malerische Insel mit ihren farbensatten Häuschen und dem schiefen Campanile wird im Minutentakt von Touristenmassen überschwemmt. Nur in den frühen Morgenstunden und ab Spätnachmittag wird es wieder ruhiger. Anlegeplätze gibt es genug. Bei einem früheren Besuch schlugen wir unser Zelt auf einer nahen Salzinsel auf, die kaum fünf Meter lang war, und genossen ein stimmungsvolles Sternenlicht mitten in der Lagune. Von Burano nach Torcello ist es nur noch eine kurze Wegstrecke. Auch hier bietet der klotzige Campanile Orientierung. Torcello war früher die Hauptinsel in der Lagunem, auf der bis zu 10.000 Menschen gelebt haben sollen. Möglicherweise haben die Malaria oder eine andere Seuche die Bevölkerung dezimiert oder vertrieben. Wenn das letzte Ausflugsboot abgefahren ist (oder in den Wintermonaten), scheint hier die Zeit stehengeblieben zu sein. An einem kleinen Hafen landet man an und deponiert die Kajaks zum Inselrundgang. Hauptsehenswürdigkeit ist die riesige Kathedrale Santa Maria Assunta (7.Jh.), die älteste Kirche in der Lagune.

Auch der Schriftsteller Ernest Hemingway hat auf Torcello seine Spuren hinterlassen. Man erzählt sich, er hätte hier eine Schreibblockade gehabt, vorwiegend an den Abenden die Bars der Insel frequentiert und tagsüber Enten gejagt. Am Ende hat er aber hier sein 1950 erschienenes Buch, „Across the river and into the trees" (deutscher Titel: „Über den Fluss und in die Wälder") vollendet. Das Buch wurde 2022 verfilmt.

Ähnlich wie in Burano gibt es auch auf Torcello die Möglichkeit, ein Zimmer zu buchen, um den Flair der Lagune auf sich wirken zu lassen. Ein einsamer und abgelegener Zeltplatz auf einer Salzinsel ist zumindest die preiswertere Alternative. Bei unserer letzten Inselübernachtung waren wir jedoch erstaunt über die Lautstärke der zahlreichen Fischerboote und dem Lärm des Flugverkehrs von San Marco und der Schwerindustrie von Margera. Ein traumhafter Sternenhimmel und ein hervorragender Rotwein sorgten dennoch für eine unvergessene Stimmung.

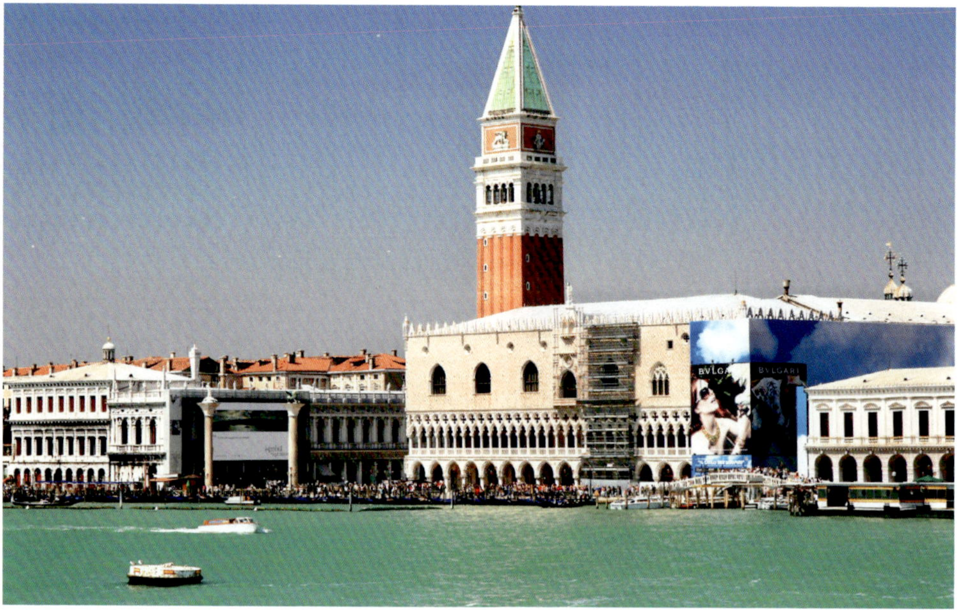

Mit diesem Blick empfängt die Lagunenstadt ihre zahlreichen Besucher.

TOURINFOS

Charakter: Zahmwasser. Wegen der starken Wellenbildung von vorbeifahrenden Booten sind hier Spritzdecke und Schwimmweste zwingend erforderlich. Der Tidenhub innerhalb der Lagune kann bis zu einem Meter betragen.
Etappe: Punta Sabbioni-San Erasmo-San Francesco-Torcello, Hin- und Rückweg: 15 km
Beste Zeit:
Ende Februar bis Anfang November

Gefahren: Berufsschifffahrt, Fährschiffe, Sportboote, Nebel!

Befahrungsregeln:
www.kanu.de/_ws/mediabase/_ts_1597051236000//downloads/freizeit/gewaesser/BefahrungsregelungenVenedig.pdf

GeführteTouren:
www.genusspaddeln.at
www.venicekayak.com/de/
www.getyourguide.de/venedig-l35/kanu-und-kajaktouren-tc61/
www.laguniamo.com/de/escursioni
Info Vogalonga:
www.vogalonga.com/de/home-3/

Kanu-Gewässer der näheren Umgebung: Sile, Naviglio Brenta, Piave Vecchia, Lagune bei Cavallino, Rundtour Chioggia, Podelta.

Auskunft: *www.veneziaunica.it*

Übernachten:
Cavallino Treporti (Punta Sabbioni):
www.miramarevenezia.it und *www.albateo.it*
Bitte die Hinweise zum Thema Übernachten und Lagerfeuer im Infoblock beachten!

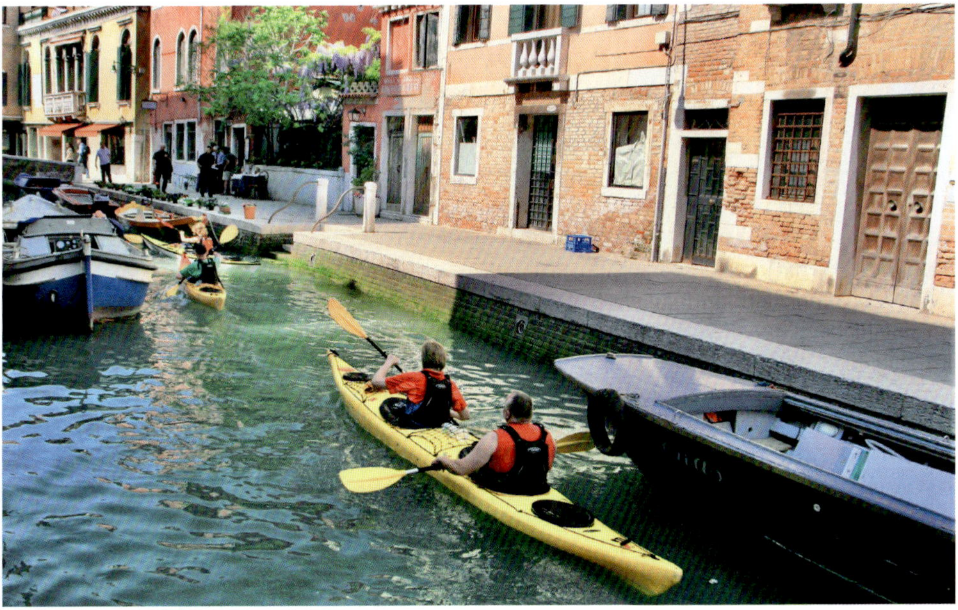

Wer in den Kanälen von Venedig paddeln möchte sollte sich über die aktuellen Regeln informieren.

Sehenswertes: Isola Sant'Erasmo (Inselrundweg), San Francesco del Deserto (Kreuzgang), Burano (malerische Häuserfassaden und Kanäle, Regata Storica im September), Torcello (Kirchen Santa Fosca Santa Maria Assunta, Campanile, Museo dell'Estuario).

Alternativen: Radtour von Punta Sabbioni über die Inseln Lido und Pellestrina nach Chioggia, Rundwanderung um Sant'Erasmo.

Literatur/Karten:

- Nautischer Reiseführer „Lagunen von Venedig bis Grado" (Heinrich Breidenbach), Delius Klasing Verlag
- Reiseführer „Venedig" (Sabine Becht/Sven Talaron), Michael Müller Verlag
- Merian Magazin „Venedig"
- Literatur: „Herr der Diebe" (Cornelia Funke), Dressler Verlag, und „Über den Fluss und in die Wälder" (Ernest Hemingway), Rowohlt Verlag
- Bildband „LAGUNA - Venedigs Inselwelten" (János Kalmár/Alfred Komarek), Haymon Verklag
- Laguna Veneta, Carte Nautiuco Turistica, 1:50.000,
  Bestelladresse: *www.maredicarta.com*

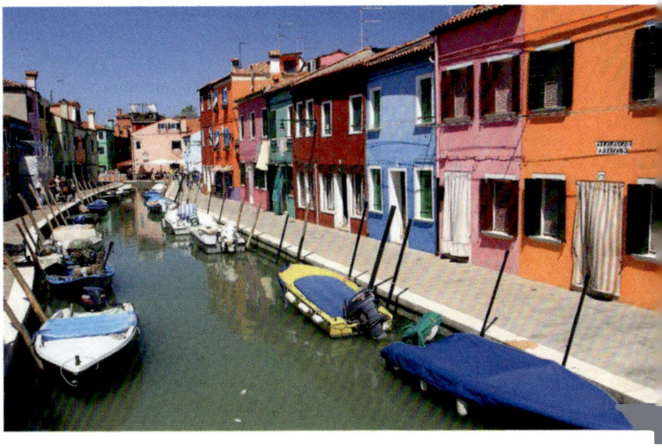

Farbenprächtige Häuser in Burano.

26 Citytour Chióggia

Die kleine Schwester der Serenissima

Das kleine Städtchen am Südrand der Lagune wirkt wie eine verarmte Tochter der Serenissima. Chióggia wird auch als Klein-Venedig bezeichnet und hat rund 10.000 Einwohner. Morbider Charme umweht die etwas schmuddelige, aber dennoch bezaubernde Altstadt. Vorgelagert ist ein Konglomerat an Lidi und Inselchen, der fischreiche südliche Teil der Laguna Veneta. Wer außerhalb der Hauptferienzeit, z. B. im späten Oktober hierher kommt, wird in vielerlei Hinsicht überrascht sein. Alles sieht ein wenig aus wie Venedig, doch die Besuchermassen fehlen. Es riecht nach Fisch und Meer, und man ist weit weg vom Rummel der Stadt Venedig.

Der riesige Parkplatz Isola Dell'Unione gegenüber der Abfahrtstelle zahlreicher Fähren nach Venedig und einer riesigen Fisch-Verkaufshalle ist ein geeigneter Startpunkt für eine Paddeltour im Umfeld der Altstadt von Chióggia. Den Donnerstag sollte man allerdings meiden, dann ist hier ein großer Wochenmarkt mit zahlreichen Besuchern am Vormittag. In Chióggia soll außerdem die größte Fischereiflotte der gesamten Adria ihren Heimathafen haben.

Am hintersten Ende des riesigen Parkplatzes gibt es eine flache Rampe, an der man sein Boot bequem einsetzten kann. Schon nach wenigen Paddelschlägen nehme ich, begleitet von zahlreichen kreischenden Möwen, die Einfahrt in den Canale Vena. Ich habe heute keinen konkreten Plan, möchte einfach nur stimmungsvolle Eindrücke dieses Freilichttheaters einsammeln. Die überschaubare Altstadt besuche ich nicht zum ersten Mal. Leider werden im Verlauf der Weiterfahrt die Brücken immer niedriger, und daher bin ich schließlich zur Umkehr gezwungen. Der idyllische Abstecher

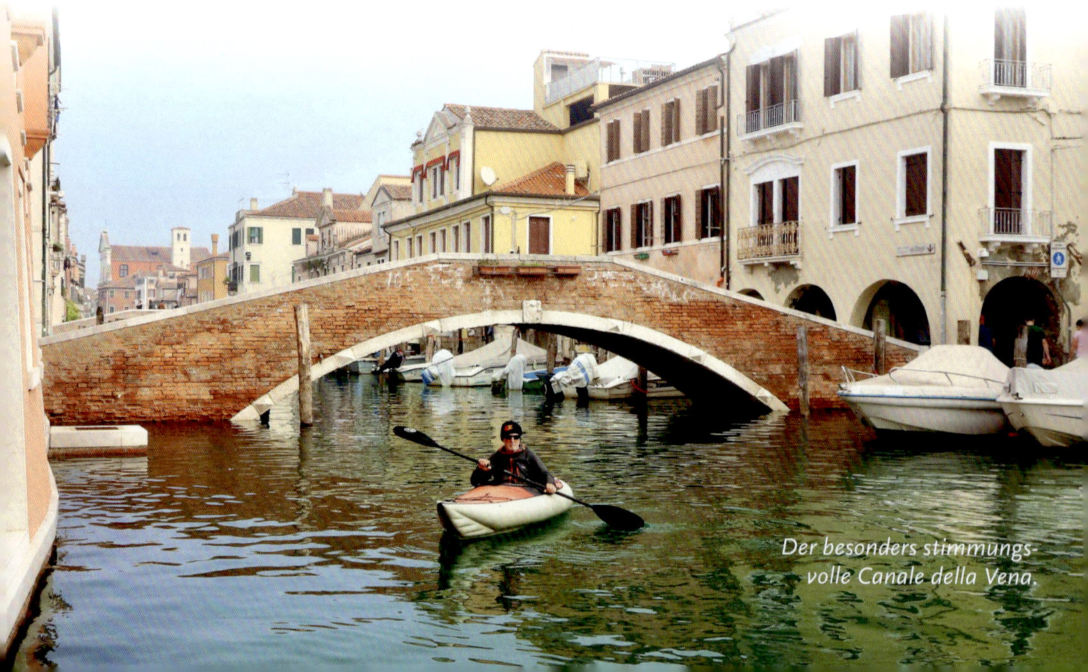

Der besonders stimmungsvolle Canale della Vena.

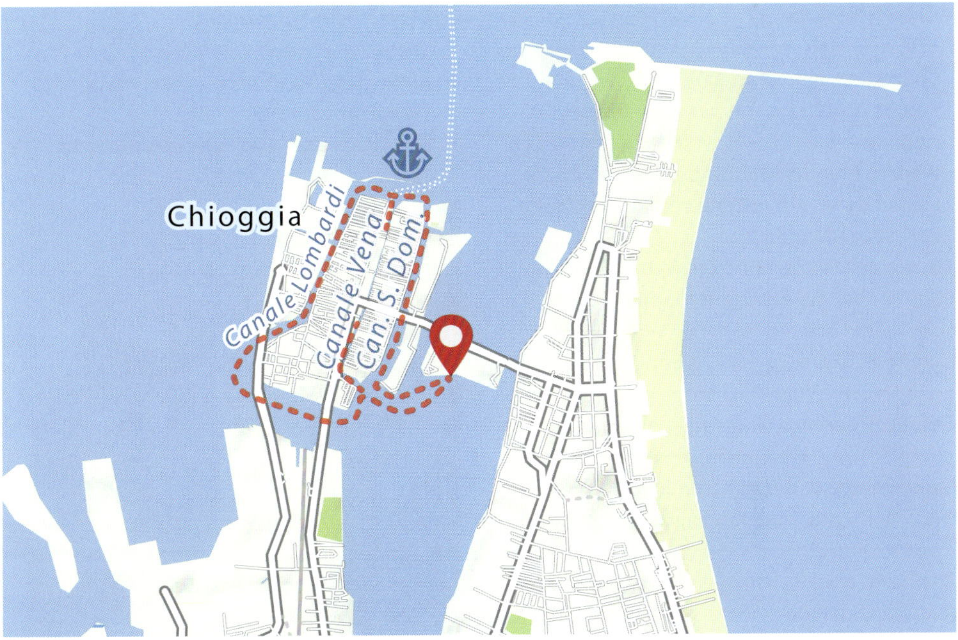

in den Canale Vena lohnt sich dennoch. Der Wasserstand ist etwas abhängig von Ebbe und Flut, was die Höhe der Brückendurchfahrten beeinflusst. Daher mein Entschluss, über den größeren Canale Lombardo die Altstadt im Uhrzeigersinn zu umrunden. Hier liegen auch größere Boote vor Anker, und die wenigen Brücken auf diesem Weg stellen kein Problem dar. Rechts herum geht es dann durch den Hafen. Die ein- und auslaufenden Fähren und Schiffe sollte man immer im Blick behalten. Ein erneuter Abstecher führt mich noch einmal von Norden in den besonders reizvollen Canale Vena hinein und unter der historischen Fußgängerbrücke Ponte di Vigo durch. Weiter geht es auf meiner Schnupperrunde rechts herum zu einer weiteren schönen Brücke, der Ponte San Domenico. In Richtung Süden entlang dem Fondamento San Domenico passiere ich zahlreiche vor Anker liegende Boote und kreuze bald meinen Hinweg. Nachdem die Ostseite der Halbinsel Sottomarina keine attraktive Fortsetzung der Tour zu versprechen scheint, paddle ich früher als geplant zurück zum Ausgangspunkt. Als Abschlussprogramm lohnt ein Besuch des interessanten Museo Civico della Laguna Sud, das die südliche Lagune von Venedig thematisiert.

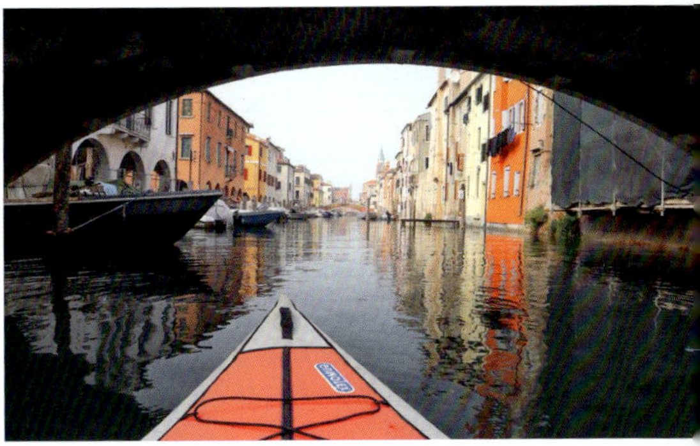

Kleinere und größere Brücken liegen auf dem Wasserweg.

TOURINFOS

Charakter: Zahmwasser
Etappe: Rundtour mit variabler Routenführung
Weitere Etappe: Mehrtagestour von Chióggia auf der Lagunenseite entlang der Insel Pellestrina zum Lido.
Beste Zeit: Ende März bis Mitte Juni, Mitte September bis Anfang November

Gefahren: Schiffsverkehr, niedrige Brücken

GeführteTouren: *www.genusspaddeln.at*

Kanu-Gewässer der näheren Umgebung: Naviglio di Brenta, Podelta, Lagune von Venedig

Auskunft: *www.visitchioggia.com/de/infos/tourismusverband*

Übernachten:
Sottomarina: *www.campingtredue.it*
und *www.campinginternazionale.net/de*
Chioggia: *www.hotelcaldins.com*

Sehenswertes: Altstadt und Fischmarkt, Museo Civico della Laguna Sud, Dom Santa Maria Assunta

Alternativen: Schwimmen, Radtour zum Lido di Venezia (Fähren).

Literatur/Karten:
- Nautischer Reiseführer „Lagunen von Venedig bis Grado“ (Heinrich Breidenbach), Delius Klasing Verlag
- Reiseführer „Oberitalien“ (Nana Claudia Nenzel), Dumont Verlag
- Reiseführer „Venetien“ (Eberhard Fohrer), Michael Müller Verlag
- Krimi „Das Gesetz der Lagune“ (Donna Leon), Diogenes Verlag
- Marco Polo Straßenkarte „Venetien, Friaul“ 1.200.000
- Karte „Laguna Veneta“, Carte Nautico Turistica 1:50.000, Bestelladresse: *www.maredicarta.com*

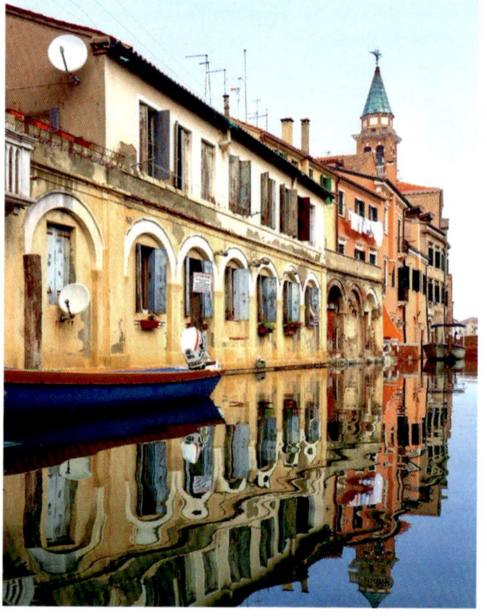

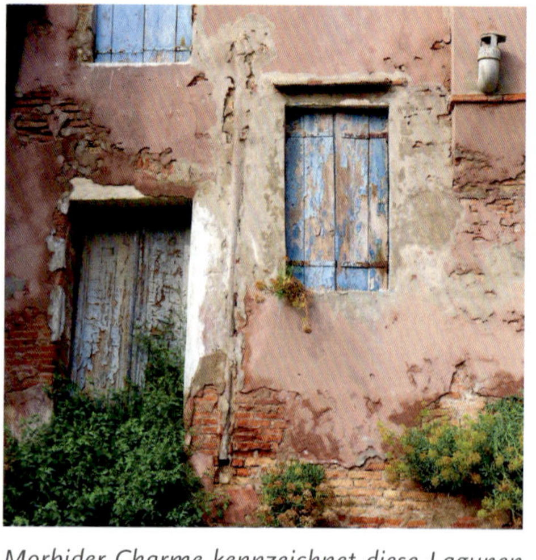

Morbider Charme kennzeichnet diese Lagunenstadt.

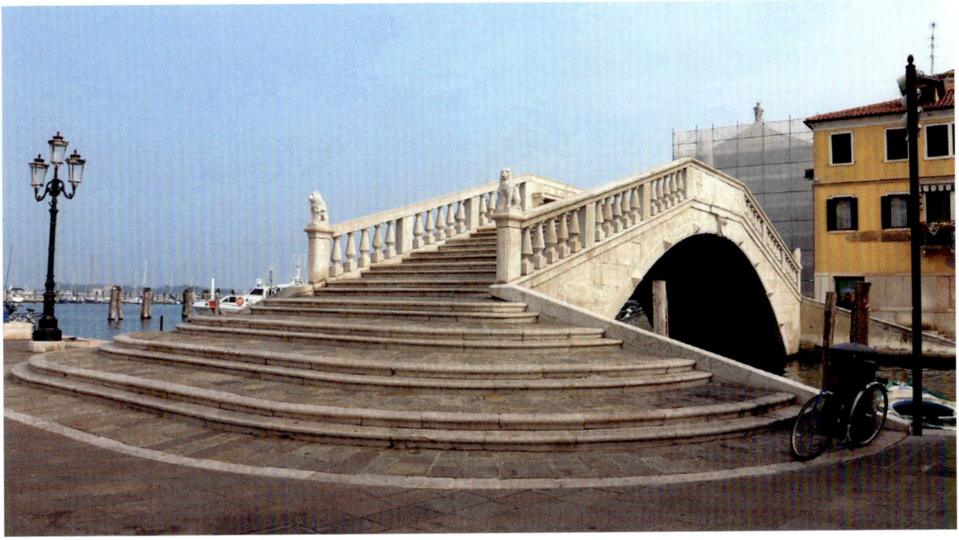

Die Ponte di Vigo ist die prachtvollste Brücke in Chioggia.

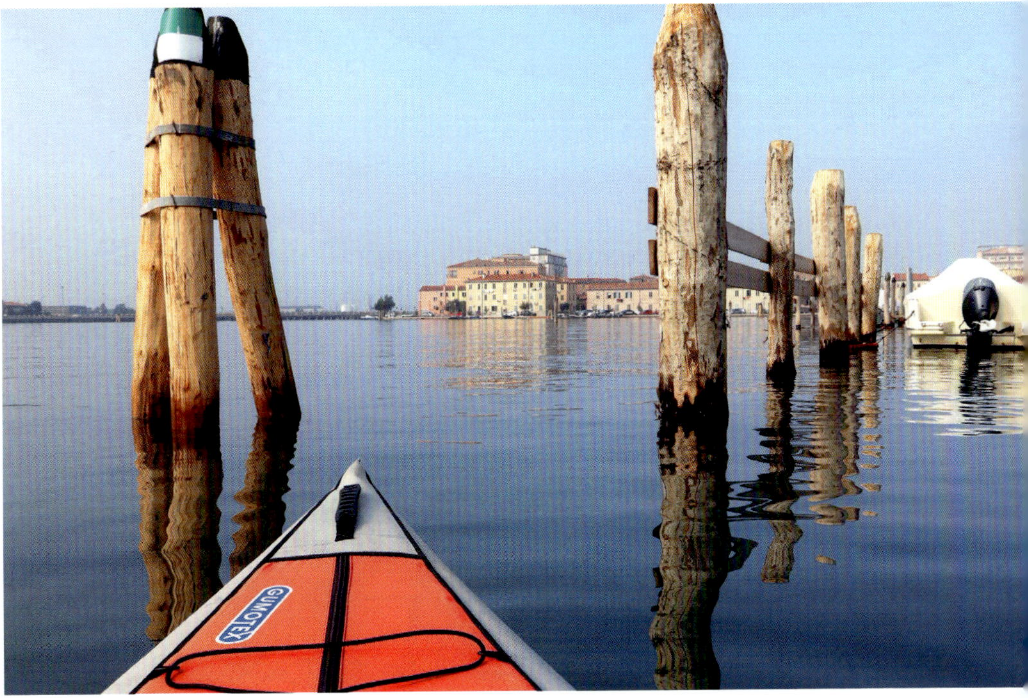

Mit dem Paddelboot im Außenbereich von Chióggia.

27 SILE

SCHÖNSTER ZUGANG ZUR LAGUNE VON VENEDIG

Der 95 km lange Fiume Sile gehört zu den bezauberndsten und von der Logistik unproblematischsten Gewässern im Umfeld von Venedig. Der schiffbare Wasserlauf verbindet die Lagune mit einem Vorort der Stadt Treviso, einer der interessantesten Städte Norditaliens. Treviso ist eine Stadt der Kanäle mit tiefhängenden Weiden, bunten Fassaden, Laubengängen und einem lebhaften Fischmarkt auf einer Flussinsel. Unterhalb der Stadt fließt der Sile kurvenreich durch eine Parklandschaft mit vielen Mühlen und Villen und wird von einem Radweg begleitet.

Mit einem verästelten Quellgebiet, etwa 20 Kilometer westlich von Treviso, ist dieser Fluss bereits im Oberlauf auf einer kurzen Etappe paddelbar. Allerdings stört hier die Geräuschkulisse des städtischen Flughafens. Die „Oasi di Cerva" bei Quinto di Treviso, mit Wasseradern und Sümpfen, kann an Wochenenden im Rahmen einer Führung besichtigt werden.
Für Paddler ist jedoch vor allem die Stecke von Casier nach Casale von ganz besonderem Reiz. Der Fluss durchquert hier einen Teil des regionalen Naturparks Fiume Sile.
Unsere Tour beginnt im Hafen von Casier nahe dem Parcheggio al Parco dei Burci. Die freundliche und bei Einheimischen sehr beliebte Trattoria al Sile, die man auf dem kurzen Weg zum Einbootplatz an einer Rampe passiert, kann für einen ersten Cappuccino oder eine finale Einkehr empfohlen werden. An meine erste Tour auf dem Sile vor vielen Jahren habe ich denkbar schlechte Erinnerungen. Die Rückfahrt mit dem Fahrrad zum Einstieg auf einer stark befahrenen Straße war damals kein Vergnügen. Heute gibt es mit dem von der Eu-

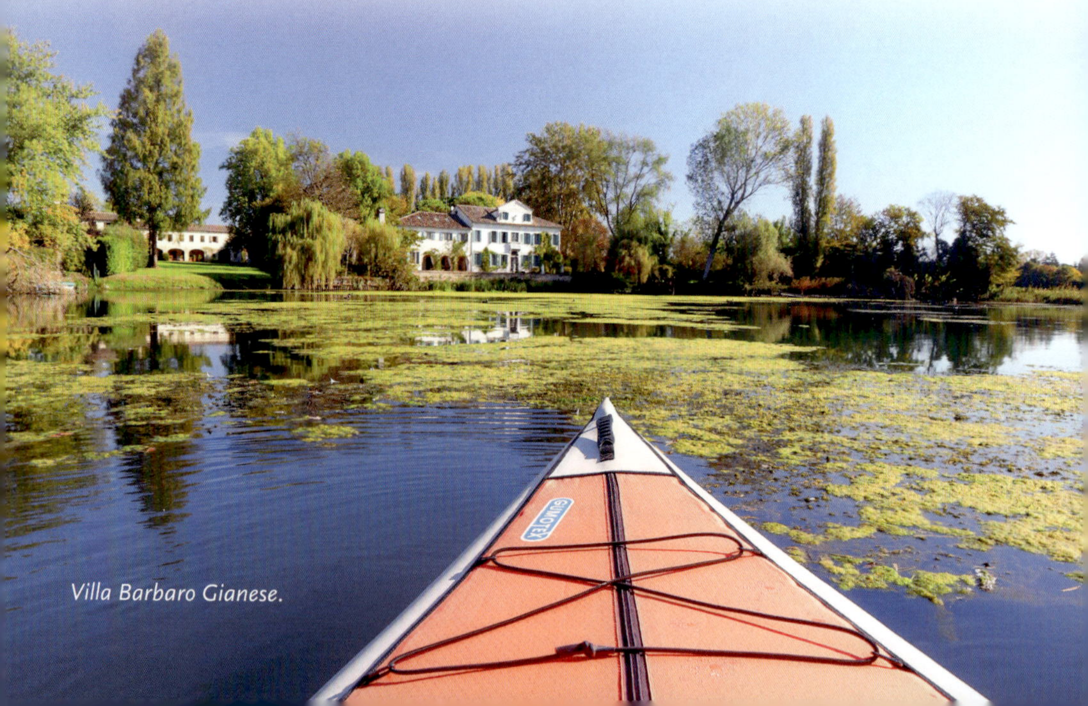

Villa Barbaro Gianese.

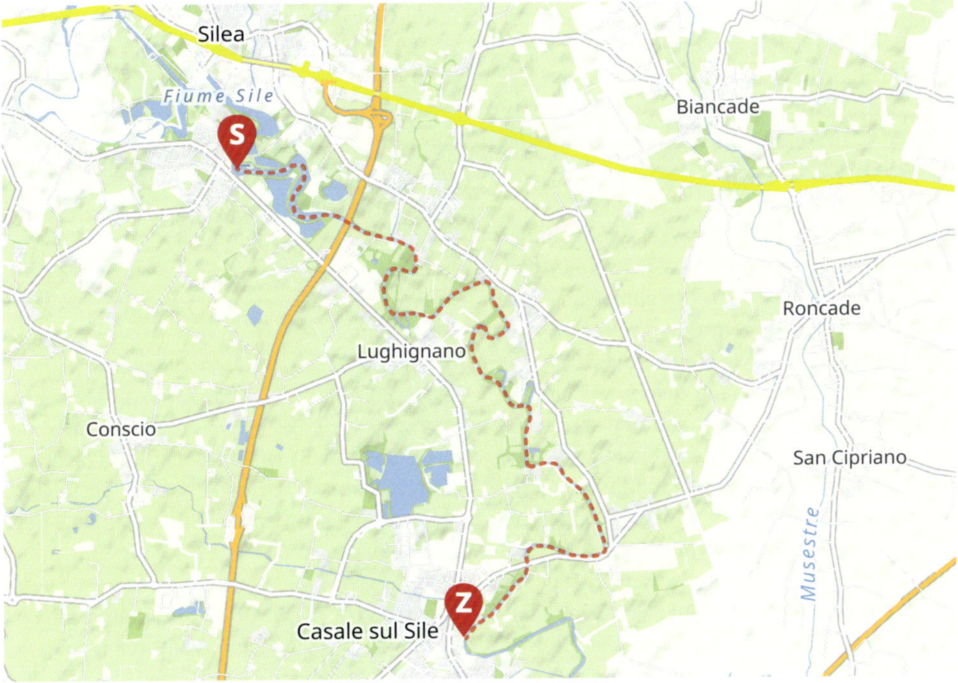

ropäischen Union finanzierten Radweg E4, der München und Venedig verbindet, eine deutlich reizvollere Alternative. Zwar ist die Fahrstrecke durch die ausgeprägten Flussschlingen wesentlich länger, aber da der Radweg abseits der lauten Verkehrswege und nahe am Fluss verläuft, ist diese Fahrt ein angenehmer Bestandteil der Tour.

Der smaragdgrüne Fluss mit seinen üppigen Seerosenfeldern, die Ufer mit Weiden und Pappeln bestanden, führt an zahlreichen alten Villen, Mühlen und verfallenen Fabriken vorbei. Bereits nach wenigen Metern geht es in die erste von zahlreichen Flussschleifen. Linkerhand hinter einem Seerosenfeld liegt die Villa Barbaro Gianese. Nach der Unterquerung der Autobahn A27 schlängelt sich der Sile weiter südwärts. Bald passieren wir das Gelände eines Kanu- und Bikevermieters, der hier ideal am Fluss liegt. Erstaunlich selten begegnen wir Sportschiffen. Radfahrer sind hingegen deutlich häufiger anzutreffen. Zahlreiche Wasservögel bevölkern die Flussaue, die Anwesenheit vieler Kormorane ist ein Beleg für den Fischreichtum. Früher wurde der Sile mit flachen, „Burcio" genannten Booten befahren, die vor allem das Mehl der zahlreichen Mühlen (aber auch andere landwirtschaftliche

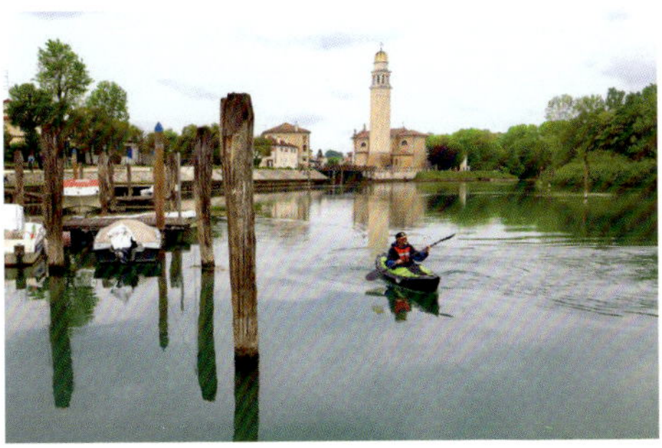

Start am Hafen in Casier.

Agrarprodukte) in die Stadt Venedig transportierten. Nach einer gemütlichen Flussreise, vorbei an ufernahen Orten wie Sant'Elena und Lughignano, erreichen wir nach etwa drei Stunden Fahrt den Ausstieg in der Via San Nicoló in Casale sul Sile.

Wer Gefallen an dem Gewässer gefunden hat, kann die Fahrt um weitere 28 Kilometer über Musestre und Trepalade bis zum Hafen von Portegrandi oder sogar in die Lagune von Venedig fortsetzen. Auch hier ist die Strömung sehr gering. Dafür verläuft der Fluss weiterhin abseits von Verkehrswegen durch eine stille und grüne Landschaft. Entschleunigung pur! Einen Campingplatz gibt es auf der gesamten Strecke und auch in der näheren Umgebung nicht. In den größeren Orten besteht die Möglichkeit, die Etappe zu unterbrechen oder in flussnahen Restaurants einzukehren. Venetien hat neben viel Rummel in den touristischen Hotspots auch viele Plätze zu bieten, wo man die Seele baumeln lassen kann. Die Region um den Fiume Sile ist hier ein wundervolles Beispiel.

TOURINFOS

Charakter: Zahmwasser
Etappe: Casier-Casale: 11 km
Weitere Etappe: Casale-Portegrandi: 28 km (Tourverlängerung über den Canale Silone nach Burano möglich).
Beste Zeit: Ende März bis Ende Oktober

Gefahren: Sportboote, die sich meistens gegenüber Paddlern sehr rücksichts-voll verhalten.

Kanu-/Bikevermietung: *www.venicetrail.org* und *www.lanaturadellosport.it*

GeführteTouren: *www.genusspaddeln.at*

Kanu-Gewässer der näheren Umgebung: Lagune von Venedig, Piave, Piave Vecchio, Musestre, Lagune von Caorle, Livenza-Unterlauf

Auskunft:
www.fremdenverkehrsamt.com/reisefuehrer/reiseziel/venetien/index.html
www.parks.it/parco.fiume.sile
und *www.oasicervara.it*

Übernachten:
Casale sul Sile: *www.laresteradelsile.it*
Quarto d'Altino: *www.borgocadeisospiri.it*

Sehenswertes: Trevisio (Altstadt um die Piazza del Signori, Fischmarkt auf der Isola della Pescheria), Oasi Cervara, Parco Regional del Fiume Sile.

Alternativen: Radweg E4 Trevisio-Venedig bzw. Castelfranco-Jesolo. Wanderungen in den Naturparks am Fluss.

Literatur/Karten:
- Nautischer Reiseführer „Lagunen von Venedig bis Grado“ (Heinrich Breidenbach), Delius Klasing Verlag, mit Detailkarten aller Wasserwege
- Reise-Handbuch „Oberitalien“ (Nana Claudia Nenzel), Dumont Verlag
- Reiseführer „Venetien“ (Eberhard Fohrer), Michael Müller Verlag
- „Ciclovia del Sile da Castelfranco Veneto a Jesolo“ (S.Malvestio/P.Perini) Ediciclio Editore (Italienisch)
- Merian Reisemagazin Venedig
- Marco Polo Straßenkarte „Venetien, Friaul“ 1:200.000

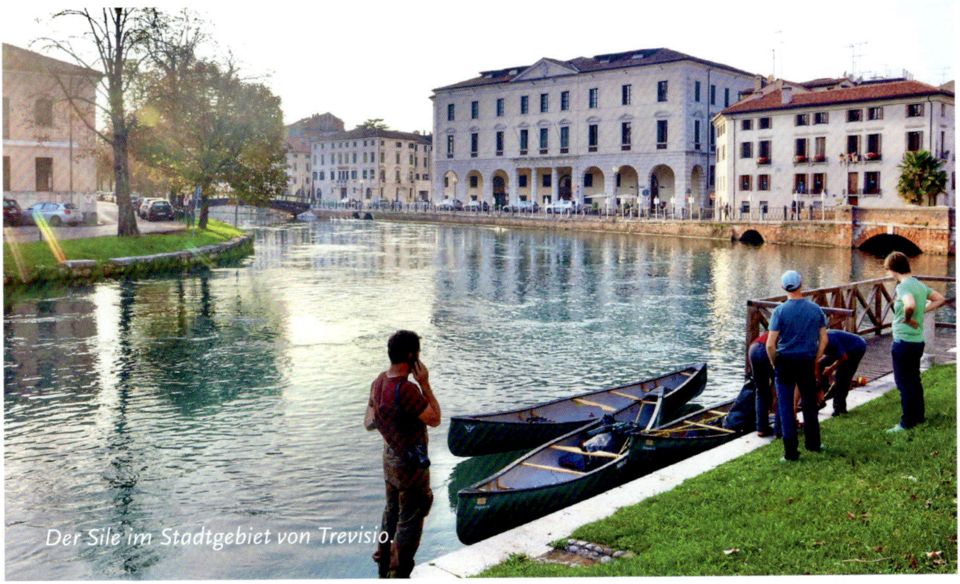

Der Sile im Stadtgebiet von Trevisio.

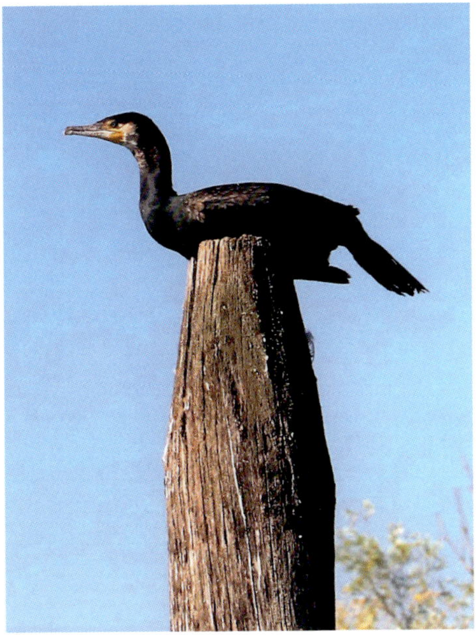

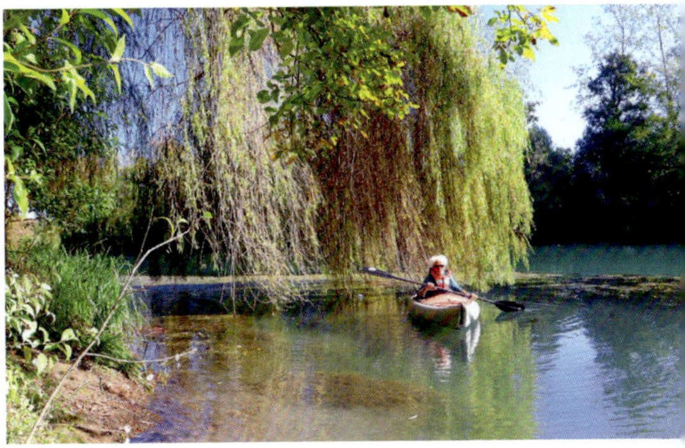

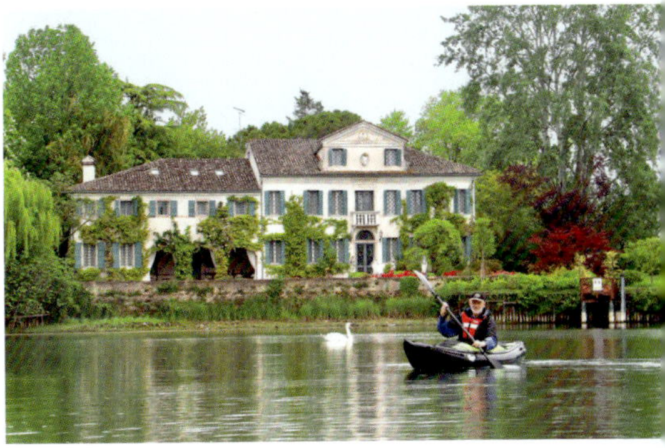

Impressionen einer stillen Flussreise die durch eine üppige Vegetation aber auch von zahlreichen Villen geprägt ist

28 PIAVE
FLUSSGOTT MIT KLEINEN SCHÖNHEITSFEHLERN

Der Piave ist ein Fluss mit großer Geschichte. So stammt das Holz zur Erbauung der Fundamente der Lagunenstadt Venedig aus den waldreichen Regionen am Oberlauf. An seinen Ufern wurden entscheidende Schlachten zwischen Österreich und Italien geschlagen. Der Alpenfluss entspringt im Süden der Karnischen Alpen nahe der österreichischen Grenze und fließt durch die östlichen Dolomiten über Belluno nach Süden, um östlich von Jesolo nach gut 200 Kilometern kanalartig in die Adria zu münden. Mehrere Kraftwerke, Stauseen und Wasserableitungen zu Bewässerungszwecken haben ihm oberhalb der Stadt Belluno eines Teils seiner Natürlichkeit beraubt. Doch im Anschluss bietet der wasserreichste Fluss der Provinz Venetiens auf den nächsten 45 Kilometern ganz großes Paddlerkino.

Der Oberlauf des Piave ist nur auf Teilstrecken im Frühjahr ein leichter Wildfluss in einem meist breiten Tal. Geschichte geschrieben hat der Ort Longarone, der 1963 nach einem Erdrutsch am Stausee Lago del Vaiont von einer Flutwelle weggespült wurde. 1500 Menschen kamen bei diesem „Alpen-Tsunami" ums Leben. In Castello Lavazzo-Codissago sollte man das Flößermuseum „Museo Storico degli Zattieri del Piave" besuchen. Hier wird die knochenharte und gefährliche Arbeit der Flößer dokumentiert, die seinerzeit das Baumaterial für Venedig heranschafften, das durch seine geschützte Lage in der Lagune zur reichsten und mächtigsten Seemacht der damaligen Zeit aufstieg.

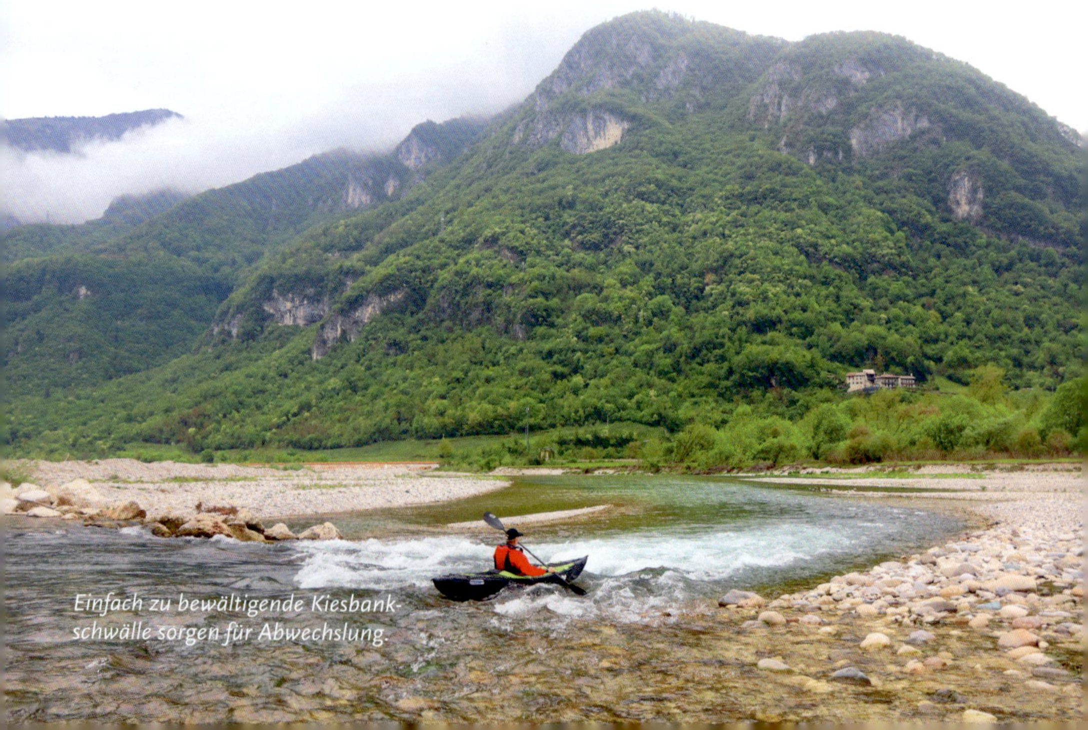

Einfach zu bewältigende Kiesbankschwälle sorgen für Abwechslung.

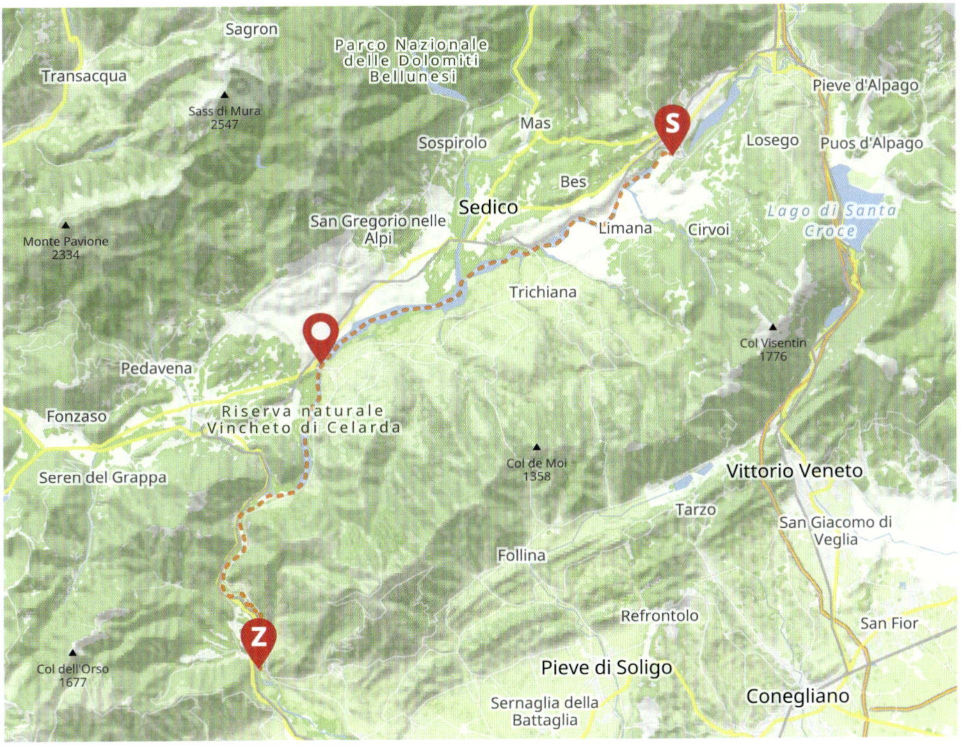

Unsere Kanutour beginnt in der Provinzhauptstadt Belluno an der Südabdachung der Belluneser Alpen. Nachdem sowohl Belluno als auch die Orte Busche, Quero Vas und Fener-Valdobbiadene eine Bushaltestelle besitzen, ist für Besitzer eines zerlegbaren Bootes die Anreise auch mit öffentlichen Verkehrsmitteln möglich. Ansonsten kann man den ÖPNV auch zur Rückholung des Fahrzeugs nutzen. Vor der Kanu-Tour ist eine Besichtigung der Altstadt von Belluno um die Piazza Duomo empfehlenswert. An der letzten Straßenbrücke unterhalb der Viale di Dendrofori wird eingebootet, da sich oberhalb einige unbefahrbare Sohlschwellen befinden. Hier gibt es auch einen gebührenpflichtigen Parkplatz. Die erste Etappe bis nach Busche erfordert einen etwas höheren Wasserstand, da sich das Flussbett des Piave hier stark verzweigt. Nach langen Trockenzeiten (oder bei fehlender Schneeschmelze) ist eine Befahrung bis Busche oft nicht möglich. Die zweite Etappe hingegen dürfte bei üblicher Wasserabgabe fast immer paddelbar sein. Das Wehr in Busche ist das

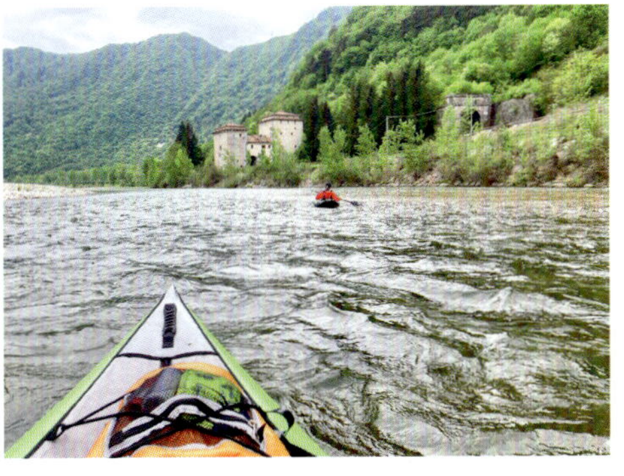

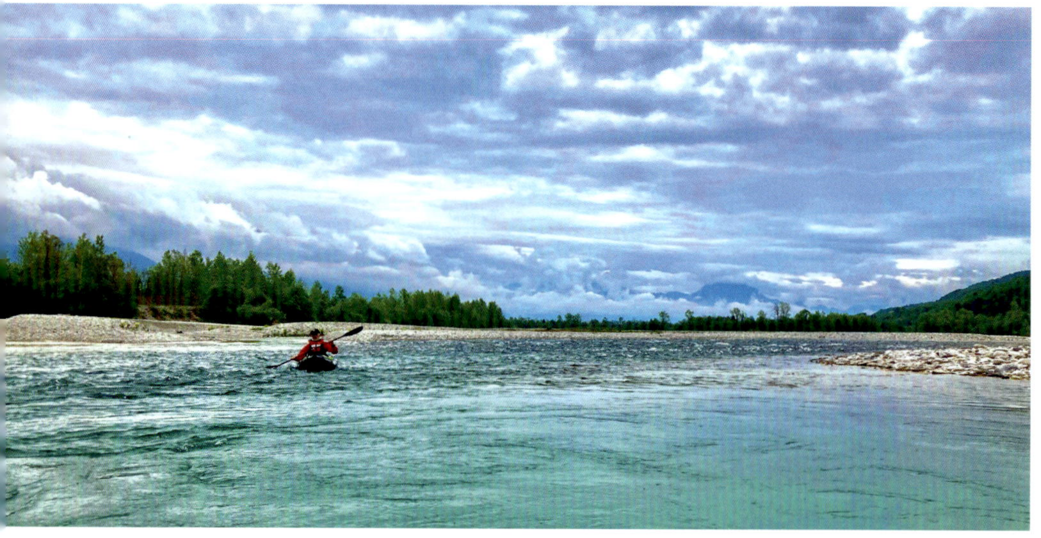

Dicke Wolken über dem Fluss bedeuten vor allem Wasserzuschuss von oben.

einzige nennenswerte Hindernis. 10 Kilometer nach Belluno erreicht man die Ponte S.Felice der SP635. Vier Kilometer danach mündet rechterhand der Wildfluss Cordévole, der vom Pordoipass kommt und meist nur im Frühjahr befahrbar ist. In diesem Bereich ist das Flussbett stark verzweigt, Straßen verlaufen etwas entfernt. Üblicherweise folgt man dem wasserreichsten Arm. Auf dem letzten Kilometer nimmt die Strömung immer mehr ab, das mächtige und unschöne Wehr von Busche ist nicht zu übersehen. Der Umtrageweg am linken Ufer führt an einer Bar mit nicht verlässlichen Öffnungszeiten vorbei.

In Busche gibt es einen Parkplatz für Tagesfahrer unterhalb des Wehres. Bei sehr niedrigem Wasserstand empfiehlt sich ausschließlich die 17 Kilometer lange Teilstrecke von Busche bis nach Quero Vas. Auf einer Kiesbank starteten wir bei unserer letzten Fahrt bei einem sehr niedrigen Pegel von nur 95 cm, was für diese Etappe gerade noch ausreichend ist. Besonders attraktiv sind die Felsen am rechten Steilufer. Das Tal wird etwas schmaler, und zunächst berührt keine Straße die Flussaue. Traumhaft ist der Blick auf die flankierenden Berggipfel, die immer noch bis über 1500 Meter hoch sind. Der Piave schlängelt sich zwischen großflächigen Kiesbänken und Flussinseln hindurch. Erst in Höhe der Ortschaft Marziai berührt wieder eine Straße den Fluss. Vereinzelt kündet lautes Rauschen eine etwas kräftigere Stromschnelle an. Bei Niedrigwasser beendet man bereits wenige Meter vor der Brücke bei Quero Vas die Fahrt. Wenige Meter oberhalb befindet sich eine Bar sowie eine Bushaltestelle neben dem Bahnhof. Der Zugverkehr wurde eingestellt. Die lohnende Weiterfahrt führt bald darauf durch eine Talenge mit der SP 1-Straßenbrücke. Auf den letzten 400 Metern vor dem Ausstieg in Fener verläuft sich das Wasser wieder in einem flachen Kiesbett. Der Rückstau des Wehres macht sich an der fehlenden Strömung bemerkbar. Bei Hochwasser und einem geöffneten Wehr ist hingegen absolute Vorsicht geboten. Dann wird ein Ausstieg kurz vor dem Wehr kritisch.

Rechterhand liegt eine Parkanlage, die sich auch zum Abbauen von zerlegbaren Booten bestens eignet. Zum Bahnhof in der Via San Giovanni sind es nur 200 Meter. Die Busse nach Busche und Belluno fahren hier in der Regel im Stundentakt. Fahrtickets muss man bereits vorab in einem bahnhofsnahen Tabakladen kaufen. Eine Weiterfahrt auf dem Piave bis Noventa di Piave ist nur bei entsprechender Wasserabgabe möglich.

Mit den Schönheiten der beschriebenen Strecke kann der Unterlauf aber nicht mehr ganz mithalten, obwohl das Piavetal unterhalb von Fener die berühmte Proseccoregion nahe Valdobbiadene berührt. Anschließend ist die flache und landwirtschaftlich stark benutze Ebene erreicht. Nachdem der Piave früher als wichtiger Transportweg diente, wurde sein Geschiebe zur Gefahr für die Sicherheitslage der Lagunenstadt. Daher wurde seine Mündung kurzerhand von den Dogen einige Kilometer ostwärts verlegt und ist auf den letzten Kilometern völlig unattraktiv. Der alte Flusslauf „Piave Vecchia" ist jedoch eine lohnende Empfehlung.

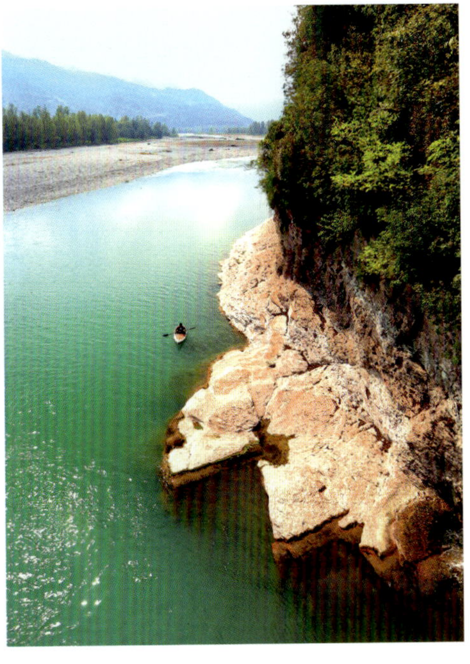

Uferfelsen unter der Staumauer von Busche.

TOURINFOS

Charakter: Wildfluss um WW I-II
Etappen:
Belluno-Busche: 24,5 km
Busche-Fener: 21,3 km
Weitere Etappe:
Fener-Noventa di Piave: 60 km
Beste Zeit: Mai bis Anfang Juli
(Ab Busche in manchen Jahren auch noch später möglich)
Pegel Belluno: 120 cm für die Gesamtstrecke, ab 95 cm ist nur noch die Etappe Busche-Quero Vas möglich.

Gefahren: Baumhindernisse, Bauarbeiten im Flussbett

Kanu-Gewässer der näheren Umgebung:
Oberer Piave (WW II-III), Lago di Santa Croce (Zahmwasser), Piave Vecchia (Zahmwasser)

Auskunft: *www.veneto.eu*
Info: Canua App, *www.flusswandern.at/piave*

Übernachten:
Farra d'Alpago (Lago St. Croce):
www.sarathei.it
Bitte die Hinweise zum Thema Übernachten und Lagerfeuer im Infoblock beachten!

Sehenswertes: Altstadt und Dom in Belluno, Prosecco-Weingebiet bei Valdobbiadene
Alternativen: Radweg zwischen Belluno und Busche, Bergwanderungen in den Belluneser Alpen.

Literatur/Karten:

- Reiseführer „Venetien“ (Eberhard Fohrer), Michael Müller Verlag
- Reise-Handbuch „Oberitalien“ (Nana Claudia Nanzel), DuMont Verlag
- Straßenkarte „Venetien, Friaul“ 1:200.000, Marco Polo
- Kompass Wanderkarten Nr. 76 Pale di San Martino und 77 Alpe Bellunesi 1:50.000

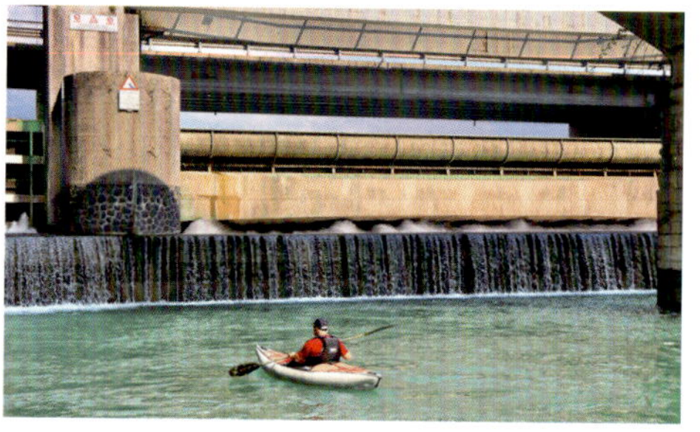

Am Wehr in Busche.

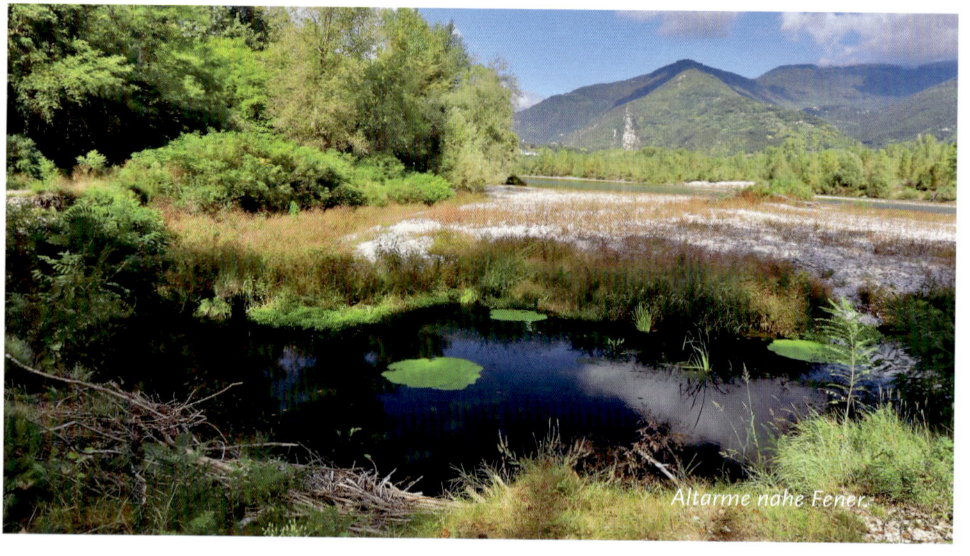

Altarme nahe Fener.

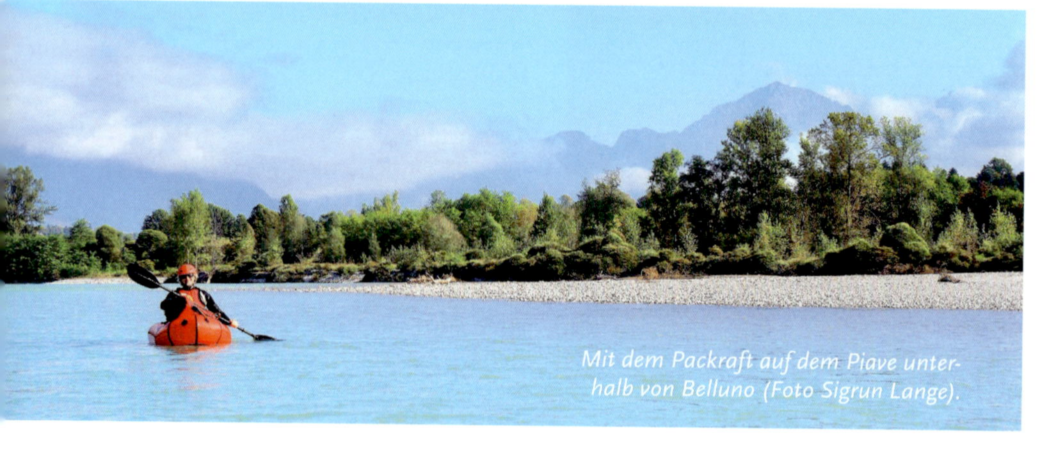

Mit dem Packraft auf dem Piave unterhalb von Belluno (Foto Sigrun Lange).

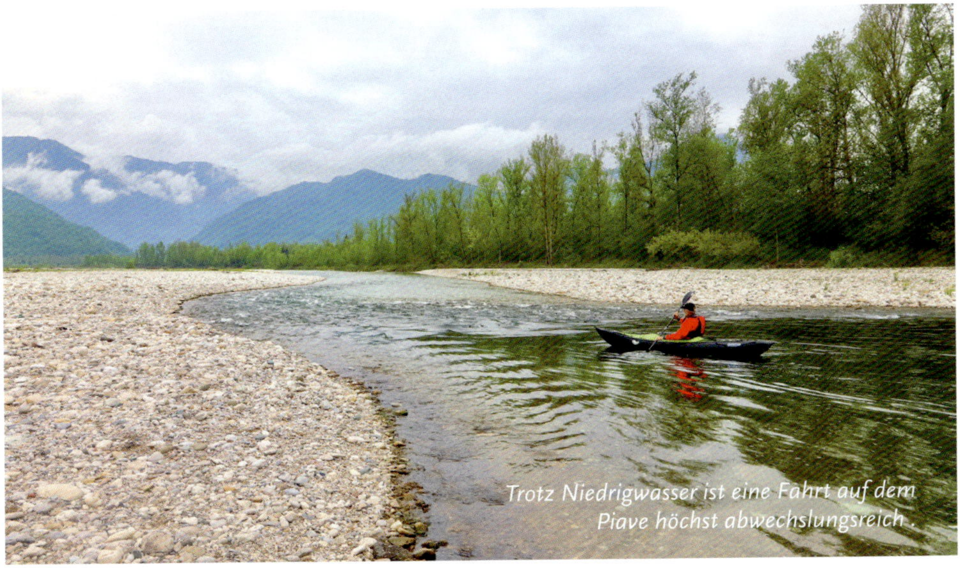

Trotz Niedrigwasser ist eine Fahrt auf dem Piave höchst abwechslungsreich.

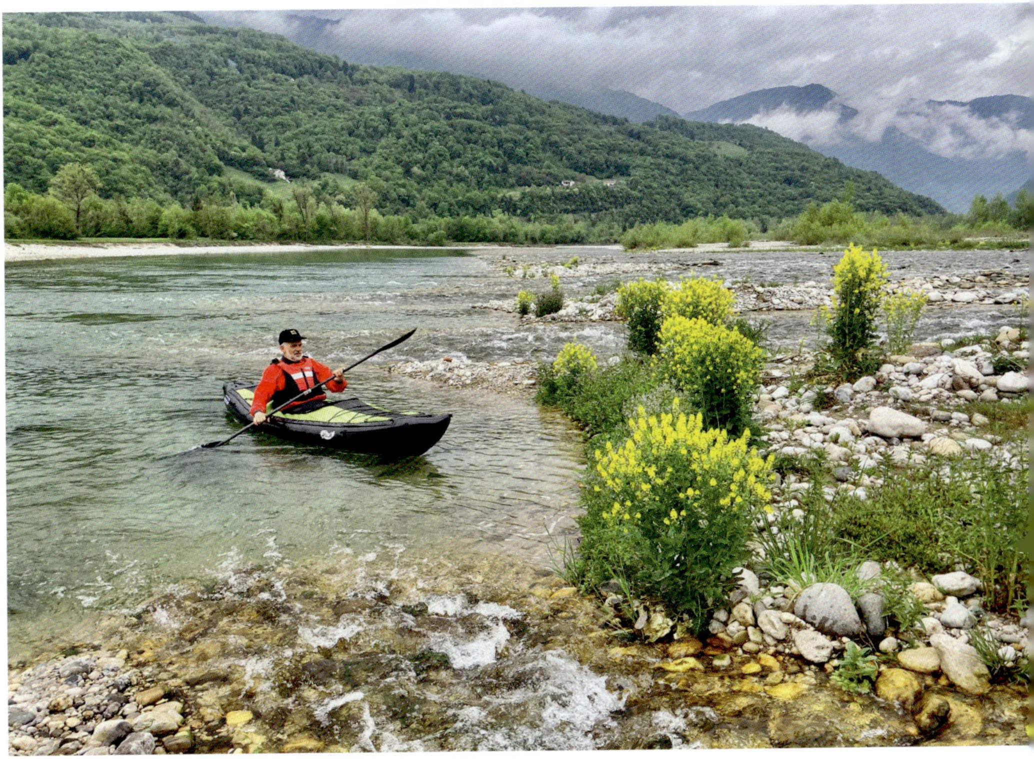

29 PIAVE VECCHIA

DER URSPRÜNGLICHE MÜNDUNGSARM DES PIAVE

Nachdem die Venezianer erkannten, dass der natürliche Schutz in der weiten Lagune durch das Geschiebe der Flüsse bedroht wurde, begannen sie, alle Flüsse umzuleiten: Po, Brenta, Sile, Piave. Im Jahre 1680 wurde der Piave nach Nordosten verlegt. Auf Landkarten oder bei Google Maps kann man das gut erkennen. Der alte Flusslauf wurde jedoch als Wasserweg erhalten und ist von ganz besonderem Reiz.

Flussaufwärts der Stadt San Donà di Piave zeigt sich der gewundene Flusslauf des Piave. Doch im weiteren Verlauf folgt ein schnurgerader und von Dämmen flankierter Kanal, den die Venzianer seinerzeit erbauten, um das Wasser des Flusse in die Adria zum Schutz der Lagune umzuleiten. Der ehemalige Unterlauf Piave Vecchia zweigt nach rechts ab und fließt mit ausgeprägten Windungen über Chiesanuova nach Caposile, wo er mit dem ebenfalls umgeleiteten Unterlauf des Sile an der historischen Auslegerbrücke zusammengeführt wird. Ein Kulturverein hat mit dazu beigetragen, den alten Flusslauf zum Leben zu erwecken, und betreibt in Caposile ein Naturkundezentrum für Umweltbildung.

Nach einigen Regenfahrten auf dem Piave und weiteren Gewässern, dazu eine Stresstour im Innenraum von Venedig, erwartet uns am Piave Vecchio ein bezaubernder und sonniger Frühlingstag. Sofort ist der Trubel des Vortages vergessen. Der von Bäumen gesäumte smaragdgrüne Wasserlauf begeistert auf Anhieb. Sowohl an der SR43-Brücke in Caposile als auch im Jachthafen von Chiesanuova ist ein Fahrtbeginn möglich. Erstaunt registrieren wir in Caposile eine leichte Strömung in nördlicher Richtung, also flussaufwärts. Möglicherweise der Einfluss von Ebbe und Flut? Die sanfte Strömung erlaubt es uns aber, wie geplant bis zur Schleuse in Musile zu paddeln

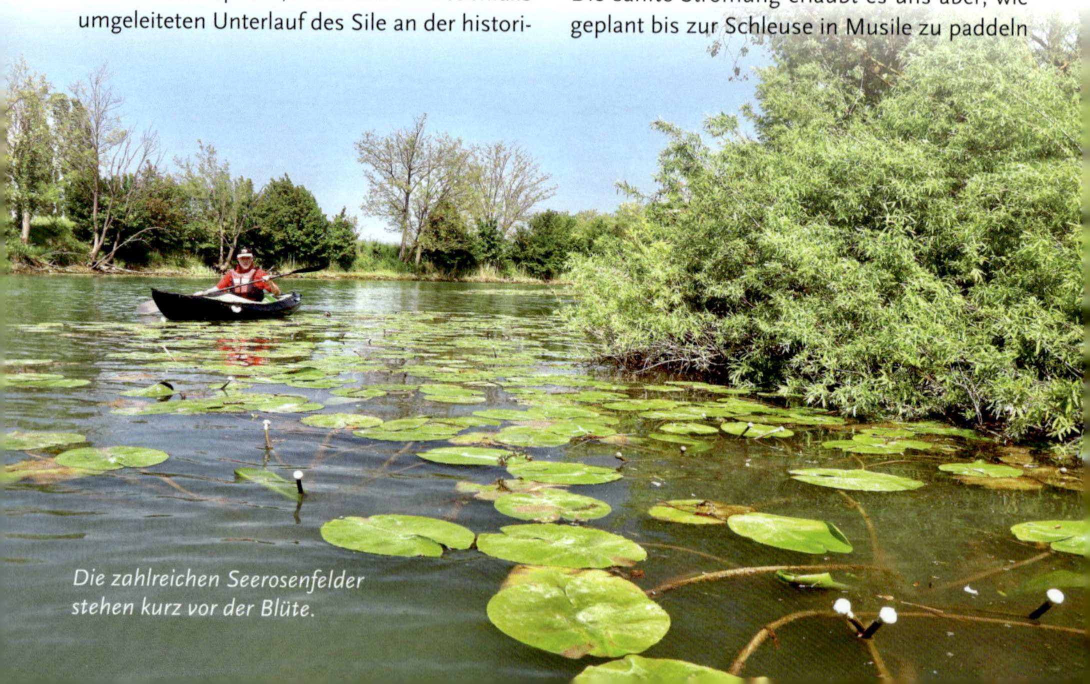

Die zahlreichen Seerosenfelder stehen kurz vor der Blüte.

und dann wieder zum Ausgangspunkt zurückzukehren. So können wir den zauberhaften Fluss gleich zweimal paddeln. Eine überschaubare Gesamtstrecke von 12 Kilometern.

Nach einigen hundert Metern in nördlicher Richtung knickt unser Gewässer nach Osten ab und unterquert die SS14-Brücke. Zwar wird der Piave Vecchia auch auf der Folgestrecke von einer schmalen Straße begleitet, aber diese wird wenig befahren und beeinträchtigt unser Naturerlebnis keineswegs. Nur selten begegnet uns ein langsam fahrendes Sportboot. Von besonderer Schönheit ist die reiche Natur. Seerosen stehen kurz vor der Blüte, die Ufer sind dicht bewachsen und Treibholz kündet von vergangenen Hochwassern. Eine besondere Überraschung sind die zahlreichen Sumpfschildkröten, die auf querliegenden Ästen knapp über der Wasserlinie ein wärmendes Sonnenbad nehmen. Kommt man ihnen zu nahe, springen sie flugs ins Wasser und tauchen ab. In solcher Vielzahl sieht man die wärmeliebenden Tiere nicht einmal im Nationalpark Donauauen.

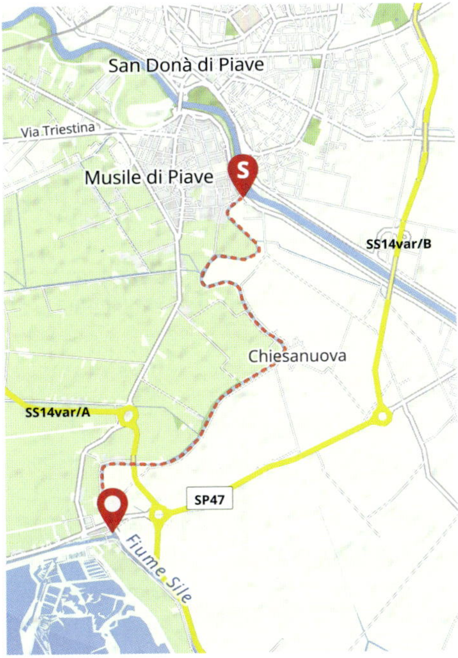

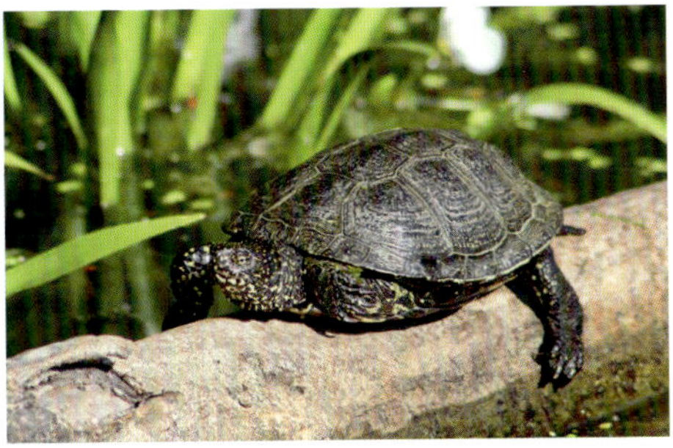

Sumpfschildkröten genießen die wärmende Morgensonne.

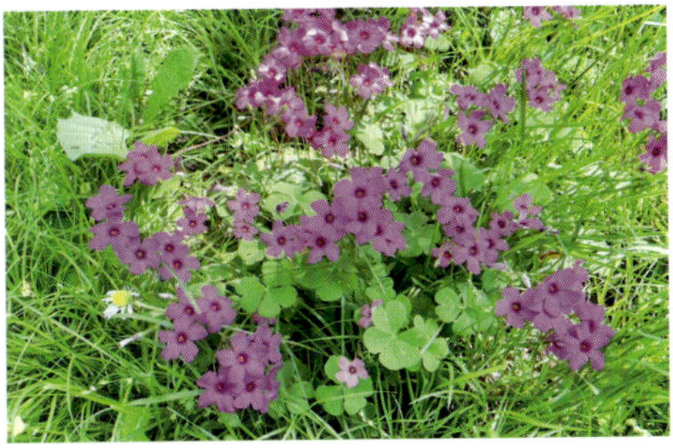

Anfang Mai zeigen sich auch die Ufer in schönster Pracht.

Nach einer ausgeprägten Flussschleife erreichen wir den Sportboothafen von Musile, und noch vor der Schleuse (die zum Hauptfluss Piave führt) treten wir den Rückweg an. In Chiesanuova haben wir uns nun einen Landgang verdient. Dazu ziehen wir unsere Kajaks auf ein Holzpodest und legen sie wenige Meter oberhalb ab, wo sie niemanden stören. Das Restaurant „Antica Osteria da Gigi" haben wir bereits vorab im Internet ausgespäht. Neben guter regionaler Küche gibt es hier – Überraschung! – auch ein naturtrübes fränkisches Bier aus Bayreuth. Wenige Meter abseits liegt eine katholische Kirche aus Backstein mit einem klobigen offenen Glockenturm. Zurück nach Caposile geht es auf bekanntem Weg.

TOURINFOS

Charakter: Zahmwasser
Etappe:
Caposile-Musile hin- und zurück: 12 km
Beste Zeit: April-Ende Oktober

Gefahren: Sportboote

Kanu-Gewässer der näheren Umgebung:
Sile, Lagune von Venedig, Piave, Lagune von Caorle

Auskunft: *www.veneto.eu* und *www.visitjesolo.it/de und www.ilpendolino.it*

Übernachten:
Jesolo: *www.jesolointernational.it/de* und *www.agriturismoantichemura.it*

Sehenswertes: historische Auslegerbrücke von Caposile, Stadtmuseum von San Donà di Piave

Alternativen: Radtouren, Wassersport an der Adria

Literatur/Karten:
- Nautischer Reiseführer „Lagunen von Venedig bis Grado" (Heinrich Breiden bach), Verlag Delius Klasing
- Marco Polo Straßenkarte „Venetien,

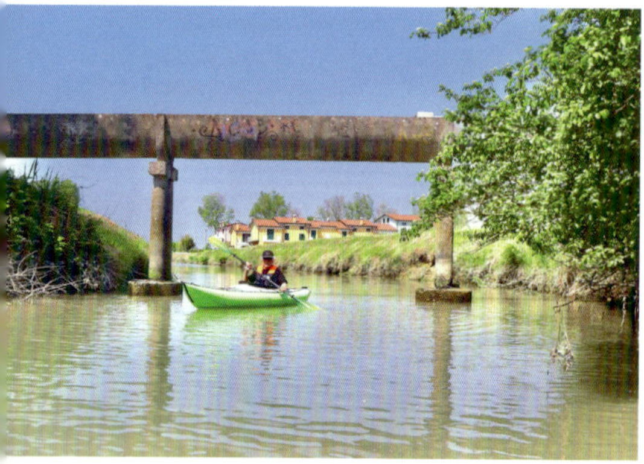

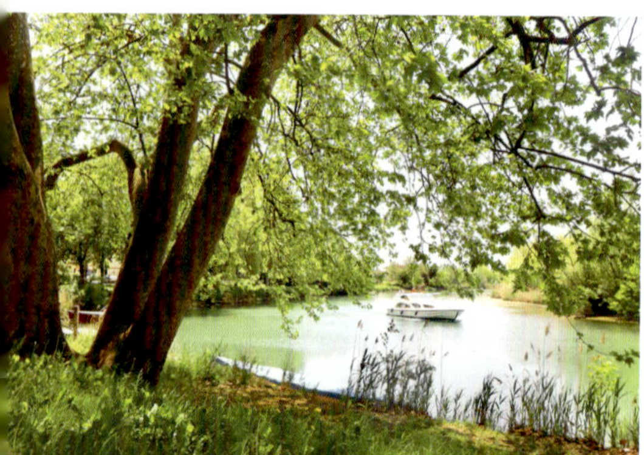

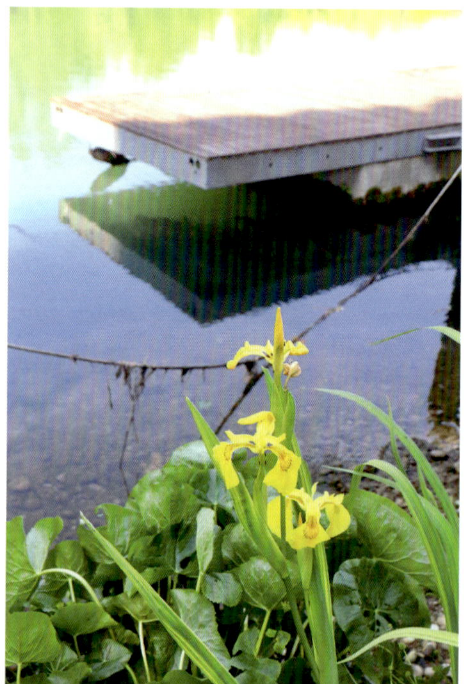

Der stille Flusslauf ist ein wohltuender Kontrast zur Hektik der Lagunenstadt Venedig.

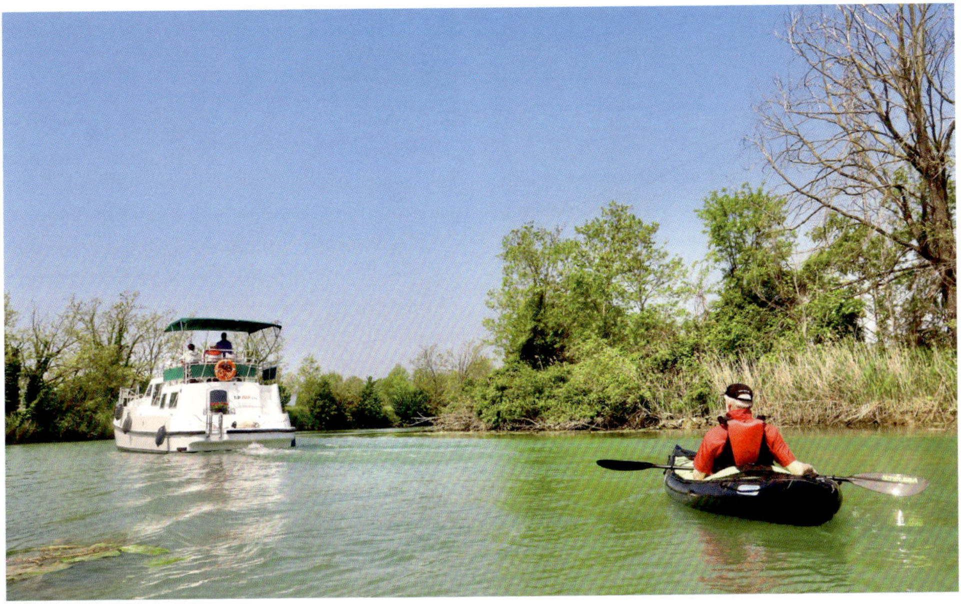

Die wenigen Sportboote die uns begegnen fahren langsam und rücksichtsvoll.

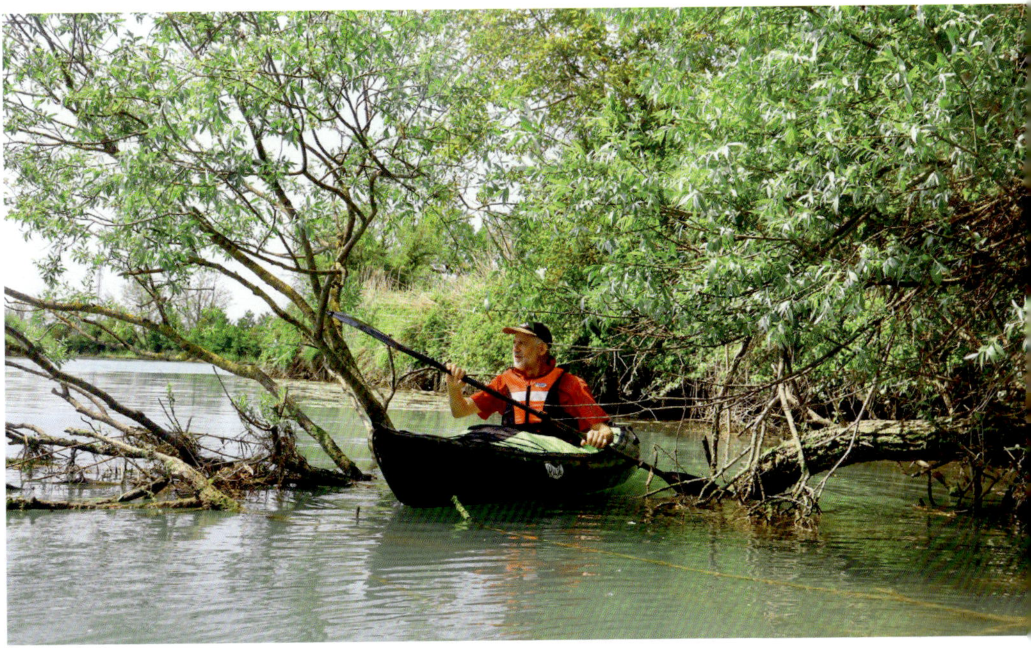

Üppig grüne Ufer kennzeichnen den attraktiven Flusslauf.

30-32 PODELTA

VERGESSENES PARADIES FÜR WASSERWANDERER

Nach der Verlegung der Po-Mündung durch die Venezianer im Jahre 1604 nach Süden bildete sich das Flussdelta, wie wir es heute kennen. Zuvor hatten sich die Arme des Po immer mehr nach Norden orientiert. Flüsse machen eben, was sie wollen. Ähnlich wie bereits mit den Eingriffen in die Flussläufe von Sile, Brenta und Piave wollte man mit diesen Maßnahmen der Verlandung der Lagune von Venedig durch das von den Flüssen transportierte Geschiebe entgegenwirken. Schließlich war der strategische Schutz der Stadt überlebenswichtig. Heute bildet das Mündungsgebiet des Po das größte Delta eines italienischen Flusses überhaupt und ist das größte Feuchtgebiet des Landes.

Seit 1997 ist das Podelta in der Provinz Rovigo im Süden Venetiens Biosphärenreservat. Fast 400 Arten von Wasservögeln, enormer Fischreichtum und eine besondere Vegetation kennzeichnen die vom Tourismus wenig frequentierte Region. Frühjahr und Herbst sind für einen Besuch zu empfehlen. Im Herbst ist allerdings Entenjagd, und dann wird vielerorts scharf geschossen. Bei meinem letzten Aufenthalt im späten Oktober lag der Nebel bis in den späten Vormittag über weiten Teilen Venetiens. Im Podelta dagegen sorgte der sanft vom Meer her wehende Wind für klare Sicht und sonnige Temperaturen von über 20 Grad. Die Auswahl an Kanu-Gewässern ist groß. Interessant sind die Außenbereiche des Po di Venezia bei Pila oder der Unterlauf mit dem

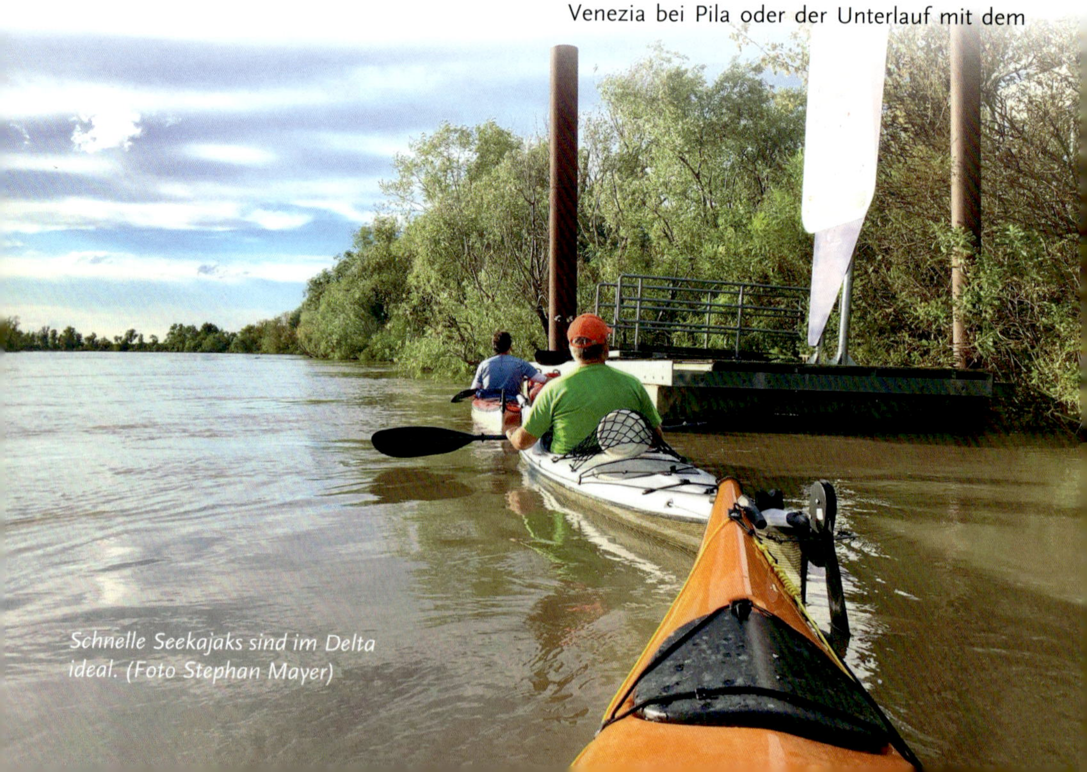

Schnelle Seekajaks sind im Delta ideal. (Foto Stephan Mayer)

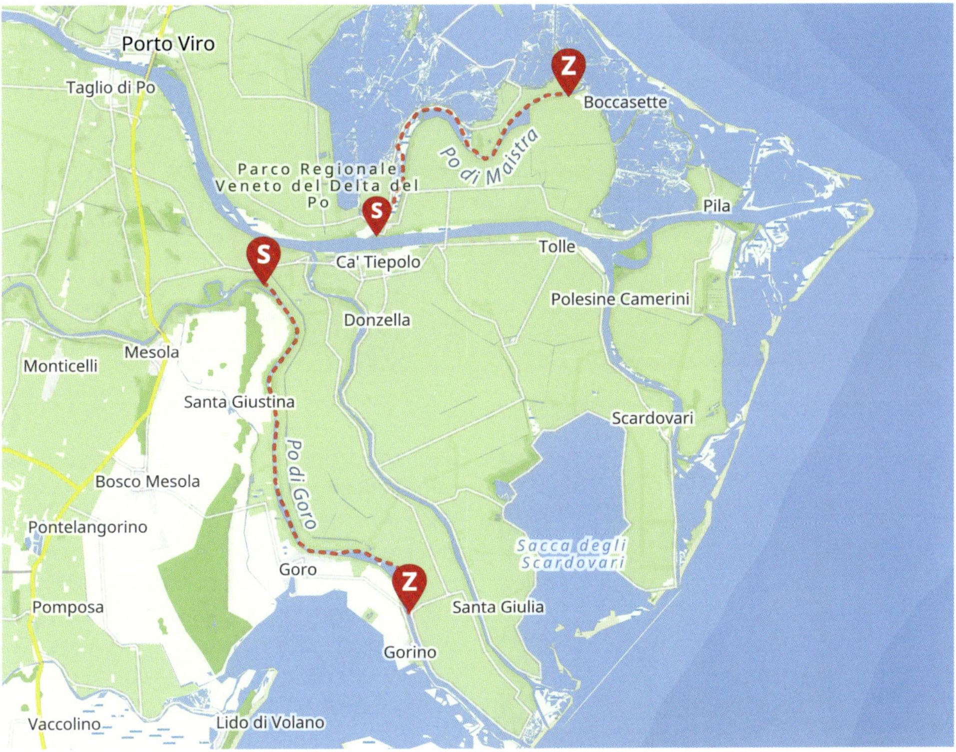

Mündungsgebiet des Po di Gnoccha/Donzella. Von den zahlreichen Wasserarmen des Po seien hier besonders zwei Touren näher beschrieben:

30 PO DI GORO

Der etwas südlicher gelegene Poarm ist knapp 50 Kilometer lang und bereits Grenzfluss zwischen Venezien und der Emilia Romagna. Nahe von Cà Vendremin beginnt die Befahrung auf diesem besonders abwechslungsreichen Flusslauf. Eine Besichtigung des Industriemuseums Museo della Bonifica Venframin in einem historischen Pumpkraftwerk ist sehr zu empfehlen. Hier erfährt man viel Wissenswertes über die Urbarmachung des Deltas und

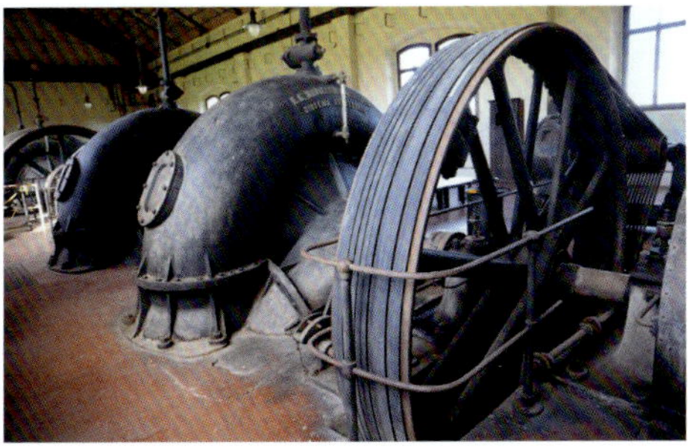

Museo della Bonifica Vendramin.

die bis 1938 betriebene Pumpstation dürfte Technikfreaks begeistern. Nach dem Start an der Anlegestelle, 300 Meter hinter dem Besucherzentrum, geht es völlig entspannt und mit sanfter Strömung voran. Dichte Schilfgürtel und grüne Flussinseln sorgen für Kurzweil.

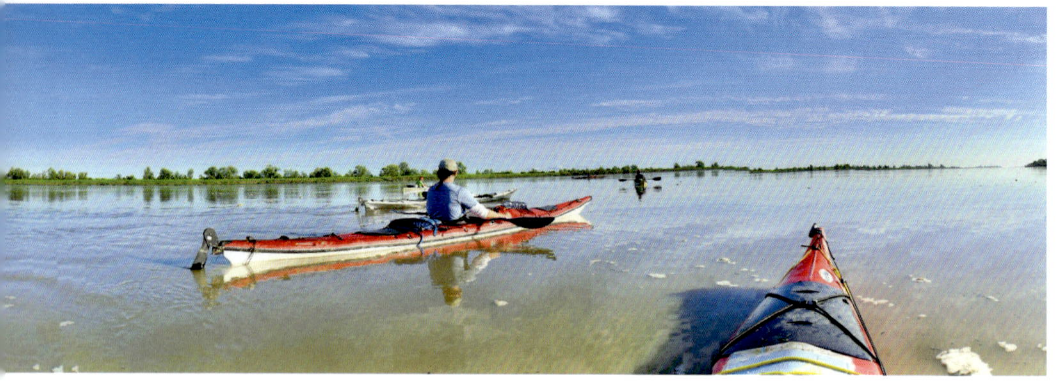

Auf dem Weg zur Adria. (Foto: Stephan Mayer)

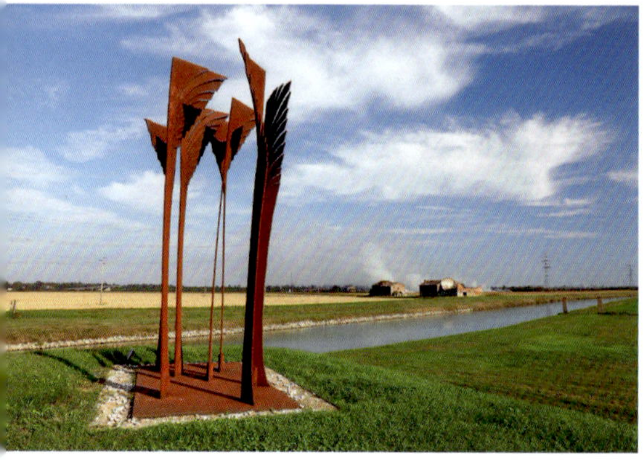

Bei Vendramin.

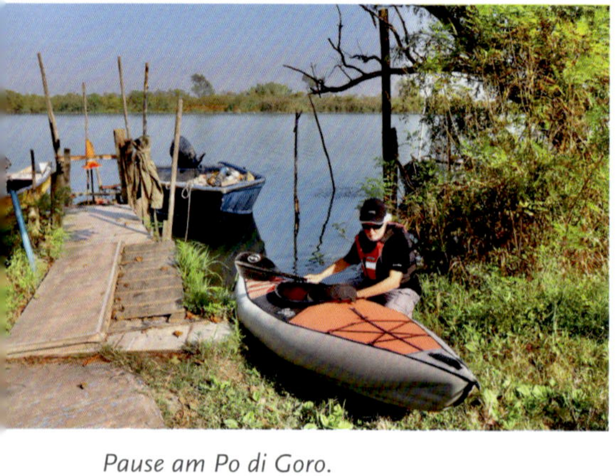

Pause am Po di Goro.

Dahinter dehnt sich eine großflächige landwirtschaftlich genutzte Fläche aus.

Nach etwa der halben Strecke lassen wir den größeren Ort Goro am rechten Ufer liegen. Hier gibt es Restaurants, Supermärkte und zur Meerseite hin einen Sportboothafen und eine Kaserne. Wer nicht die 16 km lange Gesamtstrecke paddeln möchte, kann auch hier an einer Anlegestelle in der Via del Po am Po die Tour beginnen. Die Fahrt durch die folgende Flussschleife mit langen Flussinseln ist der schönste Abschnitt des Po di Goro. Zwei Kilometer nach Goro liegt am linken Ufer ein hydraulisches Hebewerk. Die Fahrt endet an der Anlegestelle der Ponte di Barche bei Gorina Veneto. Fünf Kilometer weiter mündet der Po di Goro in der Adria. Das einsame Mündungsgebiet und die Isola dell‘ Amore bieten weiter eine interessante Etappe mit besonders reizvoller Natur und sind ein Paradies für viele Wasservögel. Weniger schön ist allerdings der angeschwemmte Plastikmüll.

Erfahrene Seekajakpaddlern sei eine Tour vom Podelta nach Venedig empfohlen, wie sie meine Rosenheimer Freunde um Stephan Mayer und Jürgen Prijon unternahmen. Eine Mehrtagestour, die bei sicheren Wetterverhältnissen, richtiger Ausrüstung und Erfahrung in Navigation ein großartiges Erlebnis garantiert.

31 PO DI MAISTRA

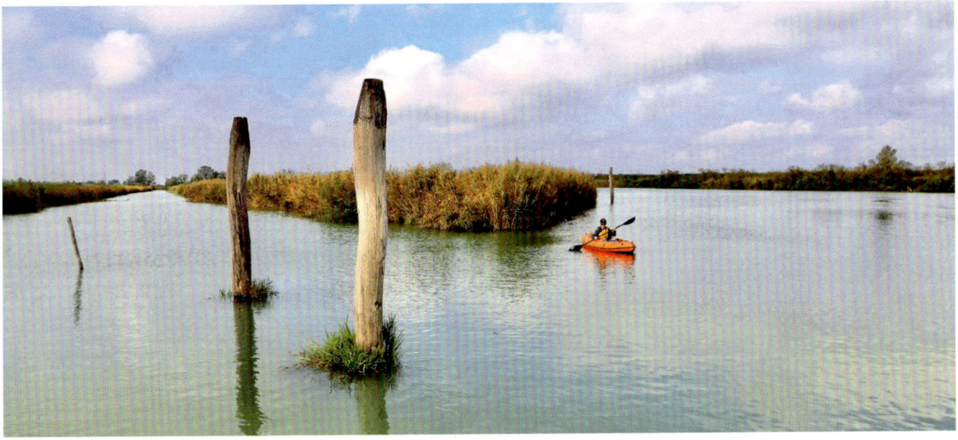

Ankunft in Boccasette.

Eine Fahrt auf diesem besonders schönen Flussarm kann man bereits an der Anlegestelle in Porto Tolle beginnen. Dazu muss allerdings zunächst der breite Po di Venezia gequert werden. Vorsicht auf die Berufsschifffahrt. Fast gegenüber befindet sich im Weiler Cá Venier ein unkomplizierer Zustieg.

Von hier aus geht es 200 Meter flussaufwärts, dann biegt man rechts in den Po di Maistra ein, der in Richtung Nordosten fließt. Nun unterquert man die Brücke der SP 37 und ist auf der Folgestrecke bis Boccasette in einer anmutigen Natur unterwegs. Bewaldete Ufer mit Schilf, Flussinseln und in das Wasser hängende Weiden flankieren das Gewässer, das früher, also vor der Flussregulierung, der Hauptarm des Po war („Maistra" = Haupt). Es lohnt sich, an der Brücke von Boccasette noch die nächste Linkskurve mitzunehmen oder gar noch in die verwirrende Welt der Außenzone mit ihrer grenzenlosen Schilflandschaft einzudringen. An der Mündung, Foce Po di Maistra, gibt es einen Badestrand, der allerdings außerhalb der Saison nicht gepflegt wird. Am Ende der Tour geht es dann wieder zum Ausstieg nach Boccasette zurück. Der kleine Ort bietet bescheidene Einkehrmöglichkeiten und ist bekannt für seine zauberhaften Sonnenuntergänge Zur Rückholung des Fahrzeugs eignet sich ein Radweg entlang dem östlichen Flussufer.

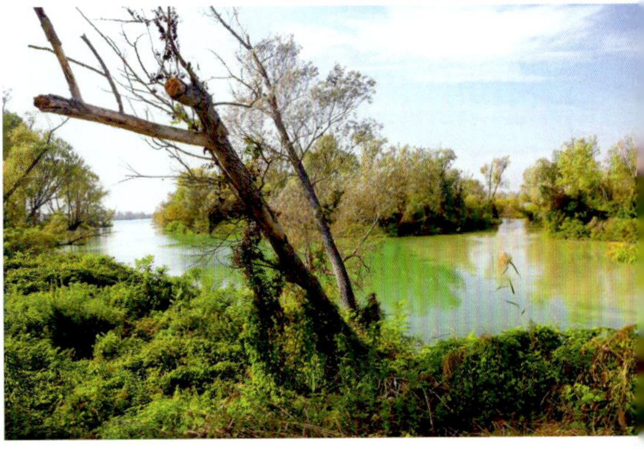

Bei Cá Venier.

32 Comácchio und die Valli di Comácchio

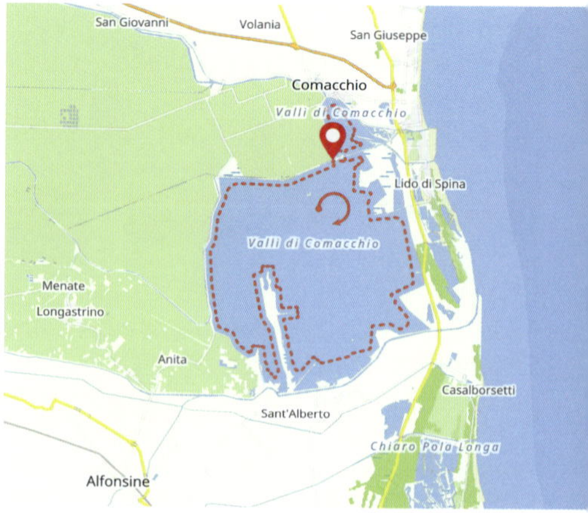

Das von Kanälen durchzogene Fischerstädtchen und seine Lagune sind ein besonderer Sehnsuchtsort. Comácchio gehört zur Provinz Ferrara und damit nicht mehr zu Venetien, sondern bereits zur Region Emilia Romagna. Wer das Podelta besucht, sollte zumindest einen Tagesausflug hierher unternehmen und unterwegs die größte sakrale Sehenswürdigkeit, die Benediktinerabtei Pomposa, besuchen. Comácchio ist eine Miniaturausgabe von Venedig und wird vom Tourismus kaum behelligt. Wenn man außerhalb der Ferienzeiten in das Städtchen kommt, wähnt man sich beim Bummel entlang der Kanäle in einer vergangenen Zeit. Besonders authentisch ist ein Besuch des Fischmarkts am Mittwoch.

Auf den Wasserstraßen der malerischen Stadt zu paddeln, ist deutlich reizvoller und weniger stressig als in Venedig. Allerdings sind nicht alle Kanäle wegen niedriger Brücken befahrbar. Auch die weitläufige Lagune von Comácchio (hier Valli genannt) kann per Kanu erkundet werden.

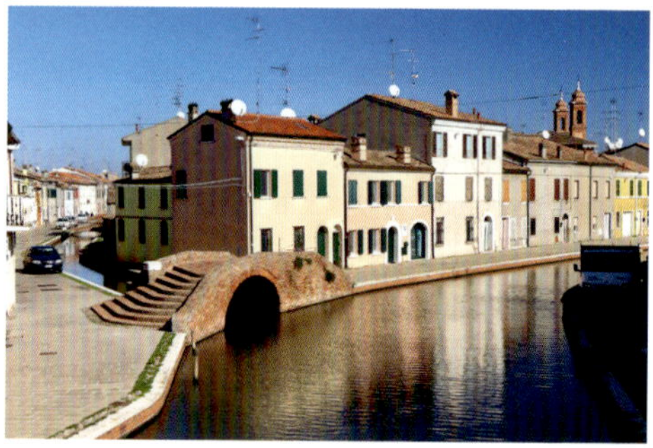

Comácchio

Auf der 14.000 ha großen Wasserfläche lassen sich Seeschwalben, Löffler, Säbelschnäbler, Stelzenläufer und Flamingos beobachten. Rund um das Gewässer entdeckt man zahlreiche schilfbedeckte Fischerhütten (Casoni) und traditionelle Fangvorrichtungen für Aale.
Der kostenlose Parkplatz Valli di Comácchio in der Str. Foce beim Ecomuseum ist ein lohnender Anlaufpunkt. Direkt am hölzernen Aussichtspunkt starte ich zu einer Rundfahrt auf diesem Gewässer. Möwengeschrei begleitet mich auf der ganzen Tour. Zur finalen Belohnung gibt es im nahen Restaurant Bettolino di Foce Meeresfrüchte vom Allerfeinsten.

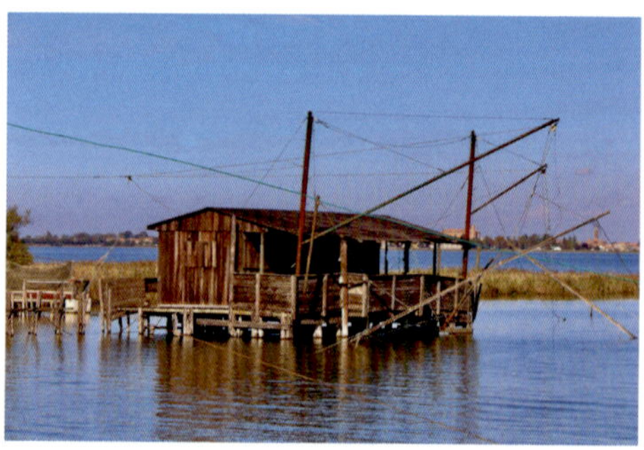

Trabucchi Fischfangplattform.

TOURINFOS

Charakter: Zahmwasser, in den Außenbereichen am Meer machen sich jedoch Ebbe und Flut bemerkbar. Bei längeren Touren sind Kenntnisse in Navigation und gutes Kartenmaterial zwingend erforderlich.

Etappen:
Po die Maistra von Porto Tolle
bis Boccasette: 12 km
Po di Goro Vendramin
bis Gorino Veneto: 16 km
Valli di Comácchio Rundtor: bis 25 km

Beste Zeit: April bis Oktober

Gefahren: Vorsicht während der Entenjagd im Oktober. Schwierige Orientierung in den Außenzonen des Deltas. Viele Stechmücken in der heißen Jahreszeit.

Naturschutz/Regeln: Keine. Vor allem in der Brutzeit sollte man Rücksicht auf nistende Vögel wie Schilfrohrsänger oder Rohrdrommeln nehmen.

Geführte Touren: *www.genusspaddeln.at*

Kanu-Gewässer der näheren Umgebung:
Po della Donzella/Goro, Po della Pila, Po di Venezia, Mündungsbereich Lido di Volano

Auskunft:
www.podeltatourism.it/de
www.prolocoportotolle.org

Übernachten:
Porto Tolle:
www.hotelbussana.com/de
www.albergoitalia.ro.it
www.agriturismolacadeldelta.it
www.villaggiobarricata.com
www.rifugionaturadeltapo.it
Comácchio: *www.campingflorenz.com/de*

Sehenswertes: Museo di Grandi Fiumi in Rovigo, *www.comune.rovigo.it/web/rovigo/vivere/museo-grandi-fiumi*
Jugendstil-Industriemuseum Museo Regionale della Bonfica di Ca' Vendramin, *www.fondazionecavendramin.it*
Fischerstädtchen Comácchio, Museo delle Valli, Benediktinerabtei Pomposa (8.-11.Jh.).

Alternativen: Radtouren auf den verkehrsarmen Straßen und Wegen im Delta, Naturexkursionen (Birdwatching).

Literatur/Karten:
- Nautischer Reiseführer „Lagunen von Venedig bis Grado mit Podelta“ (Heinrich Breidenbach), Verlag Delius Klasing
- Reiseführer „Venetien“ (Eberhard Fohrer), Michael Müller Verlag
- Reise-Handbuch „Oberitalien“ (Nana Claudia Nenzel), Dumont-Verlag
- Marco Polo Karte „Venetien, Friaul“ 1:200.000
- Carte Nautiche Navigabene 7 „Delta del Po Ferrarese“ 1:50.000, Bestelladresse: *wwww.maredicarta.com*

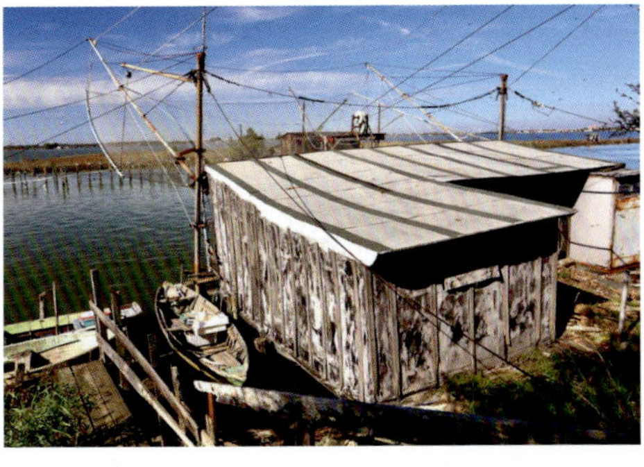

Valli di Comacchio.

33 LIVENZA
IM GARTEN DER SERENISSIMA

Der Fiume Livenza fließt östlich der Piave und westlich des Tagliamento der Adria entgegen. Dieser abseits der vielbefahrenen Verkehrswege gelegene Fluss ist 112 Kilometer lang und gehört im Nordwesten noch zu Friaul-Julisch Venetien. Der Mittel- und Unterlauf hingegen liegt in Venetien. Er entspringt in zwei wunderschönen Karstquellen in den Ausläufern der Voralpen und fließt im Anschluss fast auf der gesamten Strecke bis zur Mündung in die Adria bei Caorle durch ein üppig grünes Tal mit einer enormen Artenvielfalt. In früheren Zeiten war der Fluss mit seiner zuverlässigen Wasserführung ein wichtiger Handelsweg der Venezianer. In Deutschland ist das Gewässer nahezu unbekannt.

Von besonderem Reiz ist die venezianisch anmutende Stadt Sacile. In diesem Ort, der in einem Prospekt der Stadtverwaltung als „Garten der Serenissima" bezeichnet wird, weil er von Wasserarmen der Livenza durchzogen wird, finden jedes Jahr nationale Kanu-Slalom-Wettbewerbe statt. Über das Verkehrsbüro werden geführte Touren auf der besonders reizvollen Etappe von Sacile nach Villa Varda angeboten. Sacile liegt auf nur 25 Meter Seehöhe, das Flüsschen hat ab hier noch 100 Kilometer bis zur Mündung zurückzulegen. Diesem Umstand ist es wohl zu verdanken, dass es kein Interesse der Energiewirtschaft an Projekten für die Stromgewinnung gibt und somit gibt es auch keine Wehre am Fluss (mit Ausnahme an einem Nebenarm). Bei meinem ersten

Slalomwettbewerb in der pittoresken Altstadt von Sacile.

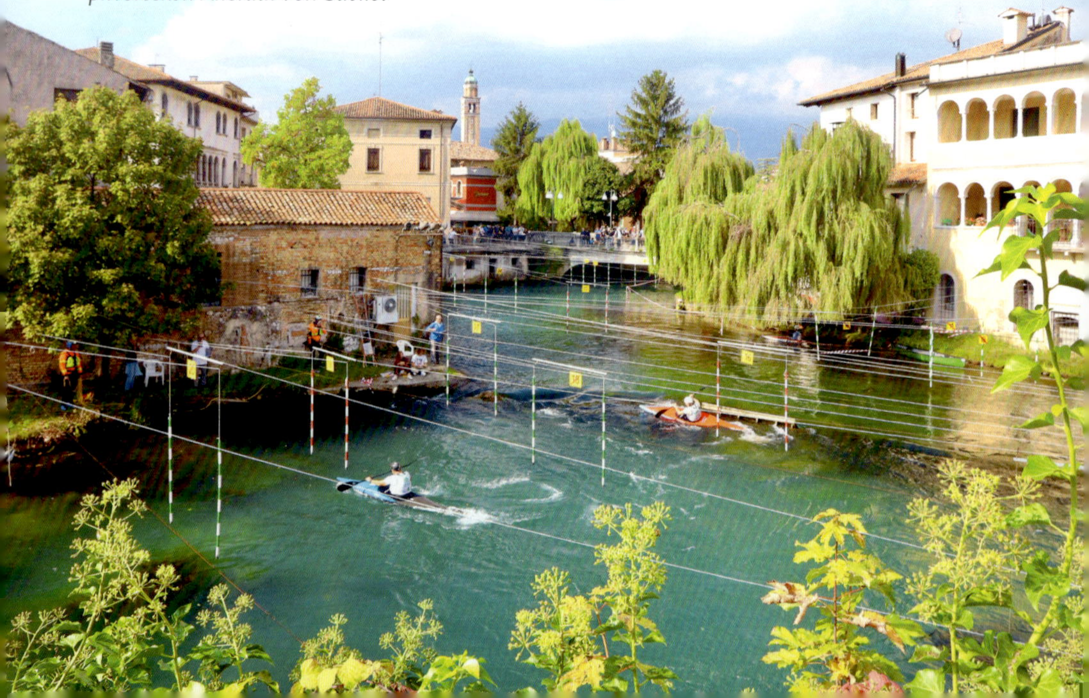

Besuch im späten Herbst vor einigen Jahren waren die Parkplätze am Einstieg wegen einer Kanu-Veranstaltung gesperrt, das Flusswasser begeisterte aber durch seine intensiv grüne Färbung. So genoss ich ersatzweise ein lebendiges Strassenfest rund um die Piazza del Popolo und beschloss, noch einmal wiederzukommen.

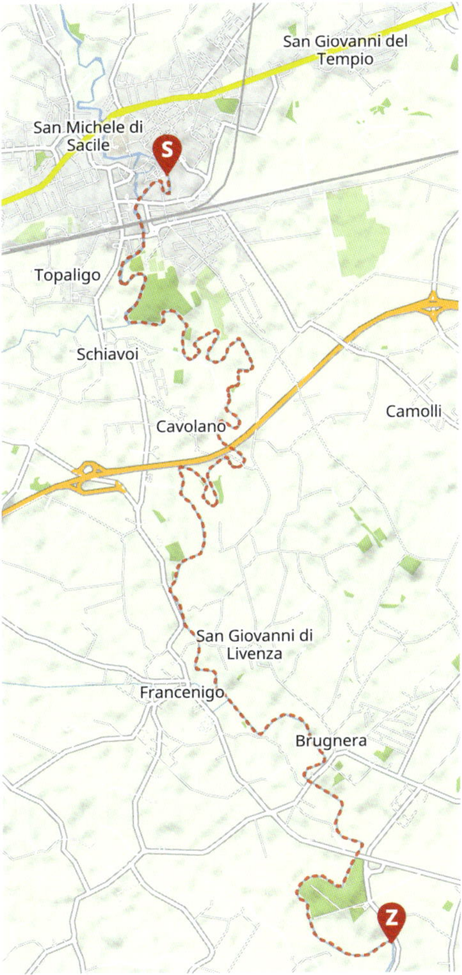

Bei meinem zweiten Besuch deponieren wir ein Fahrrad am Ausstieg nahe der Villa Varda. Auf der Karte erkennt man die engen Schlingen der Livenza, der man immer reichlich Platz zugestanden hat. Vom Einstieg am gebührenpflichtigen Parkplatz beim Kanu-Club Sacile in der Via Mario Balliana paddeln wir erst einmal noch einige Meter flussaufwärts, um die eindrucksvolle Stadtkulisse auch vom Wasser aus zu genießen. Fast immer ist der leicht geneigte Glockenturm des Doms im Blick. Dann wenden wir uns südwärts, wobei in der Folge wegen der zahlreichen Flussschlingen die Sonne immer wieder mal von vorne, mal von hinten kommt. Eine überraschend angenehme Strömung macht wenig Paddeleinsatz erforderlich.

Unterhalb der Eisenbahnbrücke verlassen wir das Ortsgebiet. Bald darauf fließt von Westen der Fiume Meschio hinzu, und es beginnt eine Serie von engen Windungen, meist abseits von Verkehrswegen. In den flankierenden Uferwäldchen entdecken wir immer wieder Bambuspflanzen, wie sie im übrigen Europa eher selten sind. Manche Arten können bis zu 30 Meter hoch werden. Nahe dem Ort Cavolano passieren wir eine Flussinsel, dann unterqueren wir die Autobahn A28. Weiter geht die stille Flussreise durch eine immergrüne Natur über Francenigo und Brugnera bis zum riesigen Schlosspark der Villa Varda aus dem 15.Jahrhundert, den wir gegen Ende unserer Fahrt umrunden. Unser Ausstieg liegt in einer ausgeprägten Flusskurve nahe der Bushaltestelle in der Via Varda 20, wo es einen idealen Zugang und Parkmöglichkeiten am Straßenrand gibt. Die Rückfahrt mit dem Fahrrad gestaltet sich recht flott, da die Strecke die zahlreichen Windungen der Livenza abkürzt.

Wer über viel Zeit verfügt, kann auf dem Fluss bis zur Mündung in die Adria nahe von Caorle paddeln. Es gibt allerdings auf dieser Strecke keinerlei kanutouristische Infrastruktur und keinen Campingplatz. Unterwegs nimmt die

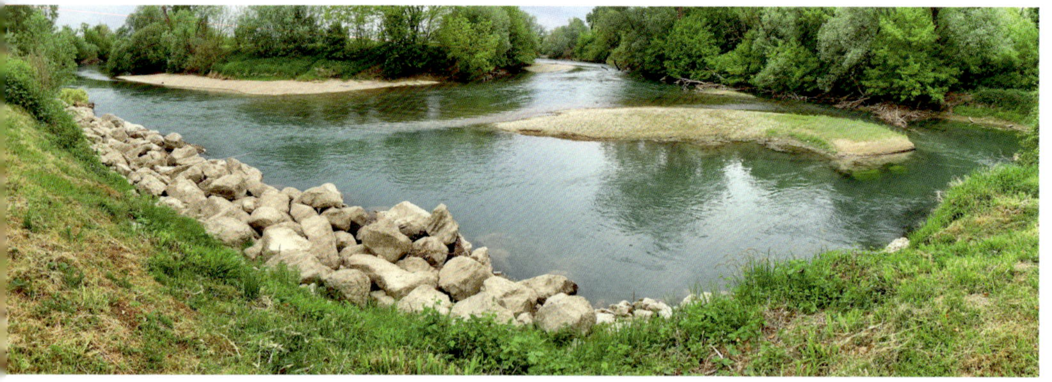

Ausstieg direkt unterhalb dem Schlosspark der Villa Varda gegenüber einer Bushaltestelle.

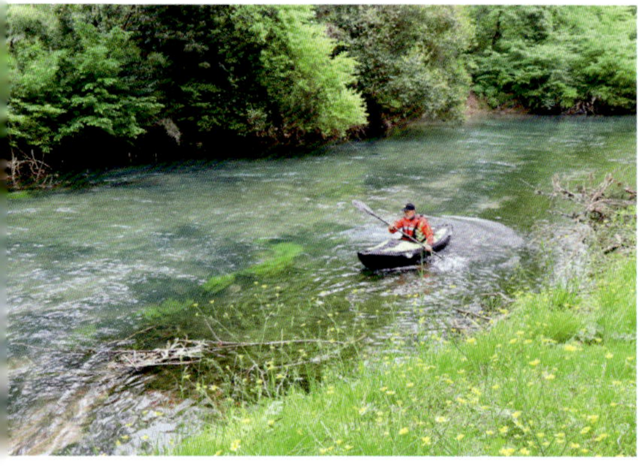

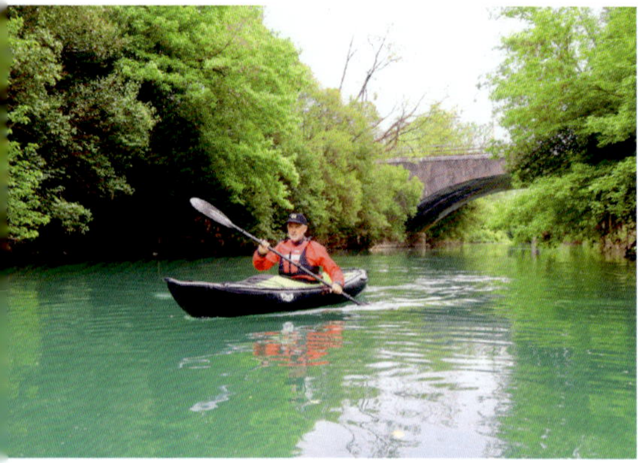

Das smargdgrüne Karstwasser des Flusses macht die Fahrt zu einem besonderen Vergnügen.

Livenza auch noch den aus den Dolomiten kommenden Fluss Meduna auf, der ebenfalls für seine smaragdgrüne Farbe bekannt ist.

Neben den Quellen der Livenza nahe dem Dorf Gorgazo ist ein Spaziergang durch die antike Altstadt von Sacile mit ihren idyllischen Wasserarmen und prachtvollen Villen und Palästen sehr zu empfehlen.

TOURINFOS

Charakter: Zahmwassertour
Etappe: Sacile-Villa Varda: 15 km
Weitere Etappen: Villa Varda-Mündung bei Porto Santa Margherita: 85 km (westlich von Carole)
Beste Zeit: April bis Juni (häufig auch ganzjährig befahrbar)

Gefahren: Baumhindernisse in engen Kurven mit leichter Strömung

Kanu-Vermietung/Touren:
www.lefavole.com/de/sportarten/kanufahren/

Auskunft: *www.turismofvg.it*

Übernachten:
www.acerorosso.net oder www.due-fiumi.it

Sehenswertes: Karstquellen bei Gorgazo, Altstadt Sacile und der Schlosspark der Villa Varda

Alternativen: Radtouren und Wanderungen, historischer Wochenmarkt an jedem Donnerstag

Literatur/Karten:

- „An smaragdgrünen Flüssen" (Werner Freudenberger), Styria Verlag
- „Livenza da Scoprire" (Emilio Rigatti), Verlag Ediciclo (italienisch)
- Straßenkarte „Venetien, Friaul" 1:200.000, Marco Polo
- Kostenlose Umgebungskarte beim Verkehrsbüro in Sacile erhältlich (ebenso ein deutschsprachiger Stadtführer).

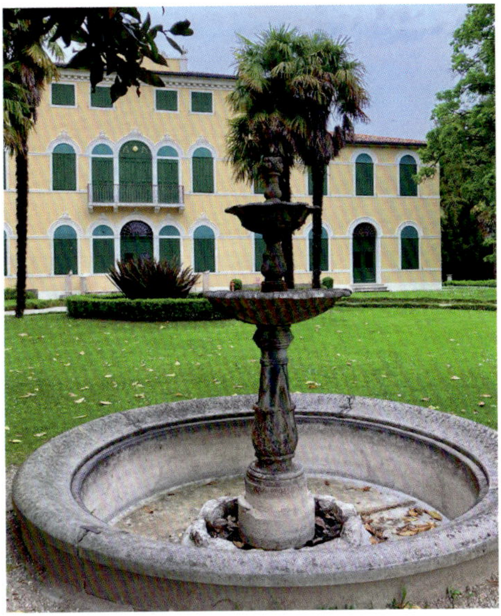

Schloss und Park der Villa Varda laden zu einem Spaziergang ein.

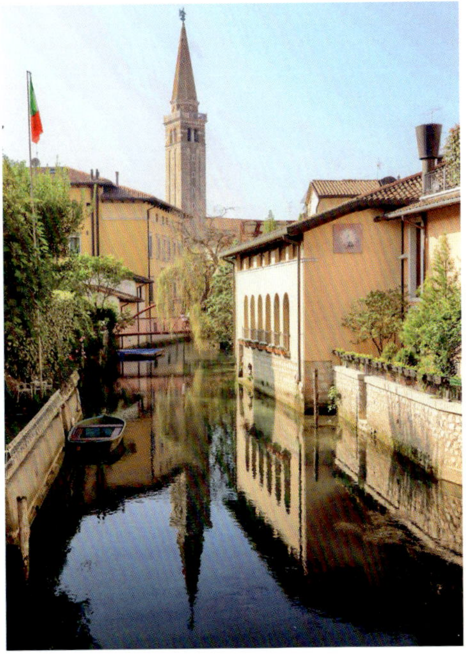

Venezianisch anmutende Stadt Sacile.

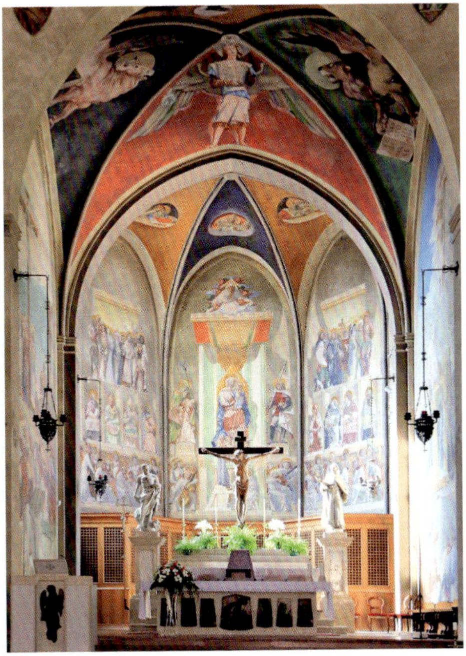

Duomo di San Nicola.

34 LAGO DEL PREDIL

KLEIN, ABER FEIN

Ein sehr kleiner See nahe der Grenze zu Slowenien, der durch seine unglaublich grüne Färbung fasziniert. In manchen Führern wird er noch als Raibler See geführt. Trotz seiner geringen Größe lockt der auf knapp 1000 Metern Meereshöhe gelegene Bergsee zu einer kurzen Fahrtunterbrechung oder einer Schnuppertour.

Wer von Kärnten kommend hinter Arnoldstein die österreichisch/italienische Grenze passiert und an der ersten Ausfahrt in Tarvisio die Autobahn A22 verlässt, um über den Predilpass nach Bovec an die Soca zu fahren, hat sicher schon einmal neugierige Blicke auf diesen smaragdgrünen Bergsee geworfen, der durch seine Färbung die Vorfreude auf die Soca schürt. Der Lago del Predil (ehemals Raibler See) ist zwar nur 1500 Meter lang und 500 Meter breit, aber es lohnt sich hier durchaus, sein Paddelboot einzusetzen. Mehrere Kanu-Schulen aus Kärnten und Slowenien fahren hierher, um mit ihren Schülern erste Paddelschläge in nahezu unverfälschter Natur zu üben. Wir parken am Chalet al Lago und starten zu dieser lange geplanten Genusstour.

Der tiefgrüne See mit seiner tollen Felskulisse verschlägt uns fast die Sprache. Aber das wird man in Friaul-Julisch Venetien nicht nur im Grenzgebiet der Julischen Alpen noch öfter erleben. Zunächst paddeln wir ohne Hast am Westufer entlang. Reste einer Bunkeranlage samt Kanonen erinnern an blutige Kriegszeiten zwischen Österreich und Italien in den Jahren 1915 bis 1917. Auch ein kleines

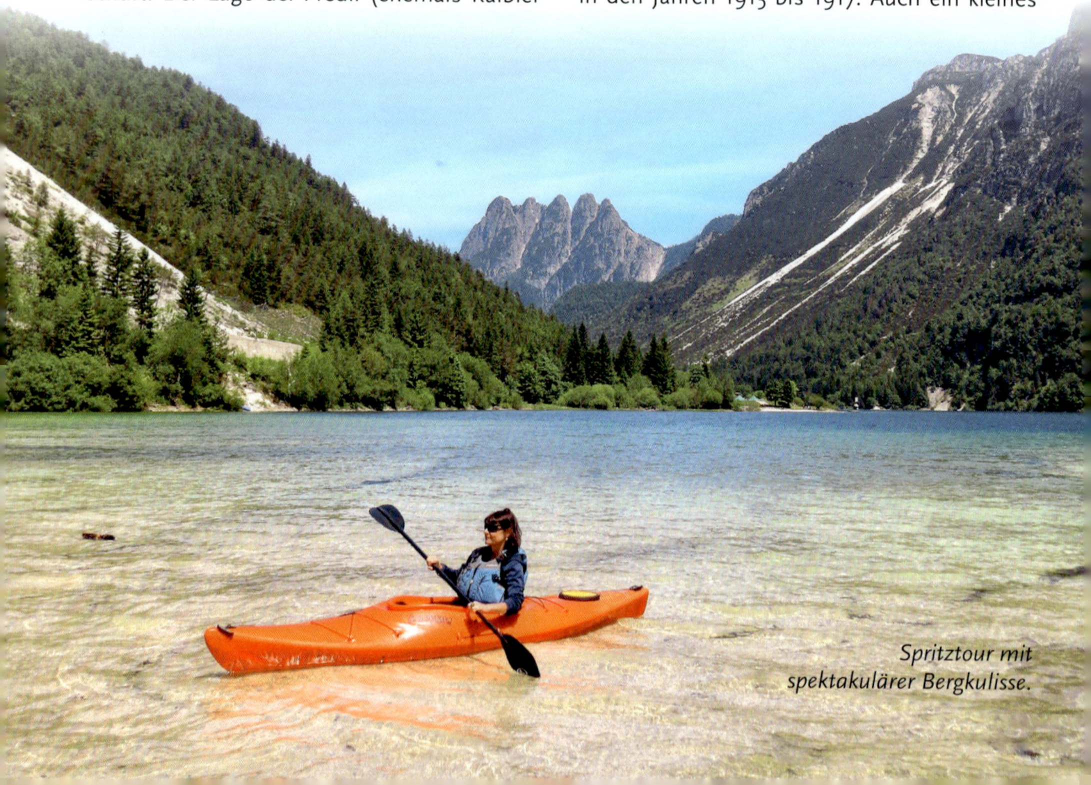

Spritztour mit spektakulärer Bergkulisse.

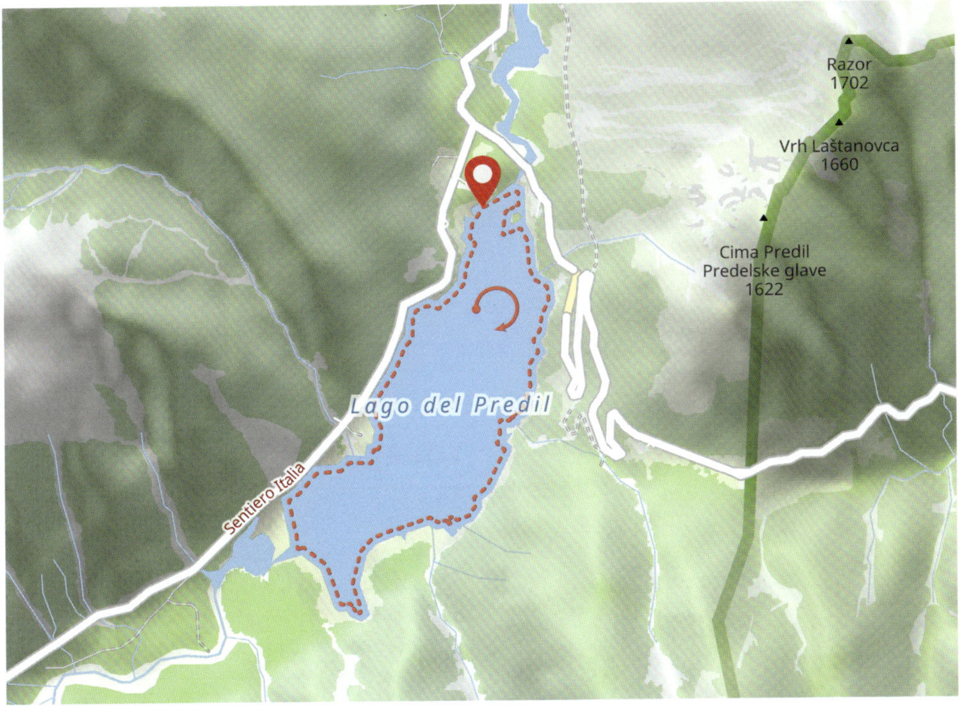

Wassersportzentrum mit Bootsverleih in der Hochsaison liegt am ansonsten völlig unverbauten Seeufer. Am Südende bildet ein zufließender Bergbach einen breiten und flachen Schwemmkegel. Das anschließende Ostufer wird geprägt von einsamen Badeplätzen in zwei kleineren Buchten. Hier begeistern vor allem nach Kiefern duftende Mischwälder und mehrere kleinere Wasserfälle sowie ein toller Bergblick auf die felsigen Vorgipfel des beherrschenden Mangart (2677m).
Gegen Ende der Rundfahrt erreichen wir den Naturbadestrand Spiaggia Libera und umrunden ein kleines Inselchen. Nun lockt das Restaurant Chalet al Lago mit einer gemütlichen Sonnenterrasse zur Einkehr. Nichtpaddelnden Begleitern sei der Seerundweg empfohlen.

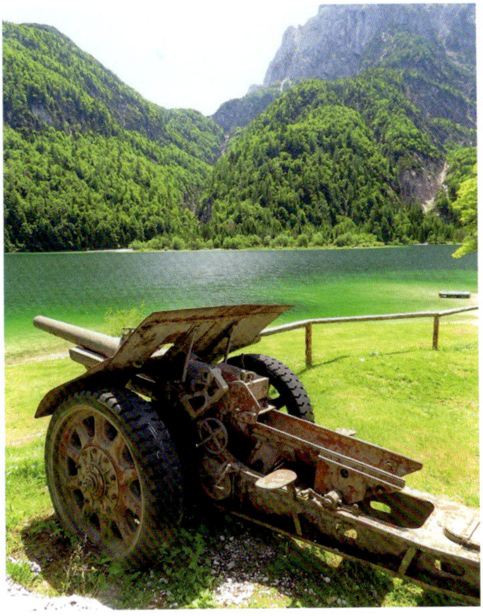

Ein Geschütz am Westufer erinnert an vergangene kriegerische Zeiten.

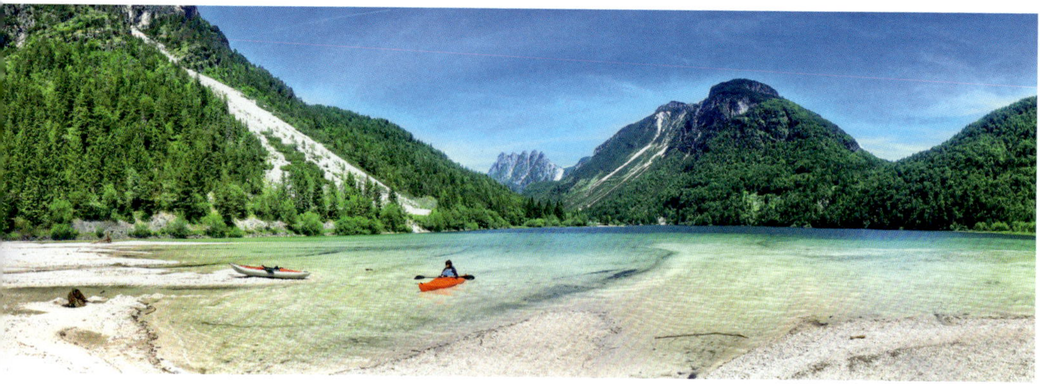

Impressionen einer genussreichen Runde mit grünen Wäldern und Bergsichten.

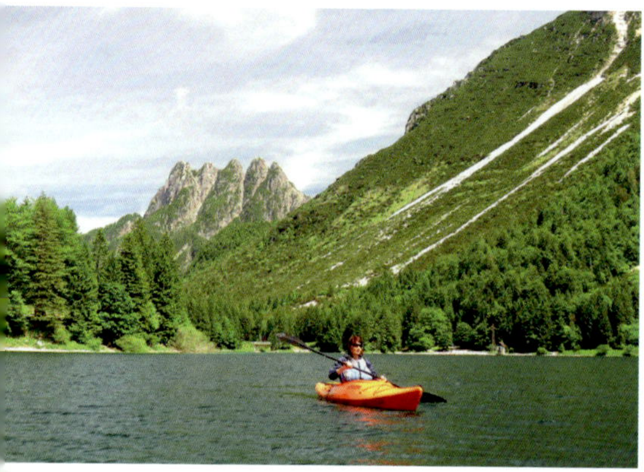

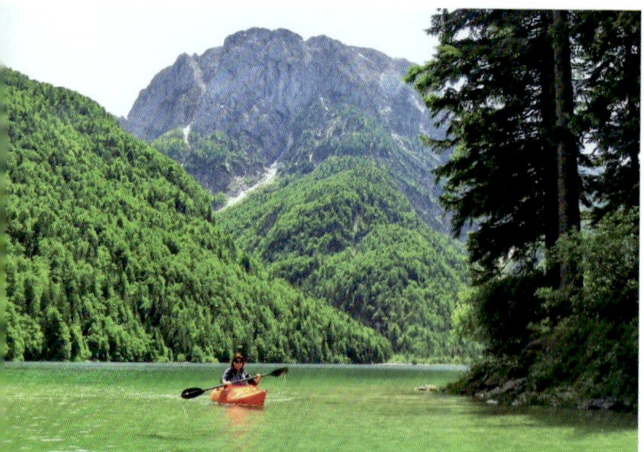

Gegen Ende der Tour umrunden wir noch ein kleines Inselchen.

TOURINFOS

Charakter: Zahmwasser
Etappe: Seeumrundung: 4 km
Beste Zeit: Mai bis Oktober

Gefahren: sommerliche Hitzegewitter

Kanu-Gewässer der näheren Umgebung: Soca, Gail, Fella

Auskunft: *www.seen.de/lago-del-predil/*

Sehenswertes: Forte del Lago Predil

Alternativen: Wanderweg um den See, Gipfeltouren auf dem Mangart oder Velikl Grintavec

Literatur/Karten:
- Reiseführer „Friaul-Julisch Venetien" (Eberhard Fohrer), Michael Müller Verlag
- Wanderkarte WK 141 „Julische Alpen", Freytag&Berndt Verlag 1:50.000

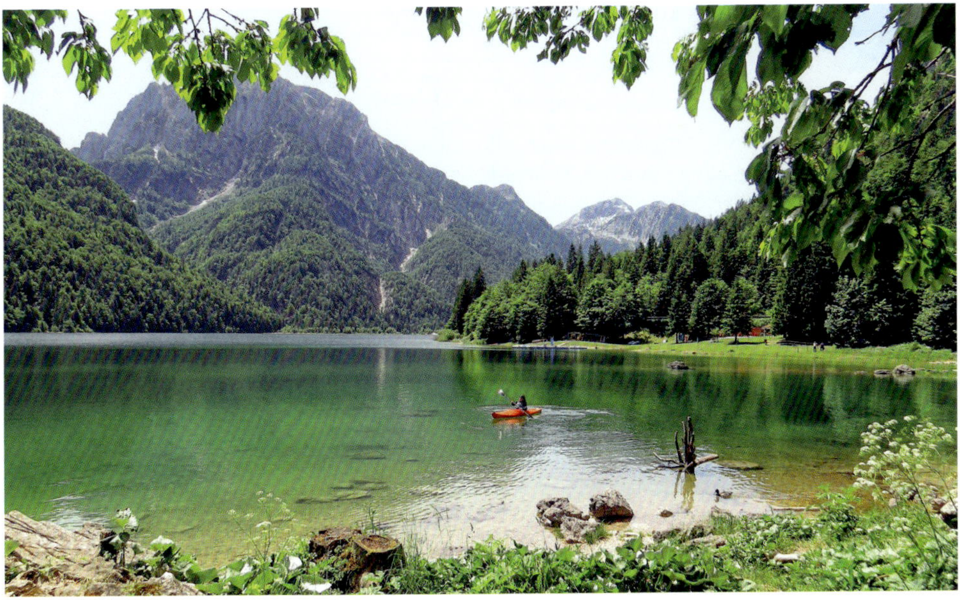

Startpunkt der Tour nahe dem Parkplatz.

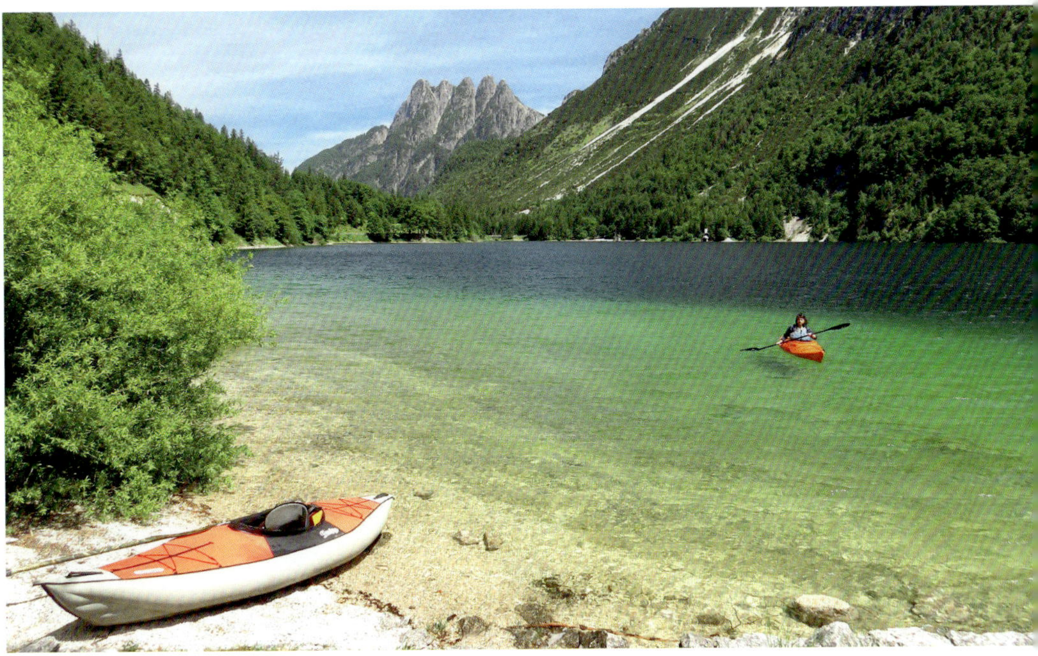

Der markante Felsgipfel im Hintergrund ist der Raibler Fünfspitz (1900m).

35 LAGO DI CAVAZZO

GRÖSSTER SEE IN FRIAUL-JULISCH VENETIEN

Der von dichtem Grün umgebene Lago di Cavazzo ist mit einer Länge von 2,2 Kilometern der größte See der Region Friaul-Julisch Venetien. Vermutlich wurde er vor langer Zeit von einem Seitenarm des Tagliamento durchflossen. Das an Sommerwochenenden bei Einheimischen sehr beliebte Gewässer ist ein Paradies für Wassersportler, und die Umgebung lockt zu Wanderungen und Radtouren.
Für Kanuten, die Tagestouren auf den nahen Flüssen Fella, Tagliamento, Chiarzo, But oder Degano unternehmen wollen, ist der See ein idealer Ausgangspunkt und Basislager.

Der freundliche Campingplatz Lago di Tre Comuni ist ein idealer Startplatz für eine Seeumrundung. Außerdem gibt es hier einen schönen Badeplatz, und es werden SUP-Boards und Sit-on-top-Kajaks vermietet. Tagesfahrer finden entlang der Strada Regionale 512, die Interneppo und Trasaghis verbindet, gebührenpflichtige Parkplätze und weitere wassernahe Einstiegsmöglichkeiten. Wenige Meter entfernt liegt auch das beliebte Ristorante Pizzeria alla Darsena am Südostufer. Neben den waldreichen und schilfbestandenen Ufern leuchtet auch das Wasser des Sees in der Farbe Grün. Allerdings sind die Temperaturen bedingt durch einen besonders kalten Zufluss selbst im August noch erfrischend. Unterwegs im Boot kann man die parkähnliche Landschaft in vollen Zügen genießen. Zu den gefiederten Arten am See zählen Teichralle, Eisvogel und Zwergdommel. Im Wasser kann man häufig Schildkröten entdecken. Am Südufer liegt ein Besucherpark, und der von einer Fußgänger-

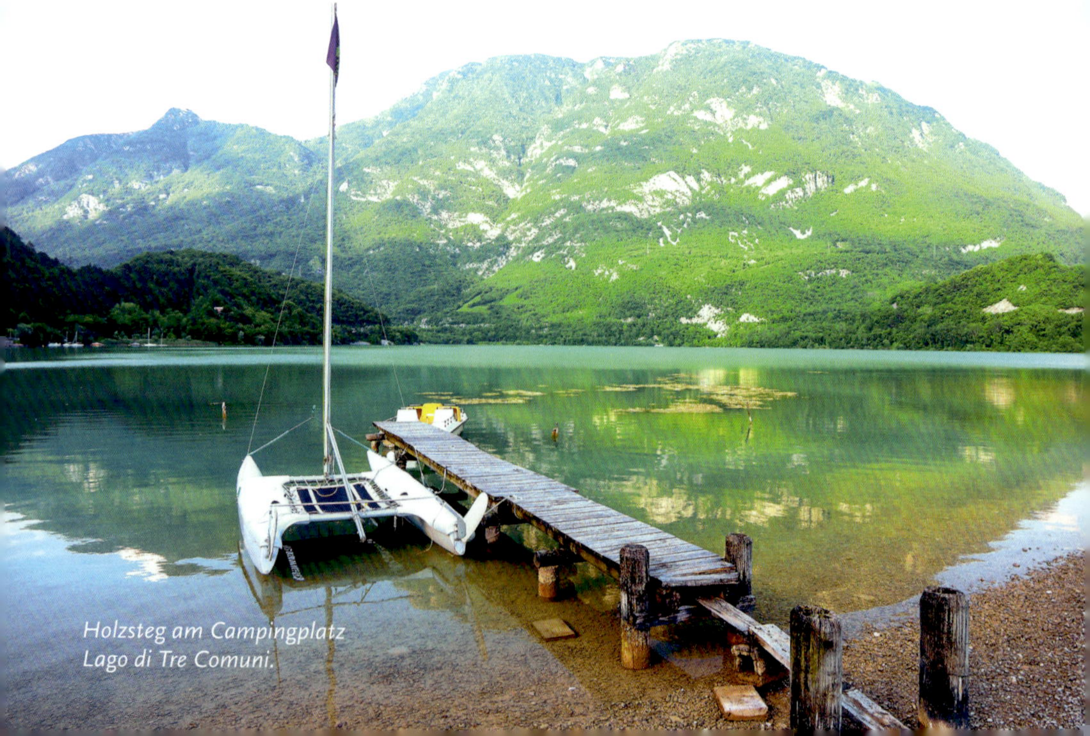

Holzsteg am Campingplatz Lago di Tre Comuni.

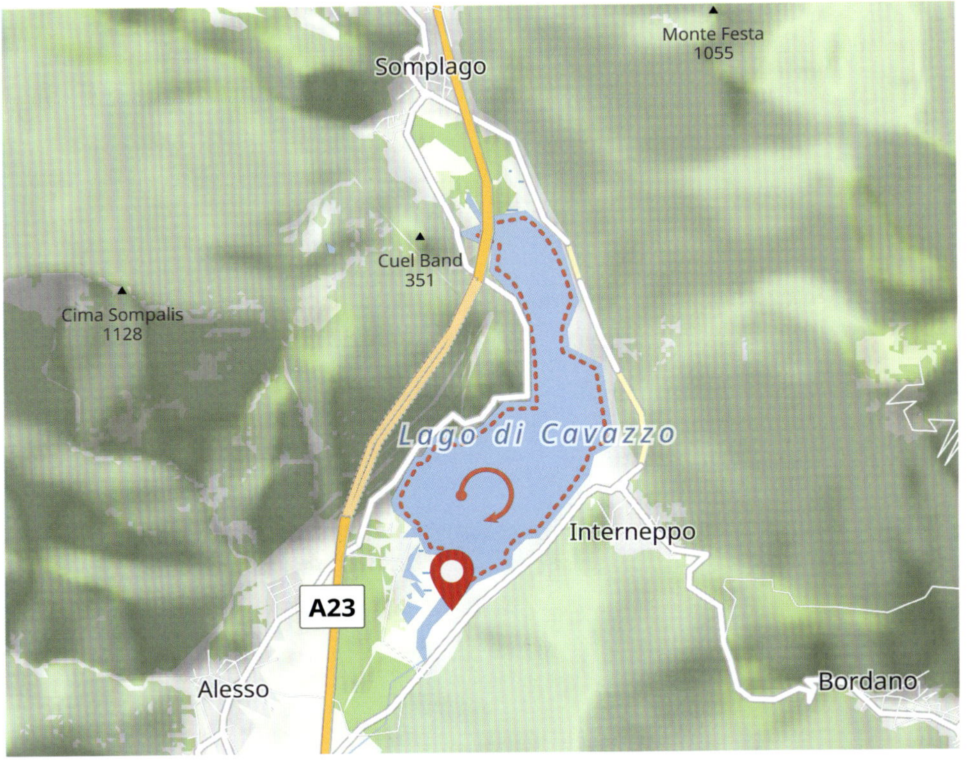

brücke überspannte ehemalige Seeabfluss ist heute ein toter Arm. Daneben liegt ein dichtes Schilfgebiet, geschützter Rückzugsort vieler Arten. Nördlich schließt sich der Schwemmkegel eines Wildbachs an. Am Westufer liegen ein Hotel und dahinter der Campingplatz. Nur die nahe Autobahn, die am nordwestlichen Ufer auf einer Länge von 300 Metern den See berührt (ansonsten verläuft sie in einem Tunnel), sorgt für eine moderate Geräuschkulisse. Ansonsten wäre die Idylle perfekt. Das nahe Dorf Bordano, auf halben Weg zwischen dem Lago di Cavazzo und dem nahen Städtchen Venzone, besitzt mit der „Casa delle Farfalle“ ein interessantes Schmetterlingsmuseum mit Tausenden von Exponaten aus aller Welt. Vom Aussichtsgipfel Monte San Simeone (1505m), der über einen steilen Pfad erreichbar ist, hat man einen überwältigenden Blick auf den See und das weit verzweigte Flussbett des Tagliamento.

TOURINFOS

Charakter: Zahmwasser
Etappe: Seeumrundung: 6,5 Km
Beste Zeit: April bis Oktober

Gefahren: Sommergewitter

Kanu/SUP-Vermietung:
www.lago3comuni.com/noleggio

Naturschutz: Sperrzone am südlichen Ufer

Kanu-Gewässer der näheren Umgebung: Tagliamento, Fella, Degano, Chiarzo, Arzino und But

Auskunft: *www.fremdenverkehrsamt.com/reisefuehrer/reiseziel/friaul_-_julisch_venetion/index.html*

Übernachten:
Trasaghis: *www.lago3comuni.com/de/der-see* (Camping und Holzhütten)

Sehenswertes: Schmetterlingsmuseum Casa delle Farfalle, Venzone mit dem Erdbebenmuseum Tiere Motus.

Alternativen: Spaziergänge am See, Windsurfen, Wanderung zum Monte San Simeone.

Literatur/Karten:
- Reiseführer „Friaul-Julisch Venetien“ (Eberhard Fohrer), Michael Müller Verlag
- „Am Tagliamento - Entdeckungen zwischen Alpen und Adria“ (Werner Freudenberger), Styria Verlag
- „An smaragdgrünen Flüssen – Entdeckungsreisen durch Julisch-Venetien“ (Werner Freudenberger), Styria Verlag
- Marco Polo Straßenkarte „Venetien, Friaul“ 1:200.000.

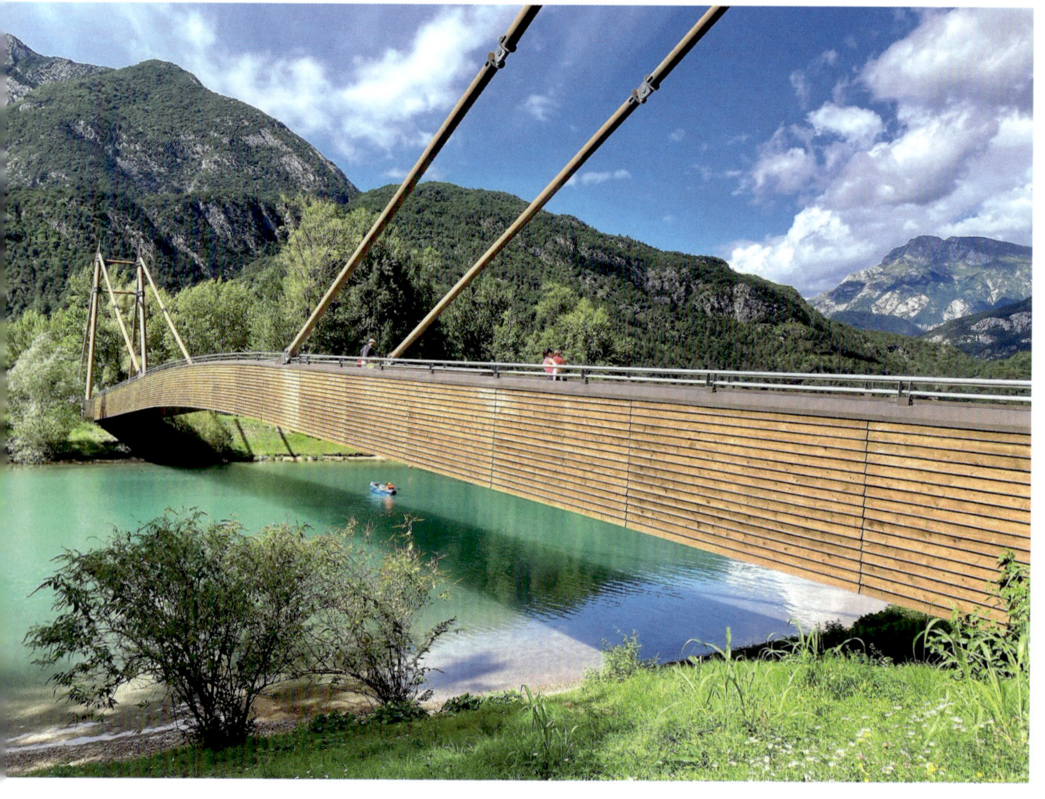

Holzsteg am Campingplatz Lago di Tre Comuni.

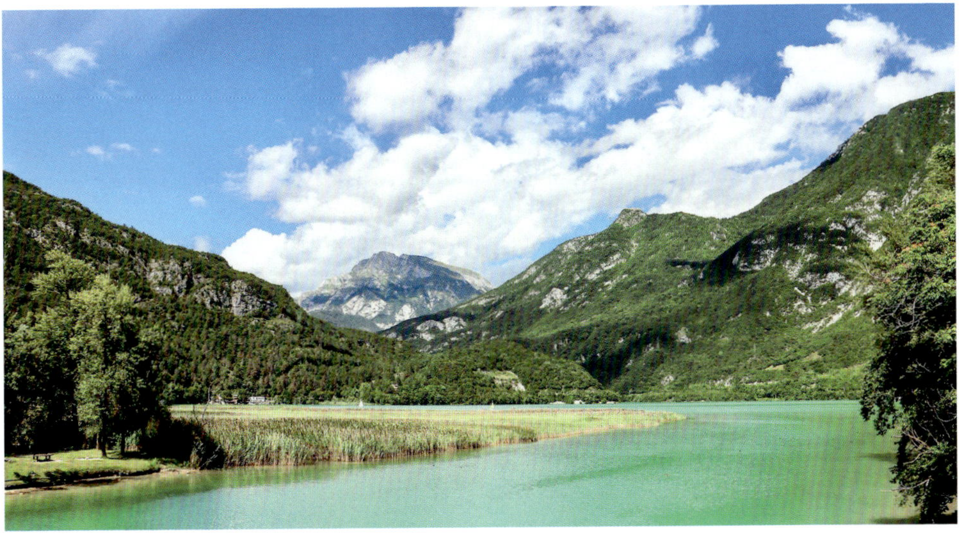

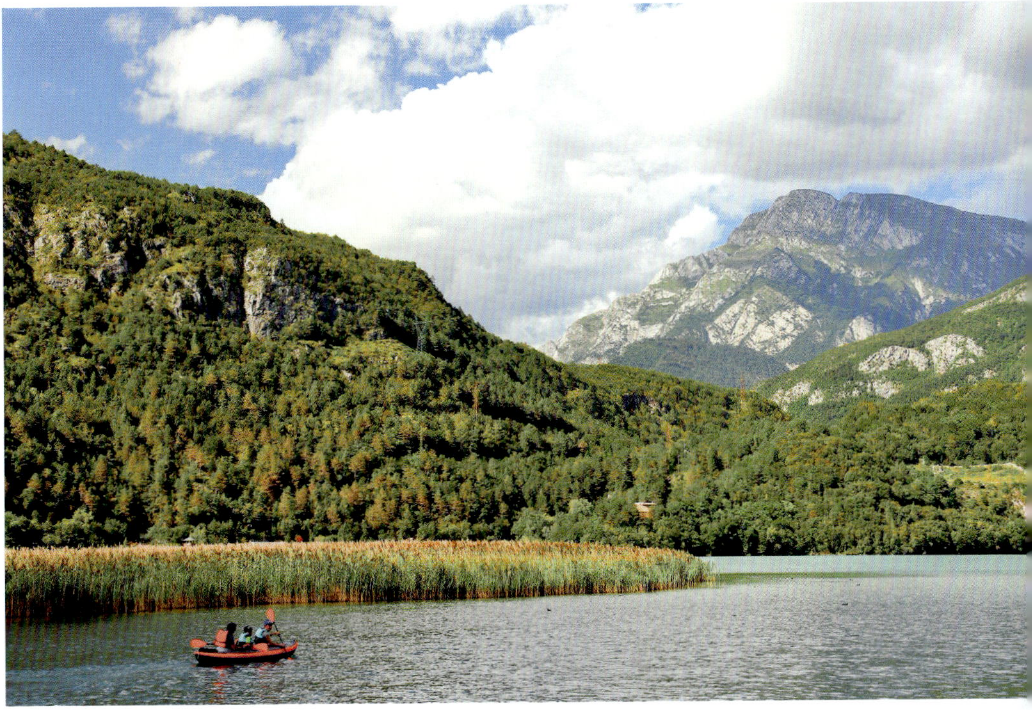

Der von dichtem Grün umgebene See mit eiskaltem Wasser lädt zu einer kurzen Paddeltour ein.

36 Tagliamento
Der König der Alpenflüsse

Der Tagliamento zählt zu den interessantesten Wildflüssen im gesamten Alpenraum und ist der längste Fluss der Region Friaul-Julisch Venetien, der viertkleinsten Region Italiens. Diese ist sowohl in kultureller als auch in kanusportlicher Hinsicht von besonderem Interesse. Der Tagliamento ist 170 Kilometer lang und überwindet auf seinem Lauf 2600 Höhenmeter. Seine Artenvielfalt ist legendär. „Re dei Fiumi Alpini", König der Alpenflüsse, wird er genannt.

Der 170 km lange Fluss entspringt nahe dem Passo della Mauria oberhalb von Forni di Sotto, einem Hochtal, das bereits von den Römern besiedelt war. In seinem Umfeld liegt der 37.000 ha große und völlig unbesiedelte Parco Naturale Dolomiti Friulane mit seinen großen Waldgebieten im Schatten majestätischer Berge. Der Oberlauf des Tagliamento ist schweres Wildwasser, anschließend folgt ein Stausee. Bei sehr guter Wasserführung ist die Fahrt für sportliche Tourenpaddler bereits ab der Mündung des Degano oder wenig später ab der Mündung des But bei Tolmezzo möglich. Für Wildwasserpaddler sind die Seitenflüsse von Tagliamento und Fella wie Raccolana, Chiarzo, Degano oder Arzino höchst lohnende Ziele in abenteuerlichen Schluchten.

Die meisten Tourenpaddler beginnen die Fahrt auf dem Tagliamento erst an der Brücke wenige Meter westlich von Venzone, kurz nach der Mündung der Fella, die oft noch für einen entscheidenden Wasserzuschuss sorgt. Das malerische Städtchen Venzone wurde 1976 von mehreren Erdstößen fast völlig zerstört und mit hohem Aufwand detailgetreu wiederaufgebaut. Ein Besuch des Erdbebenmuseums Tiere Motus ist sehr zu empfeh-

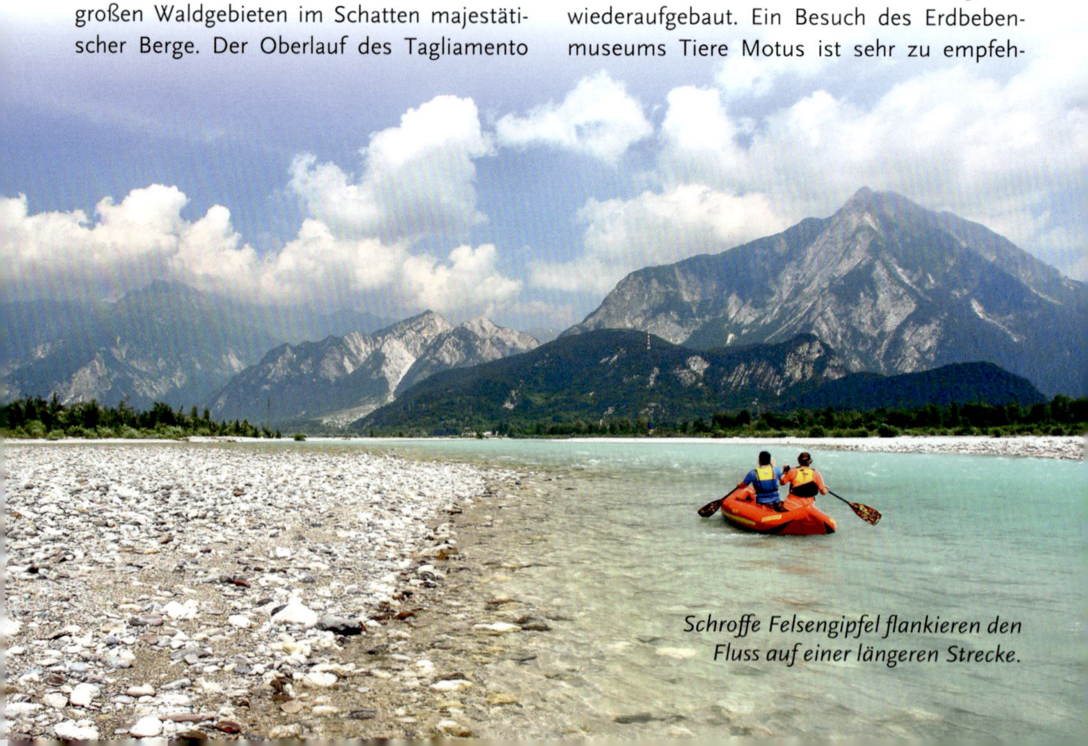

Schroffe Felsengipfel flankieren den Fluss auf einer längeren Strecke.

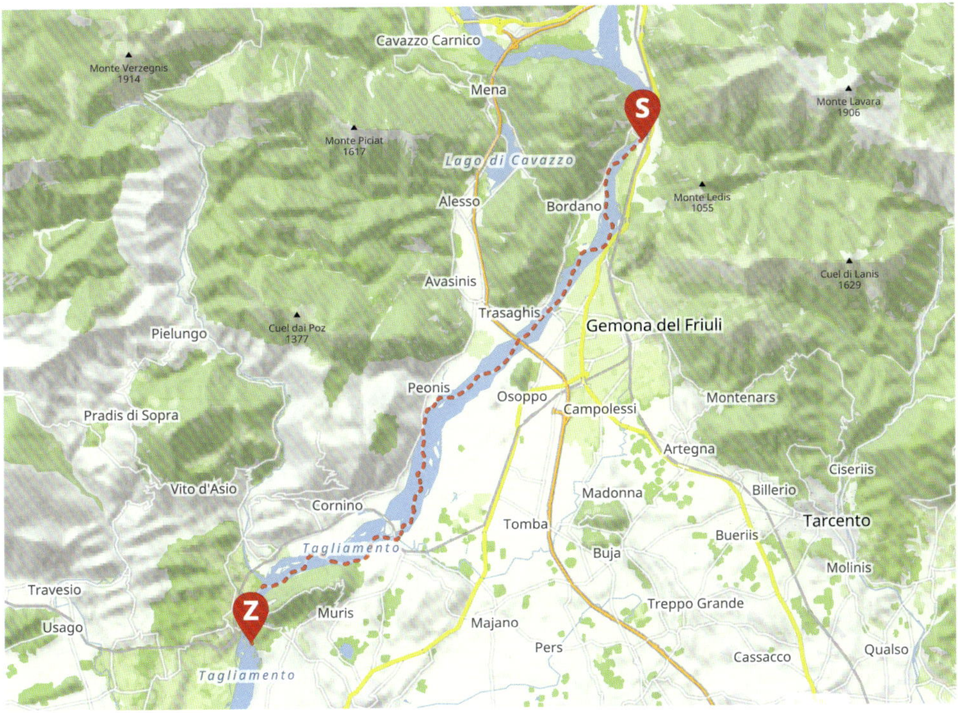

len. Die „Königsetappe" des Tagliamento, die erfahrungsgemäß bereits ab einem Wasserstand von 15 cm befahrbar ist, beginnt an der Straßenbrücke 300 Meter westlich des Ortes (Parkmöglichkeit, Nähe zum Bahnhof). Von der Brücke aus hat man nach Norden einen spektakulären Blick auf über 3000 Meter hohe Gipfel, flussabwärts breitet sich eine breite Talaue mit großflächigen Kiesbänken aus, zwischen denen sich der Tagliamento nach Belieben sein Bett sucht. Das smaragdgrüne Wasser des ungezähmten Wildflusses dürfte jeden Kanuten augenblicklich in Hochstimmung versetzen. Mit guter Strömung geht es südwärts. 1500 Meter hohe Berge flankieren den Fluss. Nach fünf Kilometern Fahrt stellt sich das Halbwehr von Ospedaletto in den Weg. Vorsichtig fährt man rechts bis an eine Mauer heran und hebt auf kurzem Weg ins Unterwasser um. Bei höherem Wasserstand kann man eventuell rechts an dem Hindernis vorbeifahren. Auf etwas reduzierter Wassermenge geht es anschließend weiter, da links Wasser in den

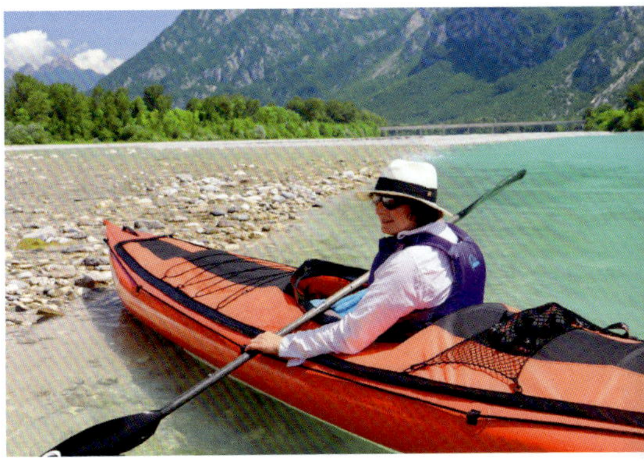

Unterwegs sollte man jeden Meter der Tour genießen.

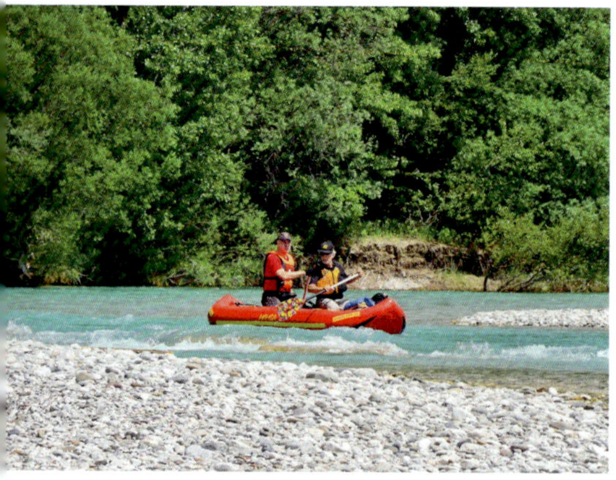

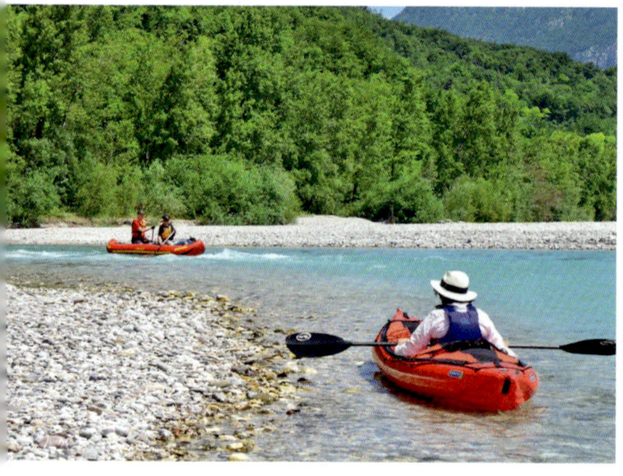

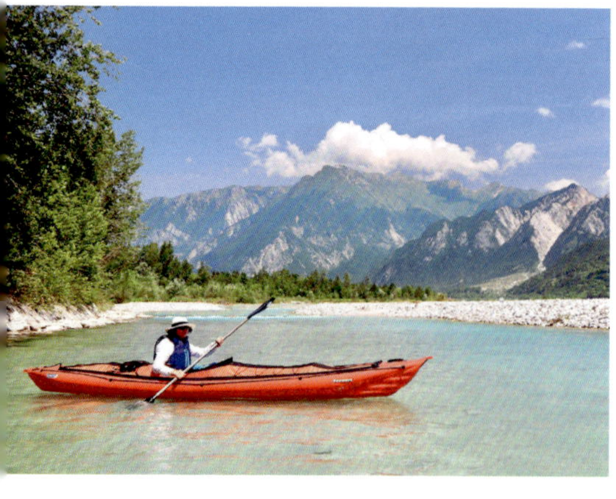

Stationen einer kurzweiligen Flussreise.

Canale Ledra nach Udine abgeleitet wird. Auf der linken Talseite liegt die Stadt Gemona di Friuli am Hang, die ebenfalls vom Erdbeben 1976 stark betroffen war. Sieben Kilometer hinter Venzone erreichen wir die Brücke bei Braulins. Bei niedrigem Wasserstand zieht man hier sein Boot über glitschige Felsen ins Unterwasser.

Die nächste markante Stelle ist bereits sichtbar, die große Autobahnbrücke der A 23 Villach-Triest zwischen Trasaghis und Osoppo. Bei unserer letzten Tour konnten wir unsere Boote mittig mit Hilfe eines Wurfsacks über die laut rauschende Barriere ins Unterwasser ziehen. Bei sehr hohem Wasserstand ist möglicherweise eine längere Umtragung am linken Ufer erforderlich. Unmittelbar danach folgen zwei flache Sohlschwellen und 500 Meter später eine tückische künstliche Stufe mit Rücklauf. Hier ist besondere Vorsicht geboten!

Nun gibt es bis zum Ende der „Königsetappe" bei Pinzano kein Hindernis mehr. Der weite Blick fällt im Osten bis zu den westlichen Julischen Alpen an der slowenischen Grenze. Prallwände und Schwallstrecken verlangen aber nach Aufmersamkeit. Immer wieder muss man sich entscheiden, welchen Flussarm man im bis zu zwei Kilometer breiten Flussbett für die Weiterfahrt wählt. Für Gruppen ist es wichtig zusammenzubleiben, um sich nicht zu verlieren.

Einen Kilometer vor der nächsten Straßenbrücke liegt am Westufer der Parco Naturale del Lago di Cornino mit einem karibikgrünen Karstsee. In den steilen Felswänden nistet hier eine größere Population der vom Aussterben bedrohten Gänsegeier. An der Brücke der SP 64 zwischen Cornino und Cimano teilt sich der Tagliamento in zwei Arme. Zahlreiche Sonnenanbeter bevölkern bei schönem Wetter

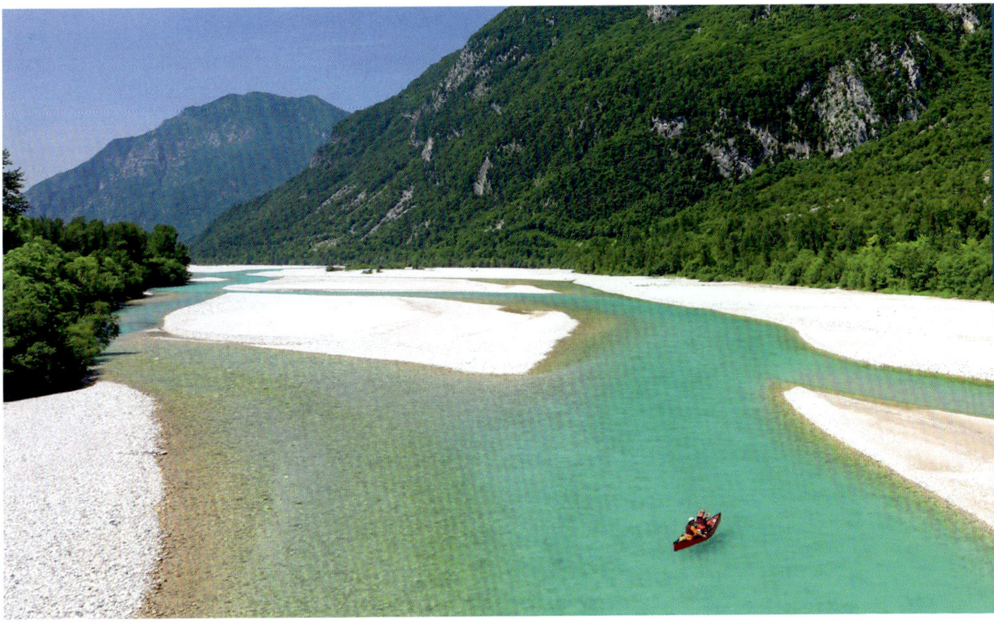

Kristallklares Wasser in einem weitverzweigten Flussbett - Paddlerherz, was willst du mehr?

die Flussufer, das herrliche Wasser lädt zum Schwimmen ein. Wer den Tagliamento als Tagestour paddeln möchte, kann von Cornino aus über Braulins und Bioverno, immer nahe dem Westufer des Flusses entlang, mit dem Rad nach Venzone zurückkehren. Linkerhand setzt der bewaldete Höhenzug Monte di Ragogna (512m) dem Tagliamento Grenzen, von oben hat man einen Superblick. Bald darauf passieren wir einen Platz, an dem wir bei unserer letzten Fahrt in ein extremes Gewitter kamen. In größter Eile schafften wir es noch, unsere Zelte aufzubauen und die Ausrüstung zu sichern. In den Südalpen kommen Gewitter manchmal in rasender Geschwindigkeit, wie wir das an den Nordalpen kaum kennen. Diese sind wegen der kurzen Distanz zwischen Meer und Hochgebirge von enormer Heftigkeit. Bei Pinzano überspannt eine hohe Brücke die Talenge. Früher überquerten an solchen Stellen Fähren den Fluss. Wenig später endet die „Königsetappe" links unterhalb dem Ristorante Al Vecjo in San Giacomo (Straßenzufahrt und Parkplatz in der Via Prevelin).

Bald danach öffnet sich das Tal, und der Tagliamento verläuft sich im weiten Kiesbett der Ebene, in dem ein Teil des Wassers versickert. Am Halbwehr Vilanova wird außerdem erneut Wasser entzogen. Bei geeigneter Wasserführung ist eine Fahrt bis Latisana aber dennoch sehr lohnend. Da es sowohl in Latisana als auch in Venzone flussnahe Bahnhöfe gibt, ist eine Rückkehr zum Fahrzeug mit einmal Umsteigen möglich.

Auskunft: *www.trenitalia.com/de.html.*
Die Reststrecke von Latisana bis zur Adriamündung bei Lignano ist zwar ganzjährig paddelbar, allerdings reguliert und daher kaum lohnend.

TOURINFOS

Charakter: Wildfluss (WW I-II)
Etappen:
Venzone- Pinzano: 26,7 km, WW I (Wehre)
Weitere Etappen:
Mündung Degano-Venzone: 23 km, WW I-II
Pinzano-Latisana 50 km (Wehr).
Beste Zeit: März bis spätestens Anfang Juni, je nach Schneeschmelze (oder nach ergiebigen Niederschlägen)

Pegel: Ab einem Pegelstand von 15 cm ist eine Befahrung der Etappe Venzone-Pinzano ohne Einschränkungen möglich (Oberlauf und Pinzano-Latisana ab etwa 20-30 cm). Die Pegelstände sind mit der RiverApp problemlos abrufbar.

Gefahren: Wehre, Verzweigungen, Prallwände, ab dem Frühsommer manchmal heftige Hitzegewitter

Infos und Links/Flusskarte/Pegel:
www.flusswandern.at/tagliamento/

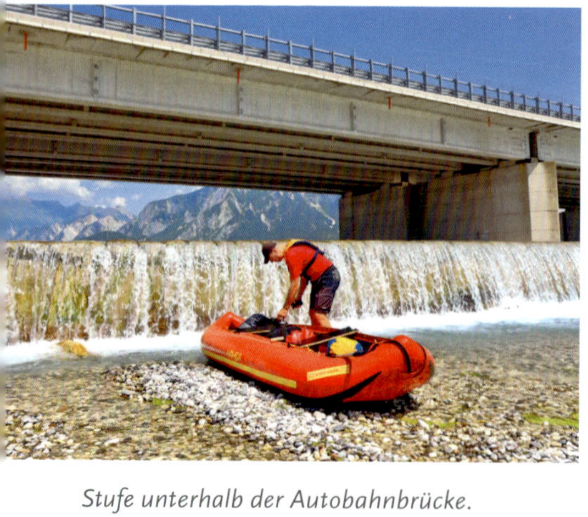

Stufe unterhalb der Autobahnbrücke.

Geführte Touren:
www.toros-outdoors.de
www.lutz-paddelt.de

Kanu-Gewässer der näheren Umgebung:
Fella, Lago di Cavazzo

Auskunft: *www.venzoneturismo.it*

Übernachten: *www.lago3comuni.com*
Bitte die Hinweise zum Thema Übernachten und Lagerfeuer im Infoblock beachten!

Sehenswertes: Venzone (restaurierte Altstadt, Erdbebenmuseum Tiere Motus), Bordano (Schmetterlingshaus Casa delle Farfalle), Riserva Naturale del Lago di Cornino (Gänsegeier), Gemona (Dom, Arkadengänge, Museo Civico), Osoppo (Burgberg Monte Osoppo).

Alternativen: Radweg Alpe-Adria von Villach nach Grado, Rundwanderungen um den Lago di Cavazzo oder Lago di Cornino, Bergtour von Gemona auf den Aussichtsberg Monte Cuarnan (1372m).

Literatur/Karten:
- Reiseführer „Friaul-Julisch Venetien" (Eberhard Fohrer), Michael Müller Verlag
- „Am Tagliamento – Entdeckungen zwischen Alpen und Adria" (Werner Freudenberger), Styria Verlag
- „An smaragdgrünen Flüssen" (Werner Freudenberger), Styria Verlag
- Straßenkarte „Friaul Julisch Venetien" 1:150.000, Freytag&Berndt Verlag

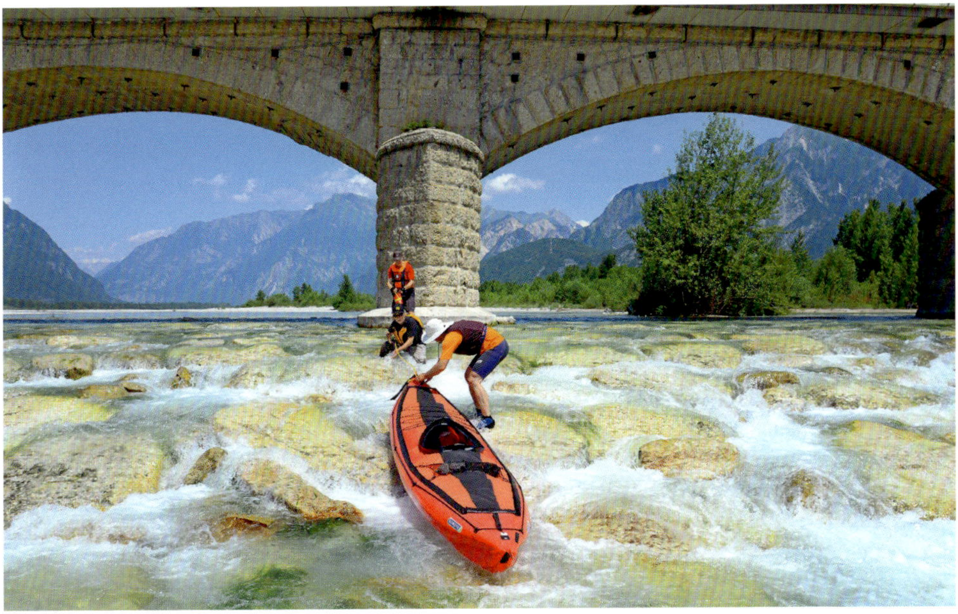

An der Brücke bei Braulins ziehen wir die Boote über glistschige Felsen ins Unterwasser. (Foto Christoph Haas)

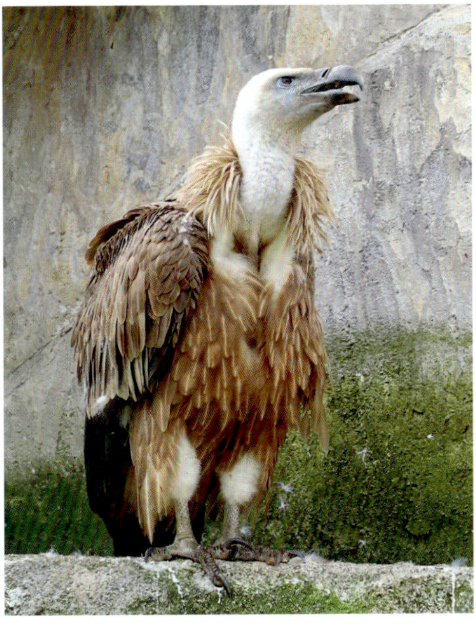

Gänsegeier am Lago di Cornino.

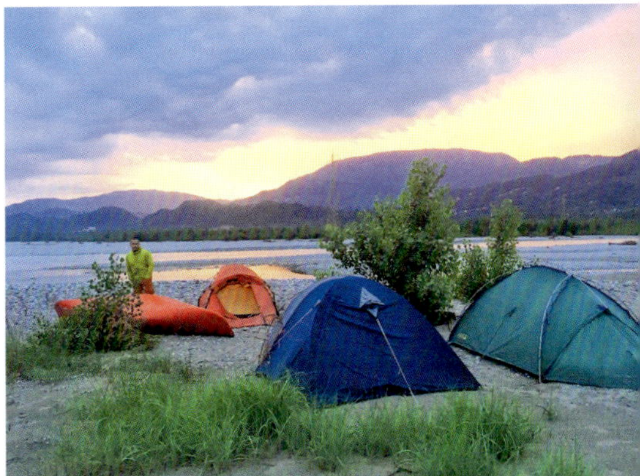

Auf einer großen Kiesbank erwarten wir das nahende Unwetter.

37 RISERVA NATURALE DELLA FOCE DELL'ISONZO

RUNDTOUR UM DIE ISOLA DELLA CONA

Die Soca in Slowenien ist einer der Flussgötter in Europa. Deutlich weniger bekannt ist der Isonzo, der Unterlauf der Soca in Italien. Zunächst ist der smaragdgrüne Fluss durch zahlreiche Wehre für eine Kanu-Fahrt leider kaum zu empfehlen. Erst unterhalb SS14-Brücke verläuft der Fluss ohne störende Kraftwerksbauten. Besonders attraktiv ist das Mündungsgebiet, das sich zu einer abwechslungsreichen Rundtour um das Vogelparadies Isola della Cona empfiehlt und Fahrzeugstellen überflüssig macht, obwohl man hier auf mehreren Gewässern unterwegs ist.

Am Isonzo verlief im Ersten Weltkrieg eine hart umkämpfte Frontlinie. Zwischen der Grenzstadt Goriza und dem Mündungsdelta westlich von Monfalcone fließt der auch hier noch grüne Fluss der Adria entgegen. Allerdings sorgen auf dieser Strecke leider einige Wehre für Ungemach. Erst die letzten Kilometer vor der Mündung sind von ganz besonderem Interesse. Das Mündungsdelta ist ein regionaler Naturpark, der eine gewisse Ähnlichkeit mit der Camargue aufweist. Er liegt auf der Isola della Cona zwischen dem Fiume Isonzo und dem Canale Quarantia und ist ein wichtiges Vogelschutzgebiet. Für Kanuten besteht die Möglichkeit, eine abwechslungsreiche Rundtour zu unternehmen. Start und Ziel der Tour ist ein Damm etwas nördlich des Parkzentrums.

Zunächst geht es auf dem Isonzo mit nachlassender Strömung der Adria entgegen. Linkerhand befindet sich der regionale Naturpark »Riserva Naturale Regionale della Foce«. Rund fünfeinhalb Kilometer ungehinderte Fahrt sind es bis zur Mündung. Lautes Vogelzwitschern begleitet uns fast auf der gesamten Strecke. Am linken Ufer entdecken

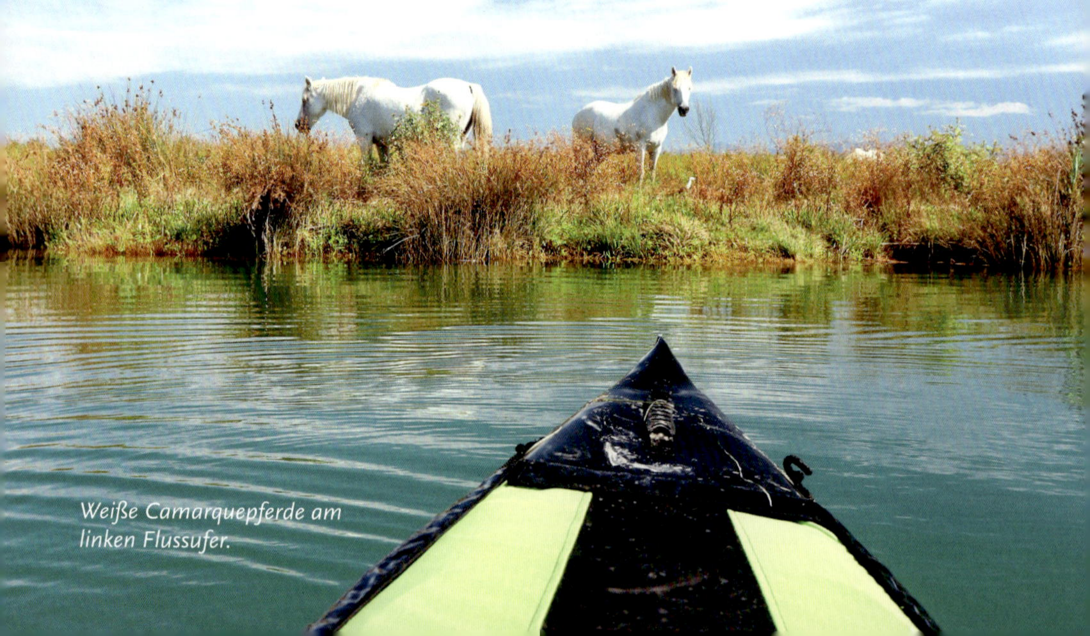

Weiße Camarquepferde am linken Flussufer.

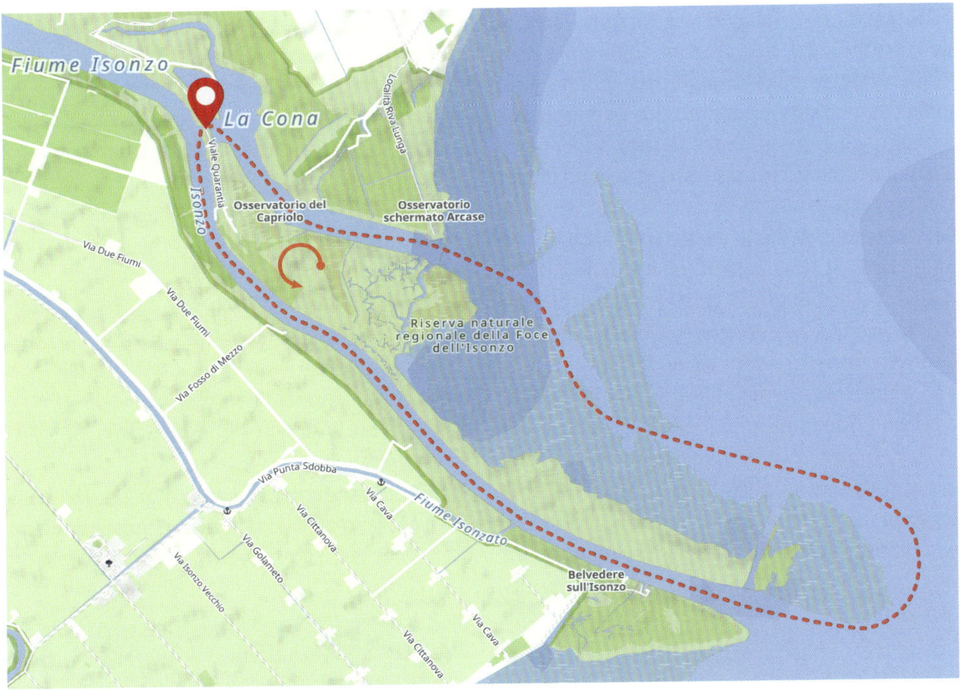

wir eine Herde Camarguepferde, die hier vor einiger Zeit angesiedelt wurden. Zunächst verhalten sie sich scheu, dann eher neugierig, und bald ist es kein Problem, näher an die Tiere heranzukommen. Rechts passieren wir kurz vor der Mündung das abgelegene Fischerdorf Villagio Punta Sdobba mit einem kleinen Sportboothafen in einem leicht zu übersehenden Nebenarm. Wer nur den Isonzo paddeln möchte, kann noch ein Stück aufs Meer hinausfahren und dann hierher zurückkehren. Das Fischerdorf liegt an einem beliebten Radweg. Wer sich für die Rundtour entscheidet, paddelt im weiten Bogen um die Sandbänke der Banca Spigolo links herum. Mehrere Kanäle bieten sich durch diese flache Schwemmzone an. Ein weiter Blick auf die Bucht von Triest und die slowenischen Karst-Berge begeistert auf diesem Abschnitt. An der Marina Punta Barene erreichen wir einen langen, hölzernen

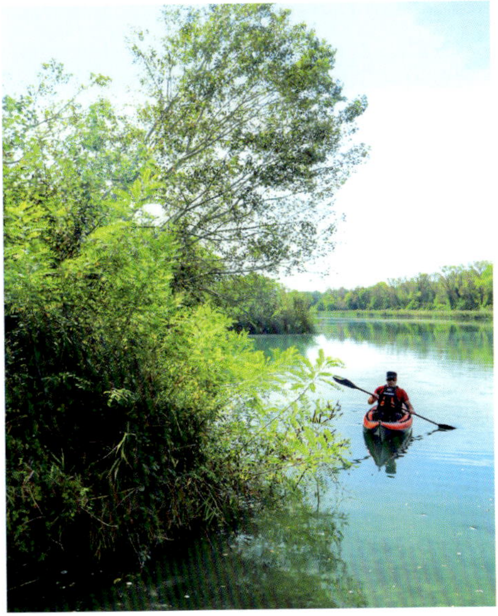

Einstieg am Isonzo.

Schutzwall. Hier biegen wir landeinwärts in den strömungslosen Canale Quarantia ein. Weiter geht es in nordwestlicher Richtung an einigen rustikalen Fischerhütten vorbei. Bevor wir am gut erkennbaren Damm wieder am Zielpunkt anlanden, umrunden wir noch ein kleines Inselchen.

Es lohnt sich, im Anschluss dem Parkzentrum einen Besuch abzustatten. In einer liebevoll gestalteten Ausstellung erfährt man Details über das besonders artenreiche Vogelschutzgebiet, in dem 317 verschiedene Arten auf einer Fläche von 2350 Hektar leben. Eine Bar lockt zur Einkehr und Stärkung. In der Saison werden hier auch geführte Touren durch das Schutzgebiet angeboten. Ein kurzer Weg führt zum nahegelegenen hölzernen Aussichtsturm, von dem wir einen weiten Blick von oben genießen. Im Anschluss wandern wir noch auf einem beschilderten Pfad zur Punta Spigola.

TOURINFOS

Charakter: Zahmwassertour
Etappe:
Rundtour um die Isola della Cona: 15 km
Beste Zeit: März bis Mitte Oktober

Gefahren: starker Wind mit Wellenbildung auf der Adria (hier auch stellenweise sehr flache Bereiche, je nach Ebbe und Flut)

Kanu-Camp/Vermietung/Touren/ Übernachten: *www.sea-tour.de*

Touren: *www.genusspaddeln.at*

Auskunft: *www.riservafoceisonzo.it* und *www.turismofvg.it/de/113415/friaul-julisch-venetien*

Übernachten:
Grado: *www.caneo.it/de*
Duino: *www.marepineta.com*

Sehenswertes: Naturschutzzentrum, Grado, Duino und Triest

Alternativen: Wanderwege auf der Isola della Cona, Radwege und Ausritte auf Camargue-Pferden im Umfeld

Literatur/Karten:
- Reiseführer „Friaul-Julisch Venetien“ (Eberhard Fohrer), Michael Müller
- „An smaragdgrünen Flüssen“ (Werner Freudenberger), Styria Verlag
- „Soca&Isonzo - Juwel zwischen Alpen, Karst und Adria“ (Wolfram Guhl), Styria Verlag
- Bootswanderkarte „Laguna di Grado e Marano 2“ 1:50.000 www.hansenautic.de

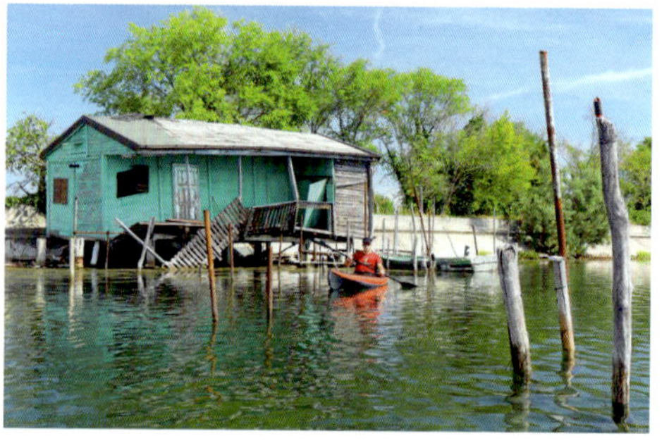

Fischerhütten am Canale Quarantia.

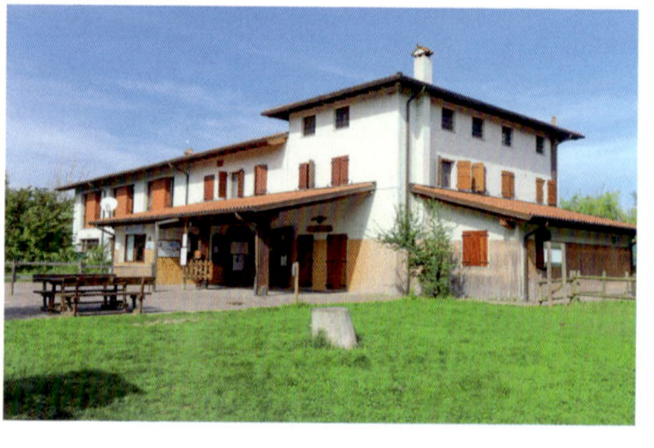

Parkzentrum mit Museum und Bar.

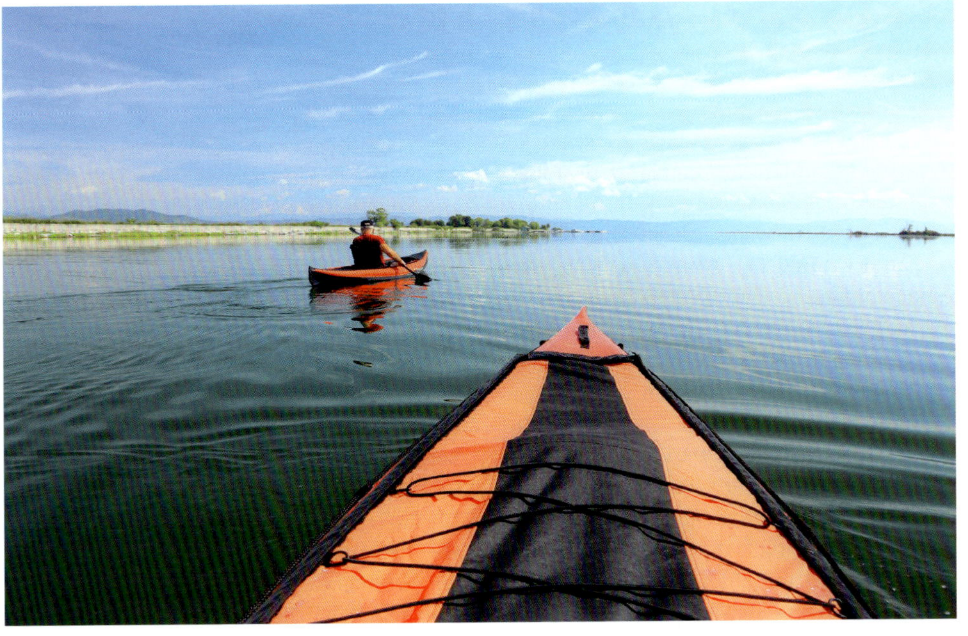

Weiter Blick auf das Meer und die Berge Sloweniens.

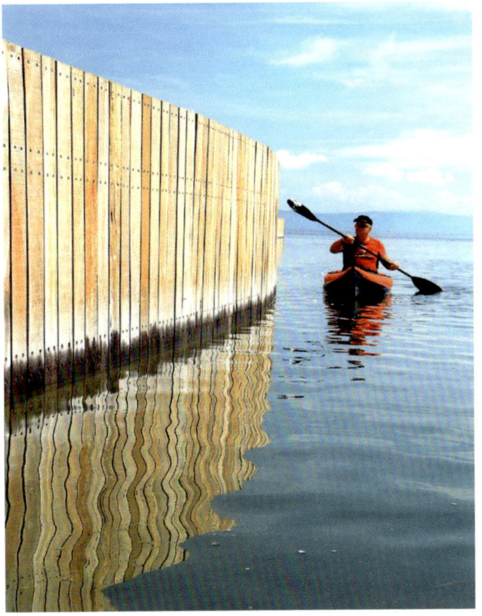

Damm am Canale Quarantia.

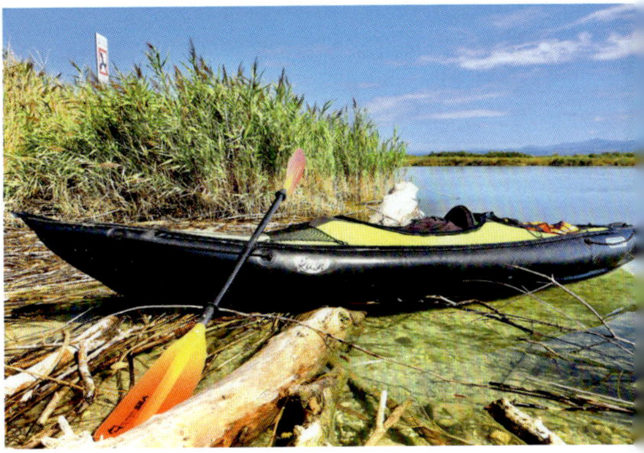

Rast am Isonzo.

38 RIVIERA SISTIANA
AUF RILKES SPUREN

Diese Kanu-Tour ist vermutlich die spektakulärste der gesamten Region. Sie ist zwar kurz, stellt aber gewisse Anforderungen. Wind und Wellen sowie die wilde Felsenküste, die einzige an der nördlichen Adria, sind eine echte Herausforderung. Bei Idealbedingungen ist die Tour aber ein Traum. Eine Schwimmweste sollte man aber selbst bei optimalen Verhältnissen immer im Gepäck haben.

An der nördlichen Adria sind flache Uferlandschaften die Regel. Nur zwischen Monfalcone und Triest fallen die weißgrauen Kalkfelsen des Karst kurzzeitig fast senkrecht zum Meer hinab. Diese Landschaft mit ihren dichten Mischwäldern und Steilfelsen hat schon Adelige und Dichter magisch angezogen. Nach der Niederlage Napoleons war Friaul Julisch-Venetien rund 100 Jahre im Besitz der österreichischen Habsburger. Diese haben hier zahlreiche Spuren hinterlassen. Beste Beispiele sind die Schlösser Duino und Miramar sowie die ehemalige K&K-Stadt Triest. Der beliebte Badestrand von Sistiana liegt neben einem großen Yachthafen fast unterhalb der Steilfelsen und am östlichen Ende des Rilke- Pfades, der in Duino beginnt und tolle Aussichtspunkte auf die Bucht von Triest und die slowenischen Berge garantiert. Frühaufsteher haben kein Problem, hier einen Parkplatz zu bekommen. Tagsüber wird das während der Badesaison aber deutlich schwieriger.

Am westlichen Rand der Parkplätze setzt man sein Schiffchen ein, und schon nach wenigen Metern hat man das Gewusel der Hafenbesucher und Badegäste verlassen. Das

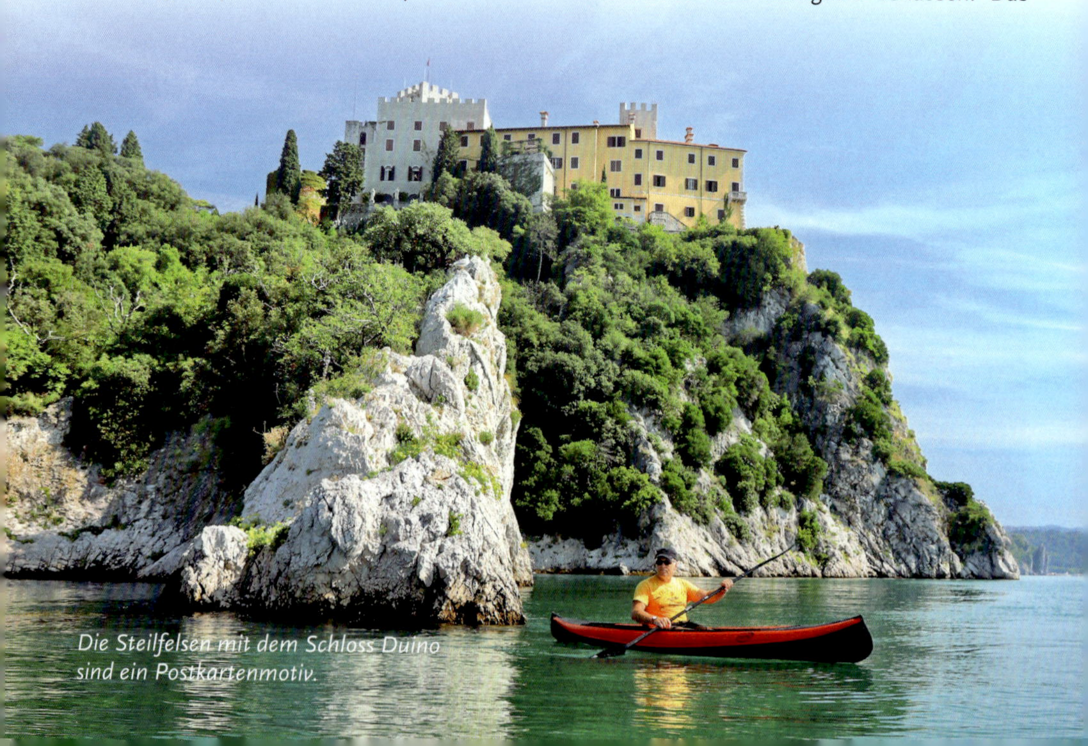

Die Steilfelsen mit dem Schloss Duino sind ein Postkartenmotiv.

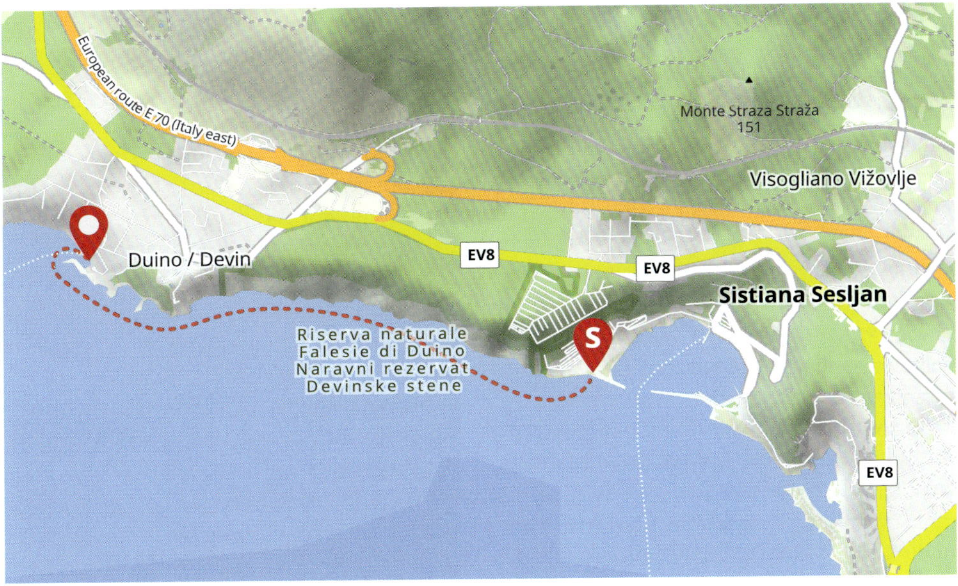

smaragdgrüne Wasser und die spektakuläre Felsenküste ziehen unsere Blicke magisch an. Im Wasser entdecken wir zahlreiche farbenprächtige Rhizostoma-Quallen (auch Blumenkohlquallen genannt), die eigentlich im Mittelmeer kaum vorkommen sollen. Immer an den Steilfelsen entlang paddelnd, haben wir bald das Castello di Duino aus dem 14. Jahrhundert im Blick. Ende des 19. Jahrhunderts weilten hier zahlreiche Künstler der damaligen Zeit (Johann Strauß, Mark Twain, Rainer Maria Rilke und viel andere). Unsere Kanu-Tour führt uns bis in den kleinen, malerischen Hafen von Duino-Aurisina, unseren Umkehrpunkt.

Auf dem Rückweg landen wir an einem schmalen Strand direkt unterhalb des Kastells an. Dieser Badestrand ist definitiv nur mit dem Boot erreichbar, und wir genießen das Privileg, hier noch im späten September bei angenehmsten Temperaturen im Salzwasser zu schwimmen. Am Ende der Tour sitzen wir in einem Strandkiosk bei Pizza und einem Kaltgetränk, bevor wir am Spätnachmittag noch das Schloss von Duino besichtigen und anschließend auf dem Rilkeweg zu einem nahen Aussichtspunkt laufen.

TOURINFOS

Charakter: Küstentour entlang einer felsigen Steilküste
Etappe: Hafen Sistiana-Duino/Aurisina hin- und zurück: 8 km
Beste Zeit: April bis Oktober

Gefahren: Nur bei sicheren Wind- und Wetterverhältnissen. Anlanden wegen der Steilfelsen nicht überall möglich.

Kanu-Camp/Vermietung/Touren/ Übernachten: *www.sea-tour.de*

Übernachten: *www.sea-tour.de*

Touren: *www.genusspaddeln.at*

Kanu-Gewässer der näheren Umgebung: Rundtour Isola del Corona, Lagune von Grado

Auskunft: *www.turismofvg.it*

Übernachten:
Duino Aurisina: *www.marepineta.com*
und *www.auroraduino.com*
Sistiana: *www.hoteldolina.it*

Sehenswertes: Schlösser Duino und Miramar, Altstadt Triest mit zahlreichen Sehenswürdigkeiten

Alternativen: Wanderung auf dem Rilke Pfad, Tauchzentrum in Duino-Aurisana

Literatur/Karten:
- Reiseführer „Friaul-Julisch-Venetien" (Eberhard Fohrer), Michael Müller Verlag
- Bootswanderkarte „Laguna di Grado e Marano 2" 1:50.000 *www.hansenautic.de*

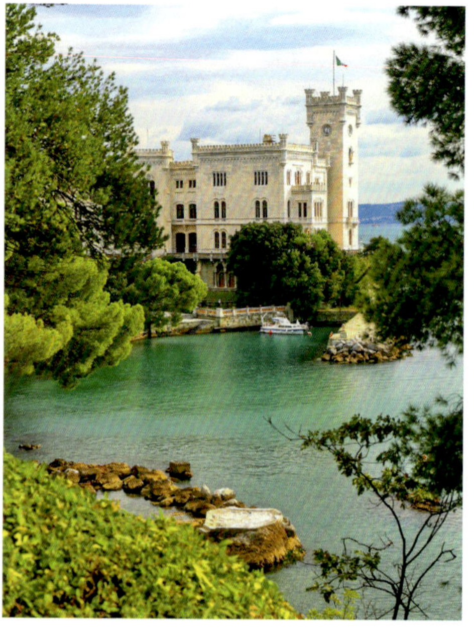

Schloss Miramar.

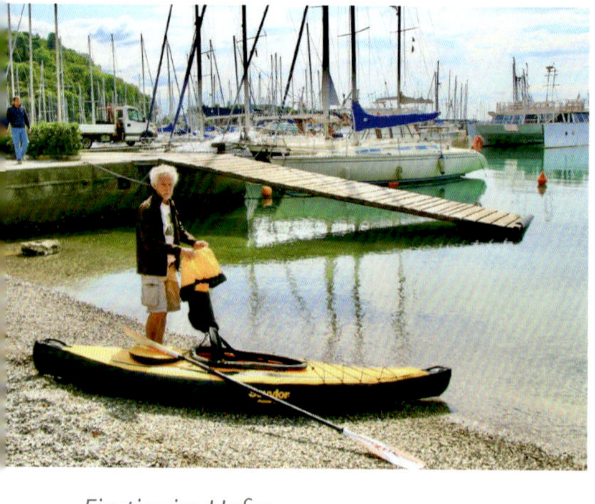

Einstieg im Hafen.

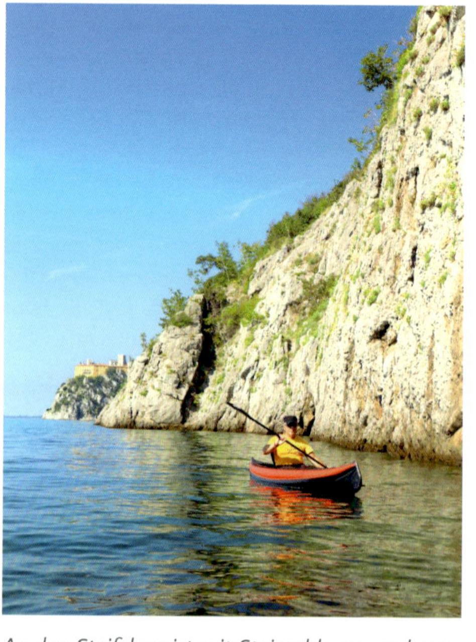

An den Steifelsen ist mit Steinschlag zu rechnen.

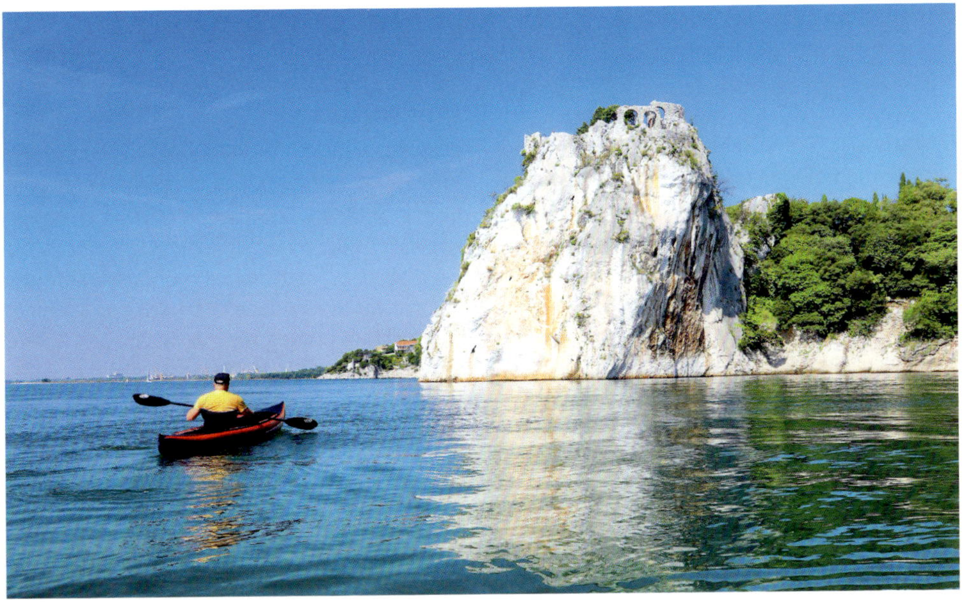

Abwechslungsreiche Kalkfelsen mit Höhlen und einer Badebucht machen die Tour bei Idealbedingungen zu einem einmaligen Vergnügen.

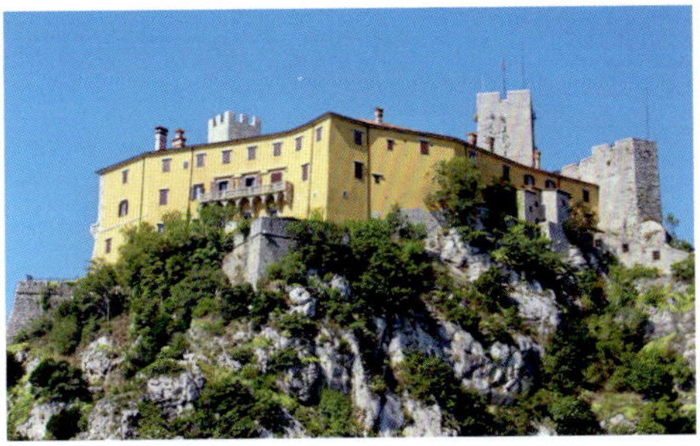

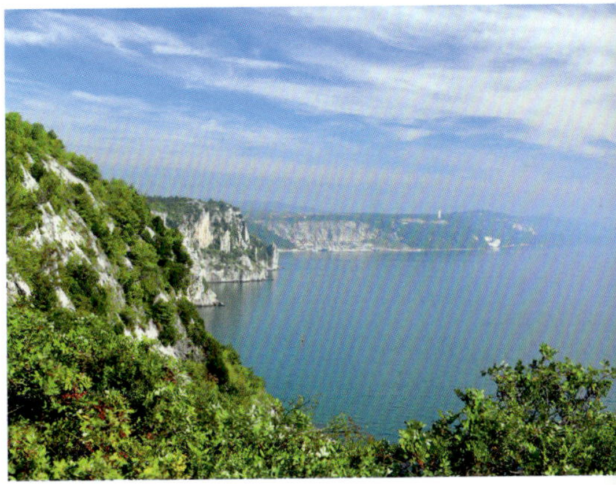

Felsenküste östlich von Duino.

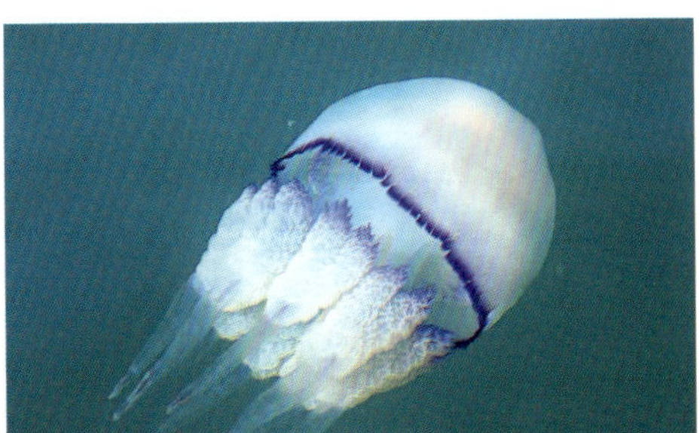

Rhizostomaquallen schwimmen dicht unterhalb der Wasseroberfläche.

39-42 LAGUNE VON GRADO

GRÜNE FLÜSSE, BLAUES MEER

Grado ist das touristische Herz der Region und besitzt kilometerlange Strände. Wie Venedig liegt es zwischen dem Festland und der Adria. Grado ist über zwei Dämme erreichbar. Die Insellage beschert der Stadt eine einmalige Situation: Eine sanfte Meeresbrise hält häufig die Wolken ab und gibt den Blick frei auf die nahe Kette der Südalpen. Tolle Wolkenformationen und der Blick auf die blauen Berge der Südalpen sind hier ein allabendlich wiederkehrendes Schauspiel. Die zweitgrößte Lagunenlandschaft Italiens wird deutlich weniger besucht als die berühmte Lagune von Venedig. Viele Bereiche zeigen eine malerische Wasserlandschaft mit zahlreichen Flüssen und Inselchen; ein absolutes Paradies für Wasserwanderer.

39 ZUR WALLFAHRTSINSEL BARBANA

Die Isola Barbana ist eine der größten und bekanntesten Inseln in der Lagune. 1237 hatte eine schwere Pestepidemie die Region heimgesucht. Seitdem gibt es jährlich eine große Prozession zur Insel. Die Historie der Madonna von Barbana hat große Bedeutung für alle Lagunenbewohner. Frank Hendrich, der in der Lagune von Grado ein Kanu-Camp betreibt, hat mir diese wunderschöne Tour empfohlen. Gemeinsam starten wir um 17 Uhr am Abend wenige Meter unterhalb der Brücke der SP 19 Richtung Monfalcone in der Via Luseo. Frank hat mir für unsere Tour ein schnittiges Seekajak mitgebracht.

Er selbst fährt mit Pinky in einem schnellen Zweierkajak. Pinky ist seine ständige Begleiterin beim Paddeln, ein verspielter Bordercollie-Schäferhund-Mischling. Erstaunlicherweise ist der Kirchturm der Wallfahrtskirche von hier aus zunächst nicht zu sehen. Da es selbst für ein Kajak sehr flache und unpassierbare Zonen gibt, ist der kürzeste Weg hier nicht zu empfehlen, um unterwegs nicht im Schlick steckenzubleiben. Nur vereinzelt gibt es die üblichen Holzpfähle, die eine Fahrrinne für die Schifffahrt markieren. Unser Weg führt daher fast in Schlangenlinie nach Westen. Vereinzelt kommen uns Motorboote entgegen, die diszi-

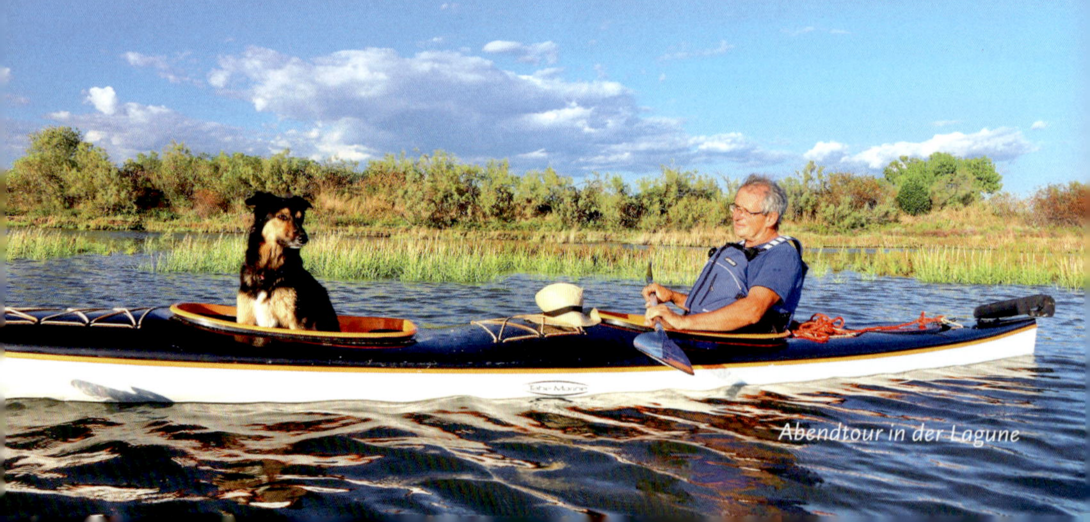

Abendtour in der Lagune

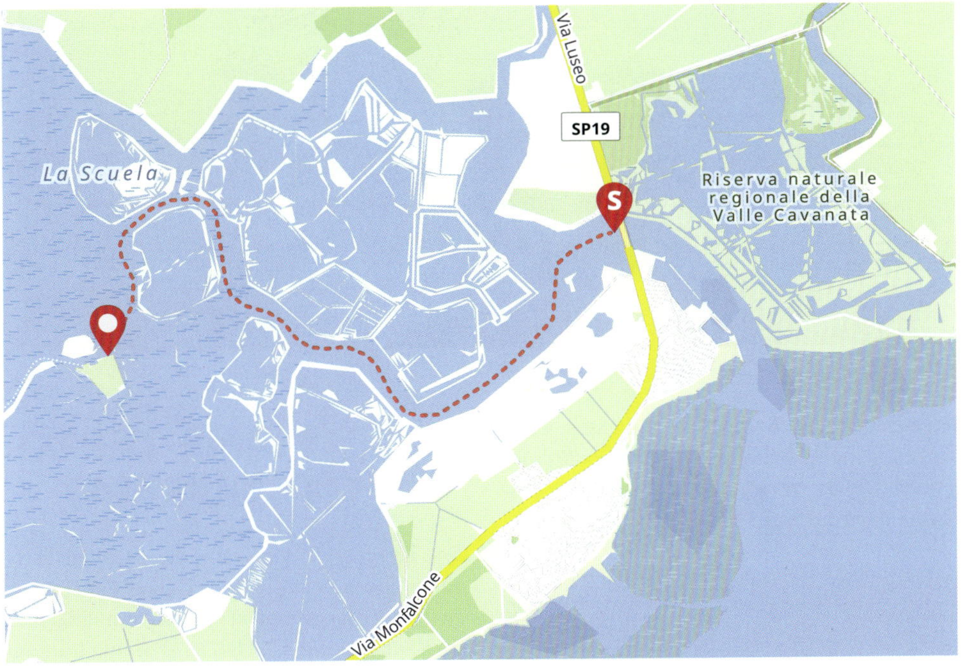

pliniert sofort das Gas wegnehmen, sobald sie sich nähern. Dabei macht es durchaus Spaß, in den Wellen zu surfen. Endlich taucht der Kirchturm auf, aber wir müssen uns weiterhin nach der Wassertiefe in der Lagune orientieren und steuern unser Ziel in einem weiten Rechtsbogen an. Die Sonne steht inzwischen etwas flacher und sorgt für eine faszinierende Stimmung. Neben einem kleinen Hafen landen wir auf der Nordseite der Insel an. Hunde sind hier verboten, und so fällt unser Besuch reichlich kurz aus. Die letzten Besucher haben mit dem letzten Ausflugsschiff die Insel verlassen, und auch das Restaurant hat bereits seine Pforten geschlossen. Auf bekanntem Weg geht es über den Canale Zèmole zum Ausgangspunkt zurück. Die Berge der Südalpen scheinen im letzten goldenen Licht zum Greifen nahe zu sein. Noch spektakulärer ist die Szenerie, wenn die nahen Alpengipfel im Februar/März noch schneebedeckt sind. Beim

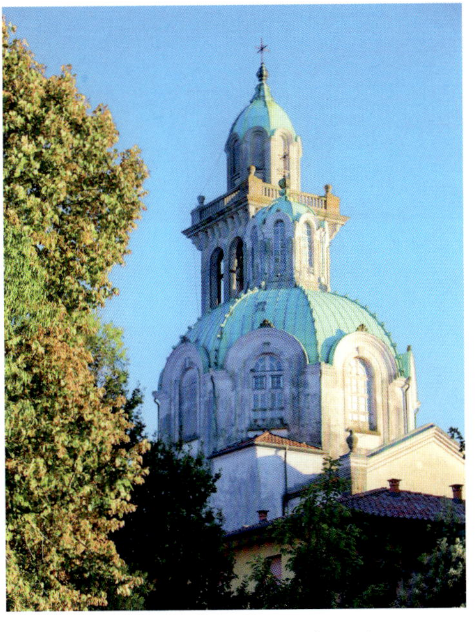

Wallfahrtskirche Santa Maria di Barbana.

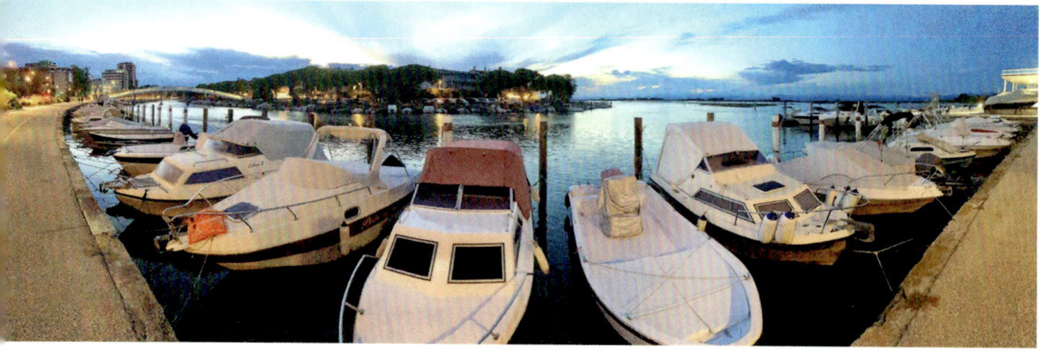

Sportboothafen in Grado.

Hochziehen der Boote durch dichtes Grün sorgen lästige Stechmücken nur kurz für Ungemach, aber sie können die schönen Momente der Tour nicht schmälern.

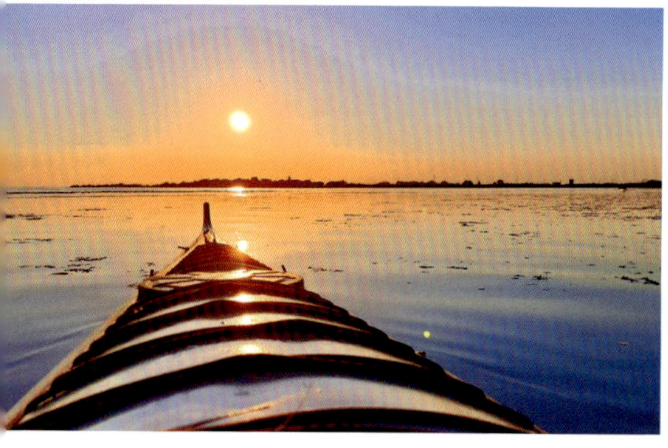

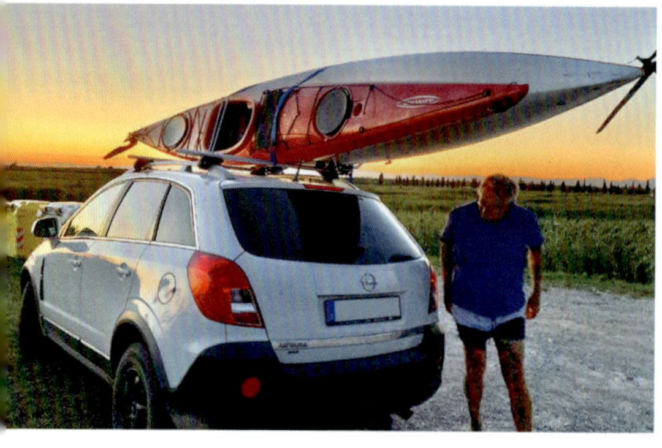

Grado punktet häufig mit stimmungsvollen Sonnenuntergängen.

40 FIUME TERZO (AQUILEIA)

Der Terzo bietet eine reizvolle und logistisch völlig unproblematische Tour auf der Strecke zwischen den Orten Terzo di Aquileia und dem berühmten UNESCO-Weltkulturerbe Städtchen Aquileia. Das strömungslose Gewässer kann in beide Richtungen befahren werden. Die Rückfahrt zum Ausgangspunkt ist somit auch stromaufwärts kein Problem. Parkplätze und eine Treppe in Terzo bieten sich als Einstieg an. Wer nur die einfache Strecke befährt, kann per Bike auf dem beliebten Alpe-Adria-Radweg zum Fahrzeug zurückkehren.

Die sechs Kilometer lange Fahrt führt durch eine grüne Landschaft abseits lärmender Straßen. Bei meiner Kanu-Tour begleiten mich auf den ersten Metern zahlreiche schnatternde Möwen, die sich vor allem in den Hafenbereichen aufhalten und dort anscheinend die Aufgabe haben, die Persennings der zahlreichen Sportschiffe mit ihren Hinterlassenschaften zu beschmutzen. Unterwegs entdecke ich mehrfach Eisvögel, die mich immer wieder aufs Neue begeistern, obwohl man sie wegen ihrer Größe nur kurz erkennt. Immer wieder zweigen unterwegs Kanäle ab, darunter der

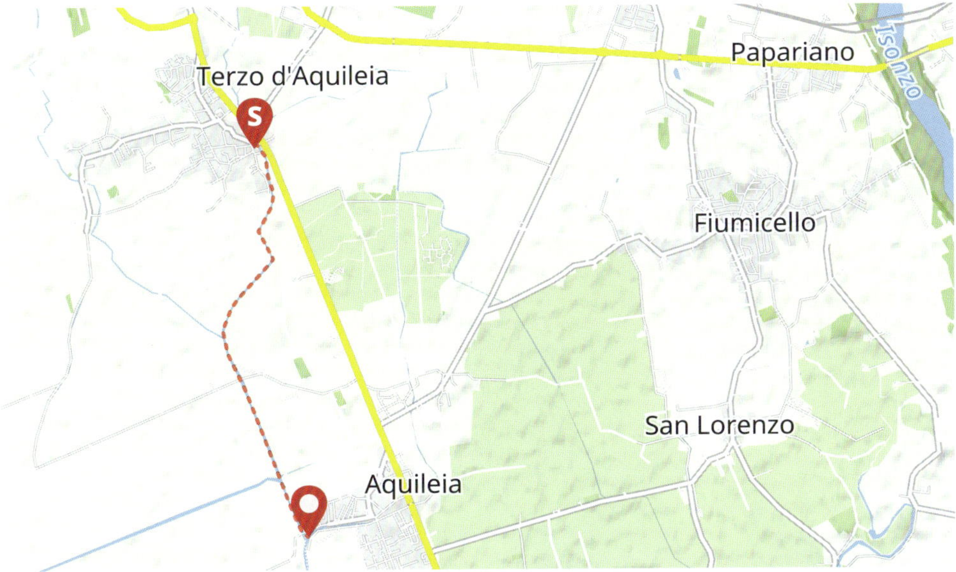

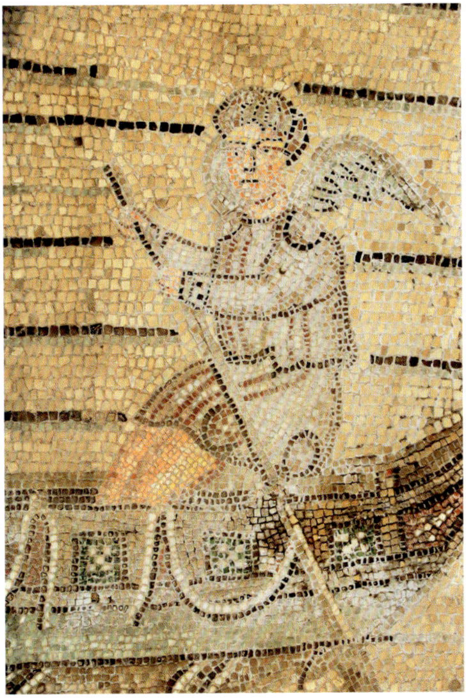

Mosaikboden aus frühchristlicher Zeit in der Basilika.

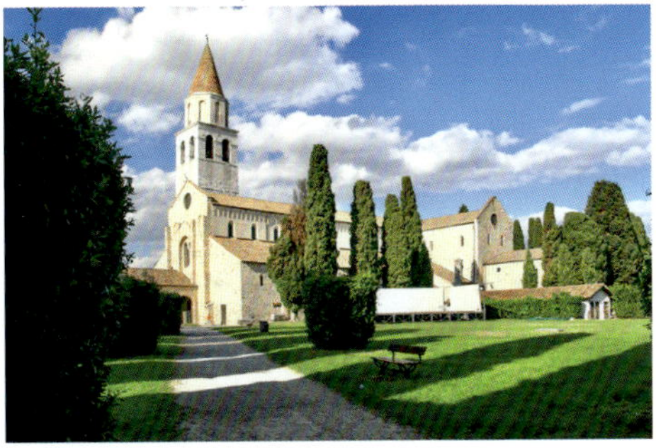

Aquileias Basilika mit Zypressen.

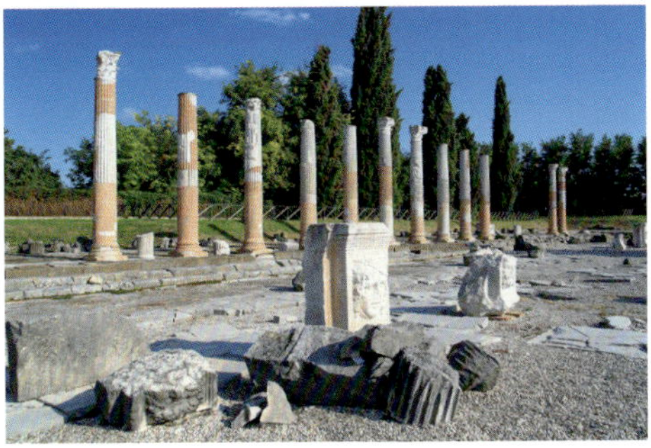

Reste einer römischen Stadt die im 5.Jh. zerstört wurde.

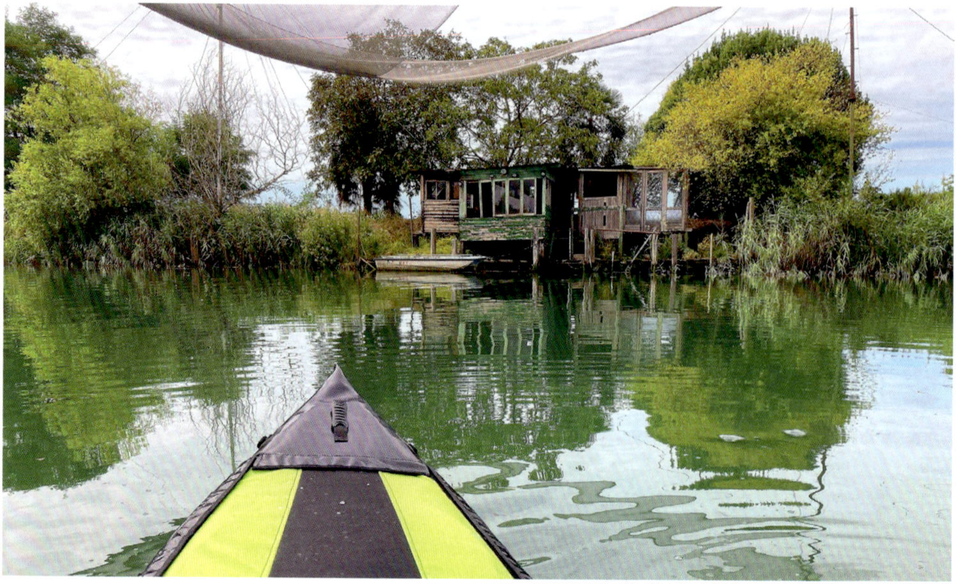

Fischerhütten mit riesigen Senknetzen am Terzo nahe Aquileia.

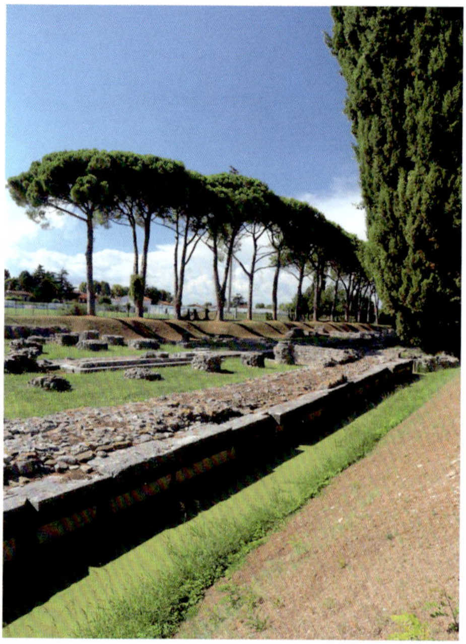

Ausgrabungen in Aquileia.

Canale Anfora, der zur nur im Sommer bewohnten Insel Anfora führt. Kurz vor Aquileia paddle ich unter großen Senknetzen hindurch, mit denen in Italien häufig Fischfang betrieben wird. Gleich danach, im Hafen von Aquileia, unterquert man die kleine Brücke über die Via Dante und biegt linkerhand in einen Kanal ein. Auf diesem erreicht man am Ende nach etwa 400 Metern eine Treppe. Das Hotel/Restaurant Aquila Nera direkt am Platz bietet sich für eine Stärkung an.

Der Nachmittag kann für die Besichtigung von Aquileia genutzt werden. Kaum zu glauben, dass sich hier in der Antike einer der größten Handelsplätze des römischen Imperiums befand und die Stadt 100.000 Einwohner zählte. Im 5. Jahrhundert machten die Hunnen den Ort dem Erdboden gleich. Die Ausgrabungen der römischen Stadt und die romanische Basilika mit dem größten Mosaikboden Europas lohnen einen ausgiebigen Besuch.

41 FIUME AUSA

Eine Tour auf dem Fluss Ausa beginnt am nördlichen Stadtrand von Cervignano hinter den Tennisplätzen an der Via Goriza. Zunächst geht es durch den langgezogenen Ort, der von Touristen zu Unrecht völlig links liegen gelassen wird. Als Auftakt begeistert eine stimmungsvolle Stadtdurchfahrt durch Cervignano vorbei am Stadtzentrum.

Bananenstauden und Bambuswäldchen sorgen für ein exotisches Ambiente. Trotz einiger schwarzen Wolken müssen wir uns über einen Wetterumschlag keine Gedanken machen. Die milde Meeresbrise bläst alles wieder weg. Auf der 14 Kilometer langen Fahrt geht es einsam durch eine flache Landschaft und man ist meist abseits von Verkehrswegen. Ständig gibt es Interessantes zu entdecken. Nach acht Kilometern Fahrt erreicht man die Trattoria Casa al Traghetto, die für ihre köstlichen Meeresfrüchte frisch aus der Lagune bekannt sind. Hier gibt es auch einen guten Ein- und Ausstieg für Kurztrips. Manchmal hängen Weiden oder Äste über den Fluss. Die Sonnenstrahlen

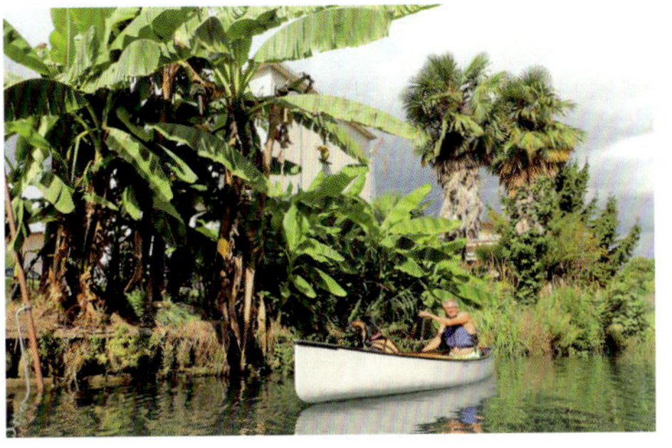

Bananenstauden am Ufer der Ausa.

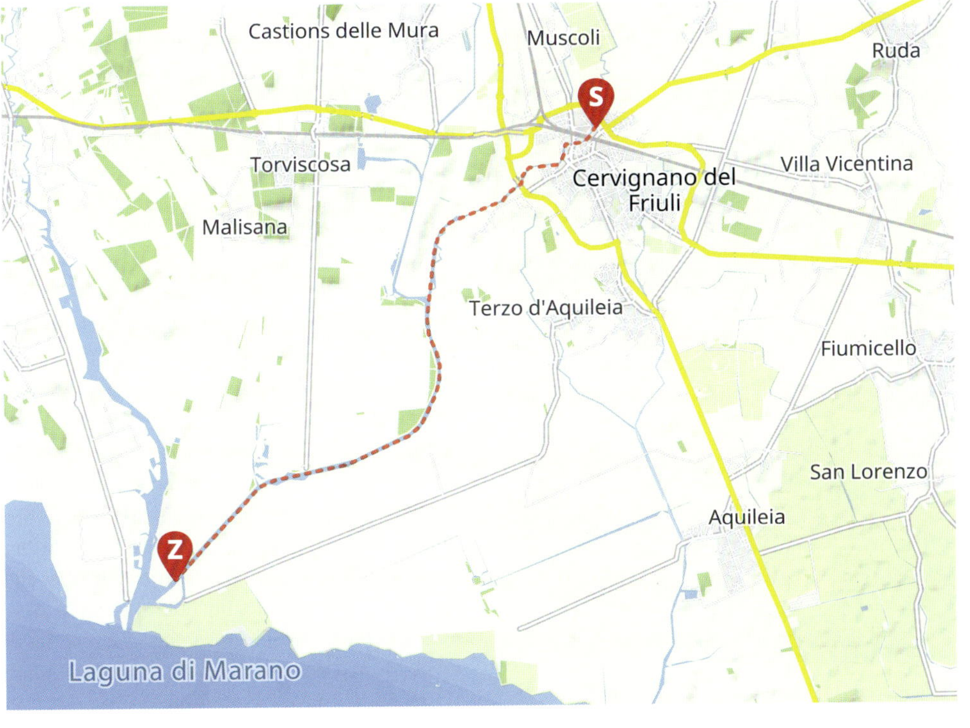

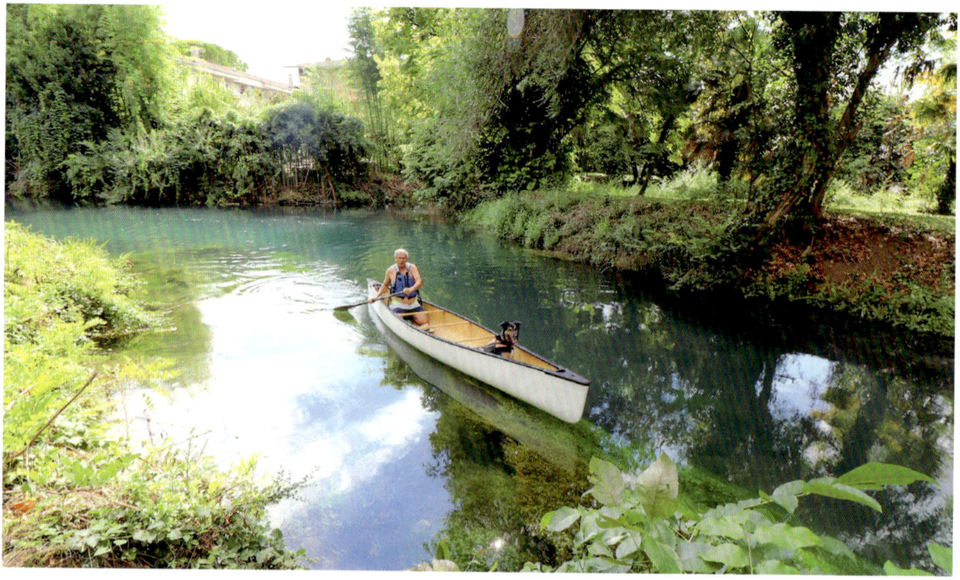

Schon am Einstieg in Cervignano begeistert die Farbe des Flüsschens Ausa.

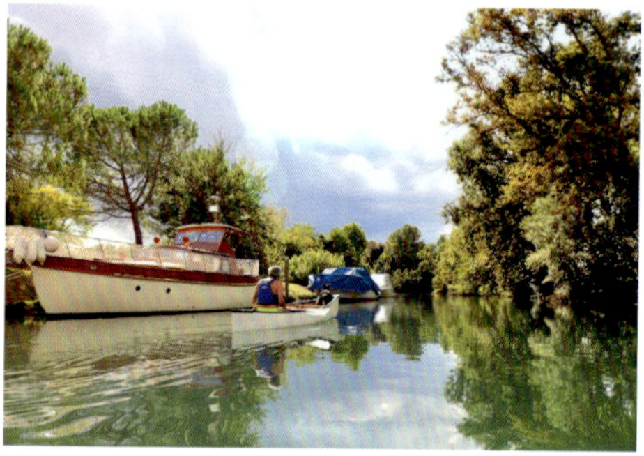

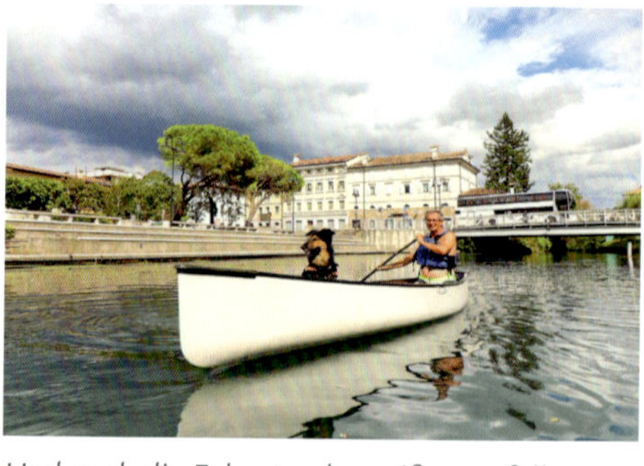

Und auch die Folgestrecke weiß zu gefallen.

brechen aber immer wieder durch, und eine echte Behinderung gibt es aber selbst für Seekajaks nirgendwo. Sattes Grün flankiert das türkisfarbene Gewässer.

Für mich waren die Bambuswäldchen ein spezielles Erlebnis. Fast wähnt man sich im Dschungel und erwartet, dass Tarzan an einer Liane schwingend um die Ecke kommt. Nun verstehe ich Frank, der mir sagte, dies sei die beliebteste Tour bei seinen Gästen. Für drei bis vier Stunden ist man in eine besondere Welt eingetaucht. Gegen Ende der Tour wird das Flüsschen breiter und der Geruch von Salzwasser macht sich bemerkbar. Doch bereits vor dem Zusammenfluss mit dem Fiume Corno und der nachfolgenden Mündung liegt die Marina Salmastro am rechten Ufer. Ein idealer Ausstieg der Tour für Paddler findet sich an einer Treppe. Die Marina ist über die SP 81 gut erreichbar und überdies ein möglicher Einstieg für eine reizvollen Tagestour in die Lagune, die über den Canale Ausa nach Porto Buso und zur Isola Anfora führt.

42 Mehrtageskombitour Lagune von Grado und Marano

Diese abwechslungsreiche Dreitagestour beginnt am Fiume Ausa im schönen Städtchen Cervignano, nur wenige Meter hinter den Tennisplätzen an der Via Gorizia (Parkmöglichkeit am kleinen Park). Der Einstieg befindet sich an einem Alusteg. Der klare Fluss mit ganzjähriger Wasserführung ist ein perfekter Auftakt (siehe auch Tour 41). Nach 15 Kilometern Fahrt auf dem Fiume Ausa, der kurz vor der Mündung mit dem Fiume Corno zusammenfließt, erreichen wir die Mündung in die Lagune. Wir wenden uns nach Westen und steuern das bereits von den Römern gegründete Städtchen Marano di Lagunare an. Der weithin sichtbare Kirchturm bietet eine gute Orientierung. An einer Holzbrücke steigen wir aus, um den kleinen Ort zu besichtigen. Einige Restaurants und Eisdielen locken zur Einkehr und Stärkung. Marano Lagunare ist der größte Ort in der 9500 Hektar großen Laguna di Marano. Über eine lange Ausfahrt südwärts paddelnd erreichen wir die Muschelinsel, den westlichen Teil der Isola di San't Andrea.

Die Insel Morgo dagegen ist von Mai bis Mitte August wegen brütender Vögel gesperrt und durch die Masse an Vögeln auch nicht betretbar. Rechts der Durchfahrt zur Adria liegt die Isola di Martignano. Nach einer Tagesetappe von 28 Kilometern bietet sich ein Sandstreifen zum Anlanden und zum ersten Biwak an. Auf ein Lagerfeuer sollte man hier definitiv verzichten.

Am nächsten Tag geht es ostwärts nach Richtung Porto Buso/Anfora, entweder entlang der Adriaküste oder bei starker Brandung besser innerhalb der Lagune. An der westlichen Spit-

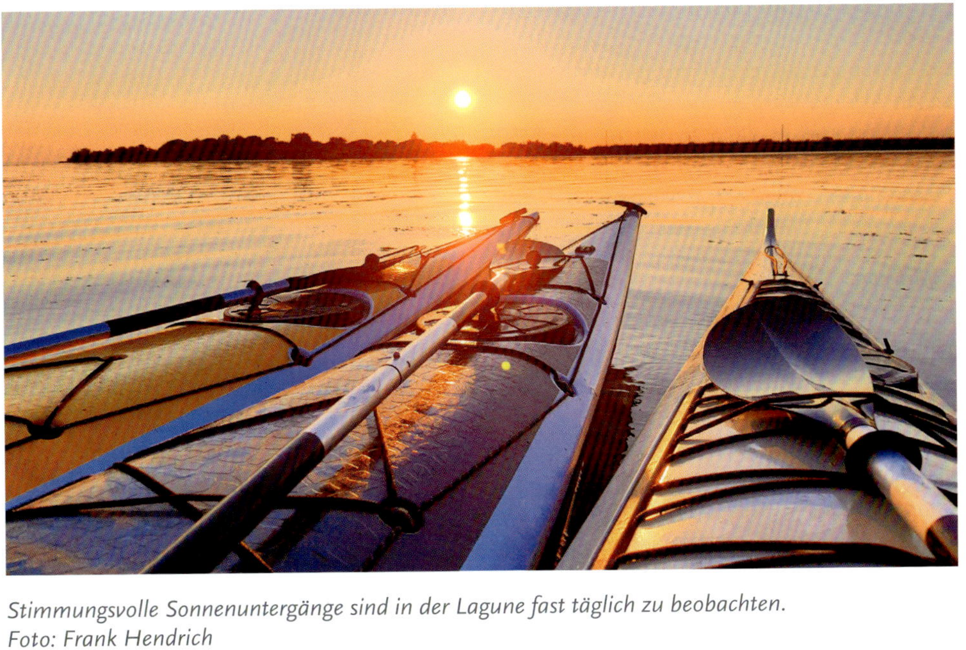

Stimmungsvolle Sonnenuntergänge sind in der Lagune fast täglich zu beobachten. Foto: Frank Hendrich

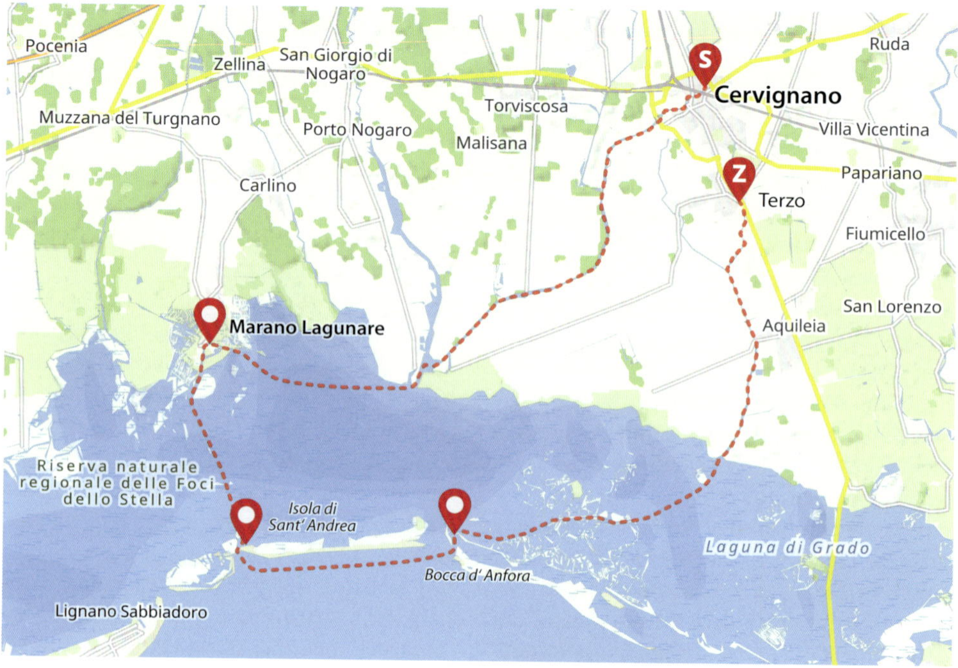

ze der nur in den Sommermonaten bewohnten Laguneninsel Anfora gibt es mit der Trattoria al Clodi ein hochgelobtes Fischrestaurant mit gehobenem Preisniveau. Im angeschlossenen Albergo werden auch Zimmer vermietet. Weiter geht es dann zwischen Sumpfwiesen und Inselchen mit den typischen Casoni Fischerhütten zurück zur Muschelinsel, um an bekannter Stelle eine zweite Nacht unter dem Sternenhimmel zu verbringen. Die letzte Tagesetappe führt zur Mündung des Fiume Natissa (dem Unterlauf des Fiume Terzo). Auf diesem schiffbaren Gewässer geht es an der Marina di Aquileia vorbei nach Aquileia. Der Weiterweg entspricht der Tour 37. Der Ausstieg in Terzo d'Aquileia liegt genau gegenüber einer Sportbar, die zu einem finalen Cappuccino lockt. Mit dem Taxi, dem Linienbus oder einem zuvor deponierten Rad sind es genau drei Kilometer Fahrt zum Startpunkt der Rundtour in Cervignano.

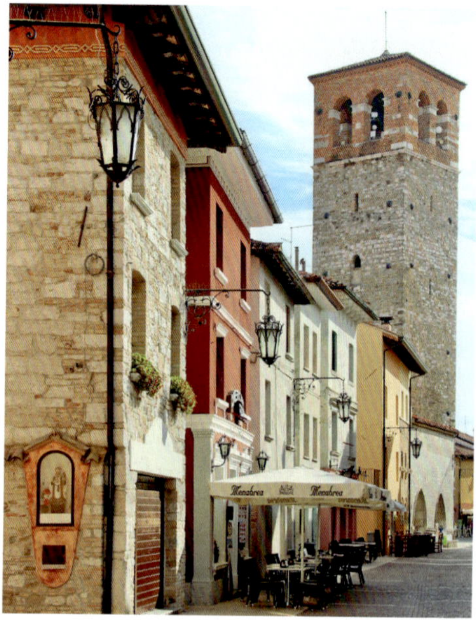

Marano Lagunare.

TOURINFOS

Charakter: Zahmwasser
Beste Zeit: Ende März bis Anfang Nov.
Etappen:
Tour 39 Isola Barbana: 8 km
Tour 40 Terzo: 12 km hin- und zurück
Tour 41 Ausa: 14 km
Tour 42 Mehrtages-Kombitour 50 km

Kanu-Camp/Vermietung/Touren/ Übernachten: *www.sea-tour.de*

Touren: *www.genusspaddeln.at*

Naturschutzregeln: Betretungsverbot der Insel Morgo von Mai bis Mitte August (Tour 39)

Kanu-Gewässer der näheren Umgebung: Fiume Stella, Isonzodelta, Riviera Sistiana bei Duino

Übernachten:
www.isoladelparadiso.com/de
www.campingalbosco.it
www.agriturismozorz.com
www.portobusoaiciodi.it
Bitte die Hinweise zum Thema Übernachten und Lagerfeuer im Infoblock beachten!

Auskunft:
www.grado.it/de
www.turismofvg.it

Literatur/Karten:
- Nautischer Reiseführer „Lagunen von Venedig bis Grado“ (Heinrich Breidenbach), Delius Klasing Verlag
- „An smaragdgrünen Flüssen“ (Werner Freudenberger), Styria Verlag
- Reiseführer Friaul-Julisch Venetien (Eberhard Fohrer), Michael Müller
- Roman „Über den Fluss und in die Wälder“ (E. Hemingway), Rowohlt Verlag
- Bootswanderkarte „Laguna di Grado e Marano“, 1:50.000, Editore Belletti.

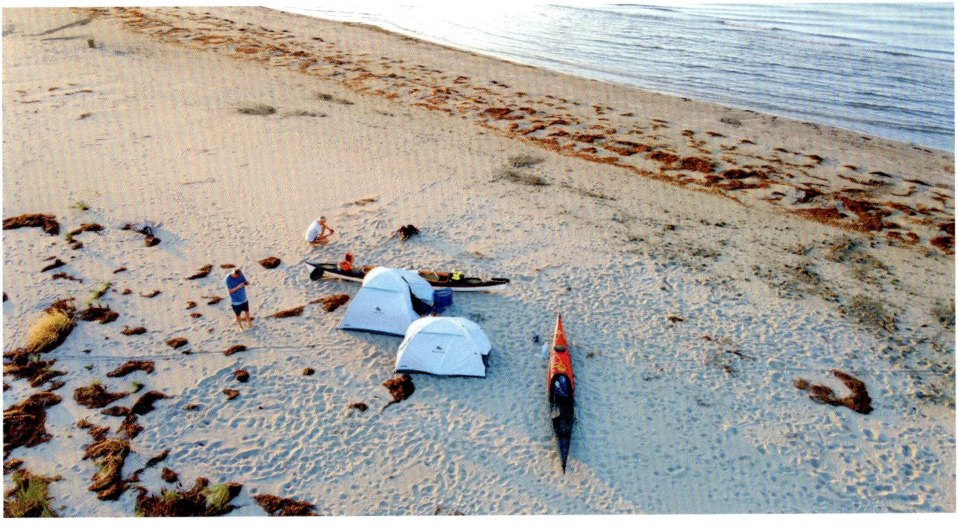

Einsames Biwak in der Lagune. Foto: Frank Hendrich

43 FIUME STELLA

SMARAGDGRÜNER ZUFLUSS DER LAGUNA DI MARANO

Der Fiume Stella, der am westlichsten Rand die der Lagune di Marano erreicht, ist eine wahre Naturperle und nur wenigen Paddlern bekannt. Der Fluss entspringt südwestlich von Udine und mündet nur einen Steinwurf vom Tagliamento entfernt. Das nahezu strömungslose Gewässer ist im Unterlauf schiffbar und somit auch in niederschlagsarmen Zeiten wasserführend. Der Fluss ist Teil der historischen Binnenschifffahrtstraße »Litoranea Veneta«, die Venedig und Grado auf Wasserwegen miteinander verbindet.

Unsere Spritztour beginnt am Ristorante Stella, südlich von Precenicco. Von der SP56 führt die Zufahrt Via dell'Isolino hierher. Auf der Südseite des Restaurants finden wir sowohl gebührenfreie Parkplätze als auch einen direkt daneben liegenden Einstieg an einem Nebenarm. Unmittelbar gegenüber liegt der Hafen Marina Stella Darsena. Nach wenigen Paddelschlägen auf dem Nebenarm erreicht man den Hauptfluss, in den wir rechts abbiegen. Kurz darauf sind wir, südwärts paddelnd, in einer stillen und reizvollen Landschaft unterwegs. Unser Plan ist es, gut fünf Kilometer bis zur Mündung in die Laguna di Marano zu paddeln, dort eine kleine Runde zu drehen und schließlich wieder zum Ausgangspunkt zurückzukehren. Dann hat auch das Restaurant geöffnet. Fahrzeugstellen ist somit überflüssig. Wer Gefallen an der Landschaft findet, kann auch über die markierten Wasserstraßen Orte wie Lignano oder Marana Lagunare erreichen oder die Laguneninsel Anfora ansteuern. Das unglaublich grüne Wasser macht auf jeden Fall Laune, und am blauen Himmel kreisen viele Wasservögel. Zahlreiche Arten überwintern

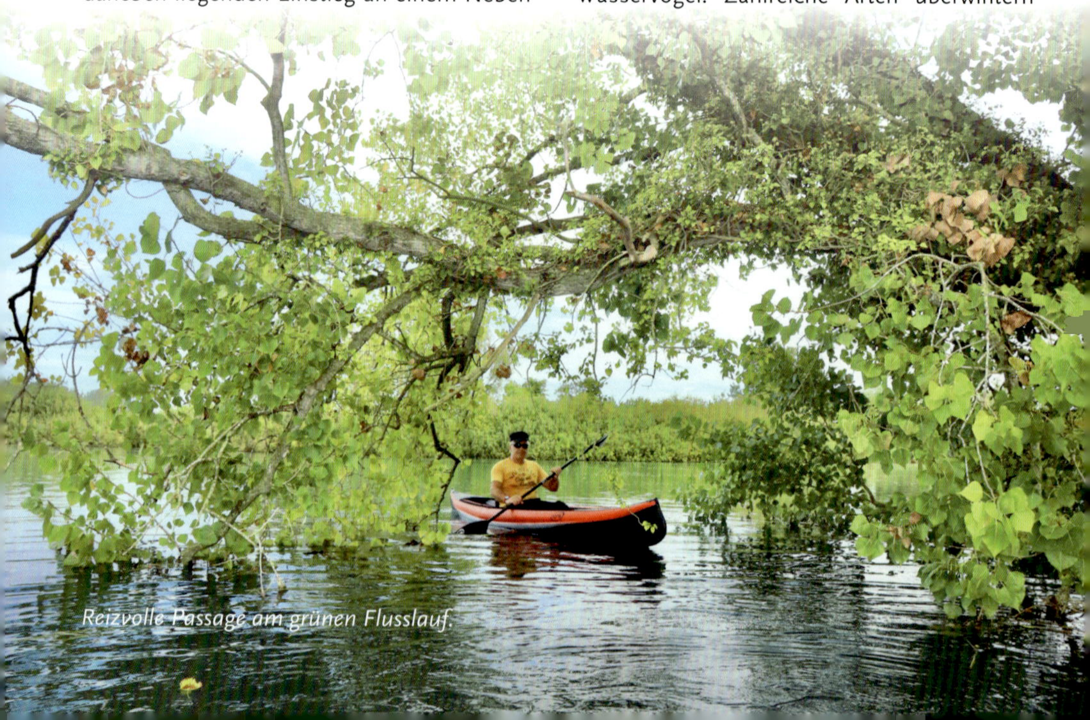

Reizvolle Passage am grünen Flusslauf.

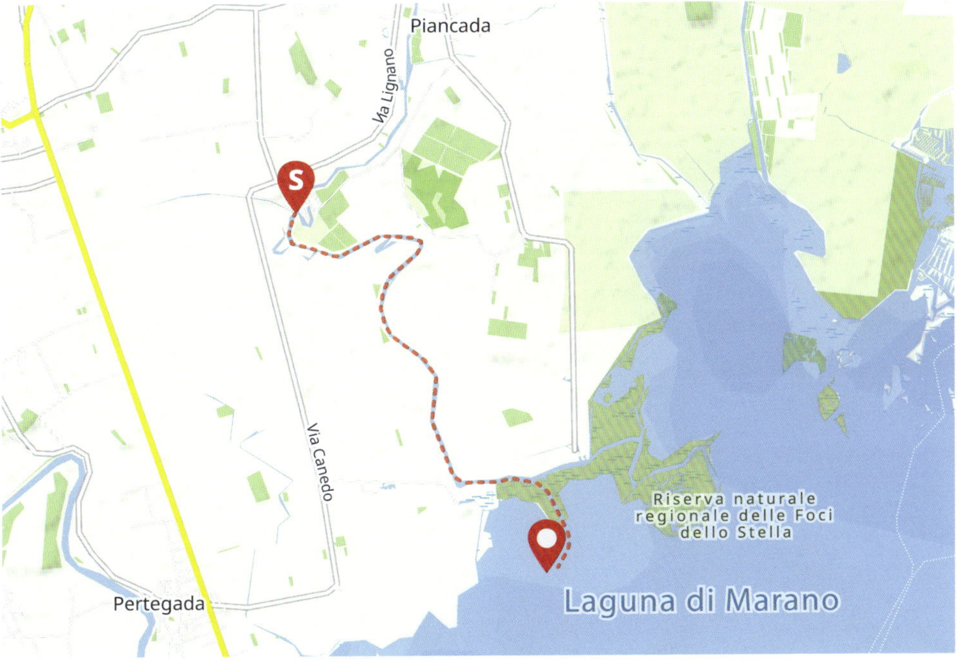

hier im Umfeld der Lagune. Nachdem keine Straße den Fluss begleitet, hören wir meist nur Naturgeräusche. Trotz der Sportboot-Häfen begegnen uns nur wenig Motorboote. Schon bald, nach einer ausgeprägten Kurve, erreichen wir einen Altarm auf der rechten Seite, an dessen hinterem Ende sich die Kirche Madonna della Neve di Titano (12 Jh.) verbirgt. Zur Zeit der Kreuzzüge war diese auch ein Hospiz der Pilger und Kreuzfahrer. Hier treffen wir österreichische Paddelkollegen, die von Grado nach Venedig paddeln und an diesem beschaulichen Platz die Nacht verbracht haben. Da sich im Altarm viele Grünalgen ausbreiten, verlege ich meine Schwimmpause in den Hauptarm. Auf dem Weiterweg zur Laguna di Marano geht es erneut durch eine enge Flussschlinge in einer flachenLandschaft mit dicht bewachsenen Schilfufern, die sehr wohl ihre Reize hat. Im Mündungsgebiet entdeckt man mehrere traditionelle Fischerhütten (Casoni) aus Schilf. Hierher kommt man nur per Boot. Ein Privileg! Ein warmer Spätsommerwind weht uns bei der Rückfahrt um die Nase, die sanfte Gegenströmung stellt kein Prob-lem dar. Die Terrasse des Ristorante Stella ist nach unserer Rückkehr gut von Bootsleuten aus der Marina besucht, und die regionalen Fischgerichte sowie der freundliche Service überzeugen voll (trotz eines etwas gehobenen

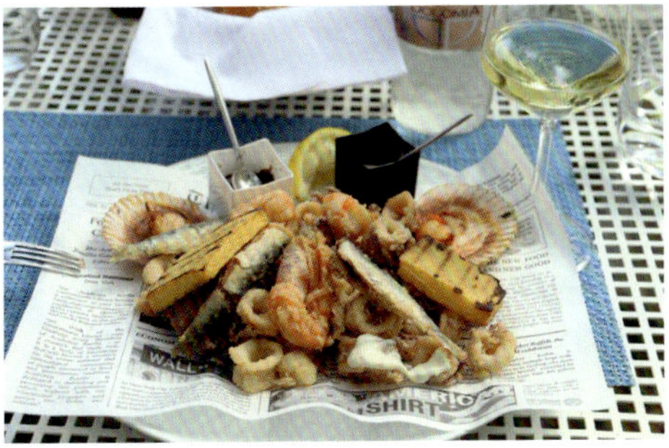

Meeresfrüchte vom Feinsten im Anschluss der Tour.

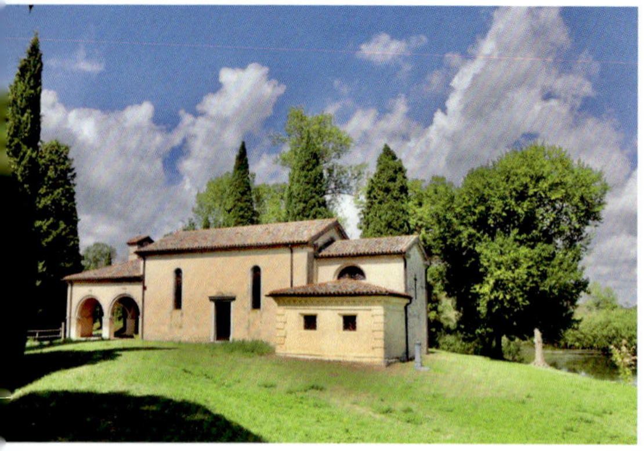

Madonna della Neve.

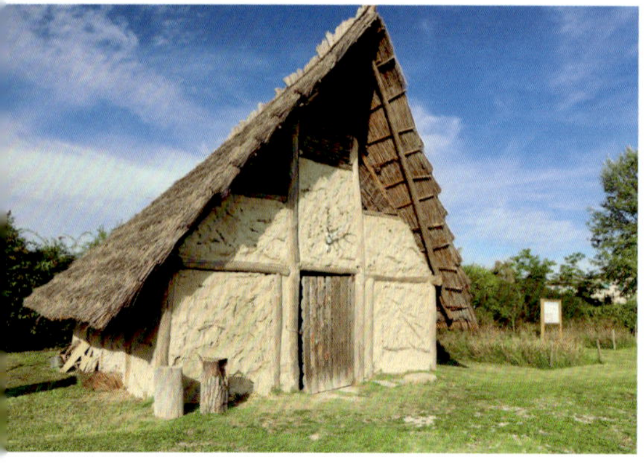

Hütten in Marano Lagunare.

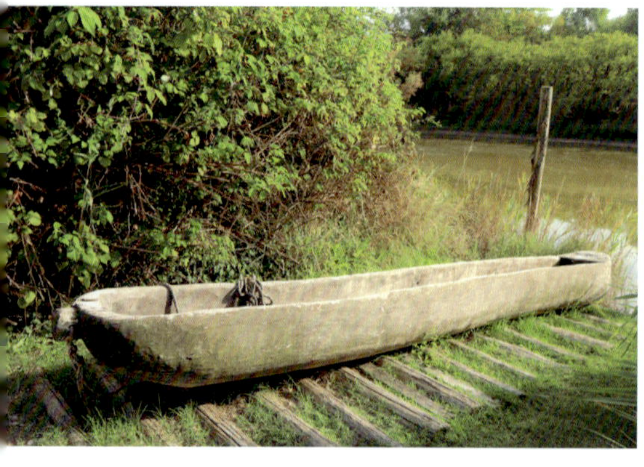

Einbaum in Marano Lagunare.

Preisniveaus). Zum Abschluss besuchen wir noch das Besucherzentrum „Foci dello Stella" am westlichen Ortsrand im nahen Ort Marano Lagunare, das uns die Lagunenlandschaft zu Zeiten von Ernest Hemingway nacherleben lässt. Frösche quaken und Enten schnattern. Wir entdecken sogar einen Einbaum und ein aus Schilf geflochtenes Bootsmodell. Die frühen Einwohner dieser Region waren wohl auch schon Kanuten. Kein Wunder, in der nahezu undurchdringlichen Weite der Lagune konnte man sich immer nur mit Wasserfahrzeugen fortbewegen.

TOURINFOS

Charakter: strömungsarmes Zahmwasser
Etappe: Parkplatz Ristorante Stella-Mündung hin und zurück: 10 km
Beste Zeit: Ende März bis Anfang Nov.

Gefahren: Orientierung im Außenbereich der Lagune, Stechmücken im Sommer!

Kanu-Camp/Vermietung/Touren/Übernachten: *www.sea-tour.de*

Touren: *www.genusspaddeln.at*

Kanu-Gewässer der näheren Umgebung: Laguna di Grado, Ausa, Terzo, Ta-gliamento, Lagune von Caorle

Auskunft:
www.grado.it/de
www.turismofvg.it

Übernachten: *www.loggiadegliartisti.it/de* und *www.tenutaregina.com/glamping*

Sehenswertes: Naturreservat Valle Canal Novo e Foci dello Stella in Marano Lagunare

Alternativen: Radtouren, Naturlehrpfade im Landschaftsschutzgebiet Bosco Baredi, Badestrand an den Fischerhütten Casoni di Marano.

Literatur/Karten:

- Nautischer Reiseführer „Lagunen von Venedig bis Grado“ (Heinrich Breidenbach), Delius Klasing Verlag
- „An smaragdgrünen Flüssen“ (Werner Freudenberger), Styria Verlag
- Reiseführer „Friaul-Julisch Venetien“ (Eberhard Fohrer), Michael Müller
- „Über den Fluss und in die Wälder“ (E. Hemingway), Rowohlt Verlag
- Marco Polo Straßenkarte „Venetien, Friaul“ 1:200.000
- Bootswanderkarte „Laguna di Grado e Marano“, 1:50.000, Editore Belletti

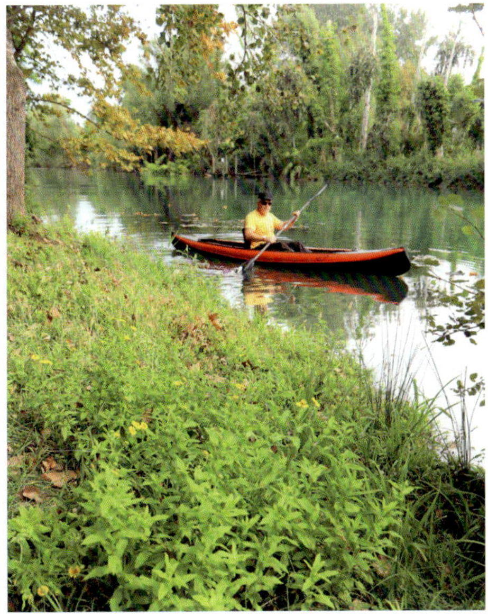

Am Startpunkt der Tour.

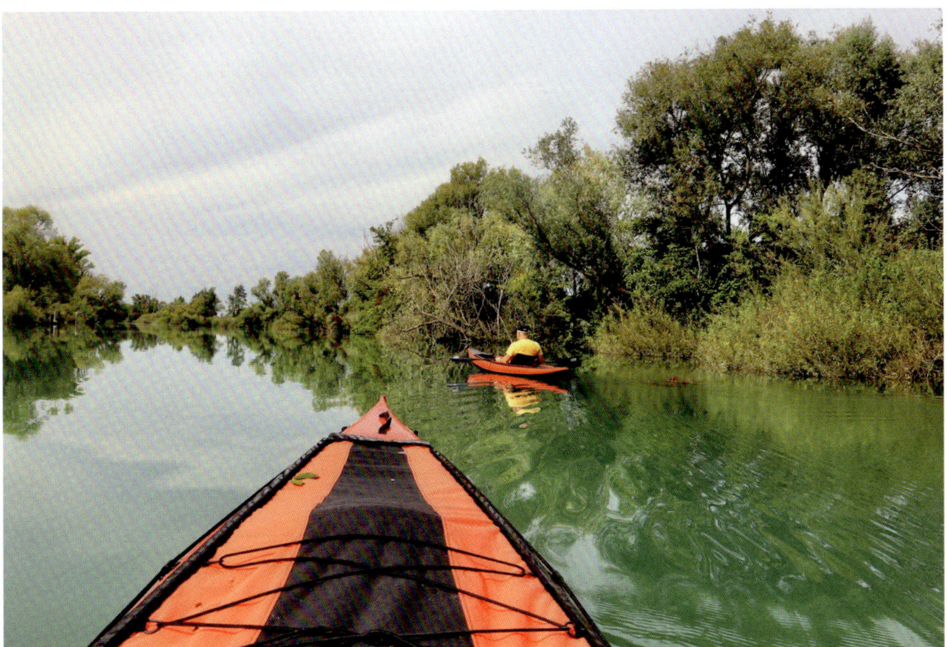

Strömungslos geht es durch eine grüne Natur abseits von lauten Verkehrswegen.

DER AUTOR

Neben seiner Tätigkeit in einer der ältesten Kauschulen Deutschlands befuhr der Münchner auch eine Vielzahl an Wildwassern aller Kategorien und war als Mitbegründer und Vorstand des Deutschen Canyoning Vereins e.V. schon früh auch in den wildesten Canyons südlich der Alpen unterwegs.

Italien ist das Lieblingsland vieler Deutscher und für Bayern nahezu „vor der Haustüre". Die Klammen und Schluchten, aber auch die zahlreichen naturbelassenen Flüsse Italiens, dazu die großartigen Bergseen und die Küsten und Lagunen der Adria sind absolute Sehnsuchtsorte und so entstand der Wunsch, die Schönheiten dieses Landes auch anderen Kanuten näherzubringen.

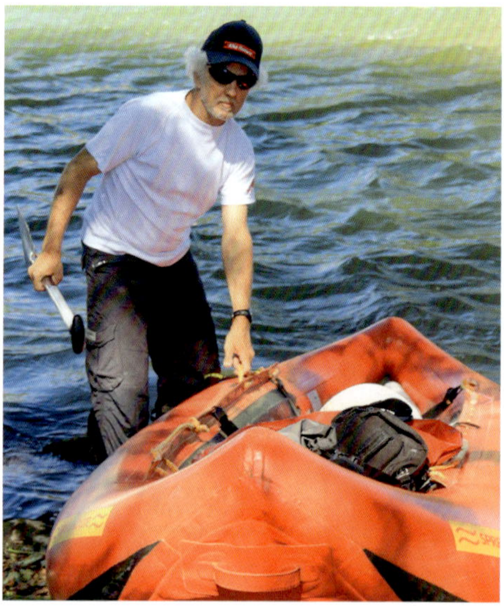

DANKSAGUNG

Viele Freunde sind an einem Buch wie diesem maßgeblich beteiligt: Paddelkollegen, Freunde, die sich bereiterklärt haben, meine Texte kritisch zu lesen, erfahrene Experten vor Ort und selbstverständlich auch der Deutsche Kanu-Verband, der immer an diesem Buchprojekt festgehalten hat.

Daher möchte ich mich namentlich ganz herzlich bedanken bei Ursula Stürzer, Johanna Schwägerl, Christiana, Sophia und Philomena Ranftl, Dieter Reinmuth, Bernhard Böser, Hajo Gronau, Gerd Spilker-Peters, Christoph Haas und Frank Hendrich.

ADRESSEN

Deutscher Kanu-Verband e.V.
Bertaallee 8, D-47055 Duisburg
Tel. 0203/99759-0
www.kanu.de
E-Mail: *service@kanu.de*
Auf der Webseite *www.kanu.de* finden sich aktuelle Termine für Freizeit- und Leistungssport, Vereine, Befahrungsregeln, Pegeldienst und vielfältige Infos zum Kanusport sowie ein Online-Magazin mit interessanten Beiträgen zum Kanuwandern.

Bundesverband Kanu
Gunther-Plüschow Str. 8,
D-50829 Köln
Tel. 0221-59571-0,
www.bvkanu.de

WWF-Deutschland
Reinhardtstraße 18
D-10117 Berlin
030-311777-0
www.wwf.de

WWF Büro Wildflüsse Alpen
Münchener Straße 27
D-82362 Weilheim
Tel. 0881-12233311

BUND Naturschutz
Kaiserin-Augusta-Allee 5
D-10553 Berlin
Tel. 030/27586-40
www.bund.net

Federazione Italiana Canoa Kayak
Viale Tiziano 70
I-00196 Rom
www.federcanoa.it

KANU-FACHPRESSE

KANU SPORT

Der KANU-SPORT bietet jeden Monat das ganze Spektrum des Kanusports: Kanuwandern, Küstenpaddeln, Wildwasser, SUP und Wettkampfsport. Neben reich bebilderten Tourenvorschlägen gibt es regelmäßige Praxis-Tipps sowie fundierte Testberichte und Produktvorstellungen. Außerdem informiert das Heft in seinem Service-Teil über Termine und Nachrichten aus der Welt des Kanusports (sogar eine Seite mit TV-Tipps). Als offizielles Magazin des Deutschen Kanu-Verbandes gibt es Einblick in die vielfältigen Aktivitäten des DKV, seiner Landesverbände und Vereine.
Das farbige Magazin erscheint seit 1920 mit 12 Ausgaben im Jahr und kostet im Jahresabo 44,– € im Inland. Es gibt regelmäßig Sonderbeilagen, u.a. zu den Themen SUP, Tourenpaddeln, Wildwasser und Ausrüstung. Kostenloses Probeheft auf Anfrage.
Kontakt/Abo: DKV-Wirtschafts- und Verlags GmbH, Postfach 100315, 47003 Duisburg
Tel. 0203/99759-93, *www.kanu-verlag.de*
Mai:l *abo@dkvgmbh.de*

KANU MAGAZIN

Dieses Magazin für Wildwasser- und Tourenpaddler im XXL-Format gibt es bereits seit mehr als 25 Jahren. Die Tourenberichte sind durch hochwertige Bilder illustriert, es gibt Testberichte und aktuelle Produktinfos. Die Homepage beinhaltet neben vielen anderen aktuellen Themen auch eine Kanu-Vermieter-Datenbank.
Das KANU MAGAZIN ist im Zeitschriftenhandel erhältlich. 6 Hefte im Jahr, im Abo kostet es 59,40 € im Inland, ein einzelnes Heft 9,90 €.

Kontakt/Abo: JAHR Artopé Media GmbH&Co. KG, Bajuwarenring 19, 82041 Oberhaching, Tel. 089/55241-0, *www.kanumagazin.de*

KAJAK MAGAZIN

Kajaks, Canadier & Outdoor.
Das bunte Magazin mit zahlreichen Kanusport- und Outdoor-Themen, Kaufberatung, Technik, Ratgeber & Service gibt es seit 2009. Ziel ist es, die ganze Vielfalt des Kanusports zu präsentieren. Das Heft ist im Zeitschriftenhandel oder Abo erhältlich. 6 Hefte im Jahr kosten im Abo 39,– € im Inland, Einzelpreis 6,50 €.
Auf der Homepage des KAJAK MAGAZINS findet sich ein breites Infopaket mit Tests, Terminen und Kanu-Shop. Ein kostenloses Probeexemplar wird angeboten, ebenso ein Bestellservice für Kanu-Bücher und verpasste Hefte.

Kontakt/Abo: Modellsport Verlag GmbH, Postfach 2109, 76491 Baden-Baden
Tel. 07221/9521-0
www.wir-leben-outdoor.de

Apps

Die Paddler-App Canua ist die weltbeste Kanu-Datenbank und bietet umfassende Infos zu mehr als 5000 Paddelflüssen in ganz Europa. Touren können auf einer Karte geplant, getrackt und geteilt werden. Canua ist in der Basisfassung kostenlos und für iOS und Android verfügbar *www.canua.info*

Pegeldienste

www.kanu.de | Freizeitsport | Infothek für Paddler | Tourenplanung

Neben den Pegeldiensten des DKV gibt es auch Pegeldienste für Smartphones wie die beliebte *www.riverapp.net/de*

WEITERFÜHRENDE LITERATUR

Lehrbücher

- „Wildwasserfahren – Vom Einsteiger zum Profi" (Dieter Singer), Thomas Kettler Verlag
- „Stechpaddel Fahrschule" (Franz Riegel/ Dieter Raffler), Thomas Kettler Verlag
- „Der Kajak – das Lehrbuch für den Kanusport" (Jürgen Gerlach), Delius Klasing Verlag
- „Kanusport mit Luftbooten – Ausrüstung, Technik, 30 Touren" (Alfons Zaunhuber), DKV Verlag
- Wildwasser mit Kindern. Praxis-Tipps und 80 familientaugliche Tourenvorschläge. Steffi Bank, DKV-Verlag 2024
- DKV-Handbuch Kanusport. Das Kompendium für Lehrende und Lernende. Umfassendes Lehrbuch. Johannes Wohlers, DKV-Verlag 2021

Italien zur Einstimmung

- Erklär mir Italien" (Roberto Saviano/ Giovanni di Lorenzo), Kiepenheuer & Witsch
- „Immer wieder Azurro" (Stefan Ulrich), Ullstein Verlag
- „Italien-Portrait eines fremden Landes" (Thomas Steinfeld), Rowohlt Verlag

Kanu, Wassersport, Natur, Wetter, Klimawandel

- DKV-Auslandsführer Band 2 „Südwesteuropa - Italien, Spanien, Portugal" (Jan Ramajzl), DKV-Verlag
- „Die 50 schönsten Kanu-Touren in Italien" (Alfons Zaunhuber), Pollner Verlag (antiquarisch)
- „Lagunen von Venedig bis Grado" (Heinrich Breidenbach), Verlag Delius Klasing
- Reisehandbuch „Outdoor Kompass Gardasee-Wandern, Kanu, Rad, Klettersteige" (Alfons Zaunhuber), Thomas Kettler Verlag
- „Kanuwandern und Naturschutz - Wege zum naturbewussten Paddeln" (Angelika Fiedler), DKV Verlag
- „Flüsse der Alpen" (D. Sigrist), Haupt Verlag
- „Mensch, Erde" (Dr. Eckart von Hirschhausen), Hörbuch
- „Zieht euch warm an, es wird heiss!" (Sven Plöger), Westend Verlag

Reiseführer

- „Oberitalien" (Nana Claudia Nenzel), DuMont Verlag
- „Oberitalien und Oberitalienische Seen" (Gerhard Fohrer), Michael Müller Verlag

Sprachführer

- „Langenscheidts Sprachführer Italienisch"